《妇女与性别史研究》编委会名单

（按姓氏笔画排序）

妇女与性别史研究

主编／裔昭印　副主编／洪庆明

HISTORICAL STUDIES OF WOMEN AND GENDER

第七辑

上海三联书店

CONTENTS 目录

述评／Reviews

专题/Articles

两性冲突与合作的模式：
雅典与斯巴达之比较

托马斯·哈伯德 撰 杨 凡 译

摘 要：古代雅典被认为是西方民主的典范，但它却限制了妇女的权利。雅典的文学材料揭示了两性之间的猜忌和斗争。相反，斯巴达赋予了妇女更高的地位，包括拥有财产的权利和某种程度的性自由。它产生了强化自豪于男性力量和军事勇武的典范制度，这种制度甚至受到女性期望的约束，而不是招致她们的怨恨与竞争。最坚强、最具男子气概的希腊男人不需要压迫或支配女性，而是最倾向于尊敬女性的力量、权力与独立，因为他们将妇女看作是与自己非常近似的生物。

关键词：雅典；斯巴达；男性气质；妇女权利

传统上，西方社会将文化源头追溯至公元前五世纪的古代希腊，大致相当于儒家学说在中国诞生的时间。西方的民主社会通常将雅典模式奉为典范，因为它留下了所有希腊政体最广泛的文学与物质记录。然而，古希腊是由众多独立城邦构成的，其中一些城邦推行着截然不同的政治原则与社会价值。斯巴达的模式不是特别民主，并且，大多数时候被斯巴达之外的材料描述。斯巴达在很多方面似乎都是雅典的对立面，却诞生了一种社会制度，使得它在旷日持久的伯罗奔尼撒战争中最终战胜雅典。我将在本文中论证，尽管斯巴达似乎并不开放，也更倾向于集体主义，但却孕育了比雅典更广泛的女性独立与性别平等。

在著名的葬礼演说上，政治家伯里克利表达了雅典男性的真实态度，声称女性最大的荣誉，就是无论是表扬或者责备都不要被他人提及（Thucydides 2.45.2）。除了参加某些宗教节日，上流社会的妻子被期待守在家中，她们更善于纺纱织布、养儿育女；即使在家宅内部，妇女的闺阁也与那些家外男人所能拜访的公共区域严格分开（Lysias 1.9—10，3.6）。如果女人真的外出，任何有钱的丈夫都应该派遣仆人陪伴和保护她，哪怕需要花钱雇用一个（Theophrastus, *Char.* 22.10）。亚里士多德

（*Politics*，4.15 1300a6—7）暗示，妻子在没有监督的情况下外出是家庭贫困的标志。允许体面的女人独自在市场上游逛，会让其他男人容易接近她。①从法律上讲，妇女不能商定超过一蒲式耳大麦价值的任何交易（Isaeus 10.10）。②大多数市场上的购物活动，都由她的丈夫或仆人完成的，③然而，家庭的内部管理将被委托给女人。丈夫将妻子置于自己的监护下，使她鲜有机会暴露于公众视线中，这种能力被认为是一个令人羡慕的阶级符号。白皙的皮肤是女性时尚的理想标志。

雅典的男性通常在三十岁之后步入婚姻（Solon 27.9—10 W），④而他们的新娘正处于青春期中期。⑤婚姻是家庭间的经济安排，而非浪漫求爱的结果。正如在色诺芬《家政篇》中所描绘伊霍马库斯与他年轻妻子间的那种关系。丈夫与妻子的年龄差异，确保了男性的监护与女性的被动。尽管妻子通常比年长的丈夫活得更久，但她们并没有从寡妇身份中解放，也没能够获得对家庭财产的直接支配。她们最亲近的男性亲属，将会为她们安排一桩新的婚姻，甚至会为了把财产留在家庭内部，而自己迎娶她。⑥

---

① 那些不得不在市场上工作或在商铺售卖货物的妇女，被视为下层阶级，她们被认为容易受到诱惑。一项归于梭伦的法律（[Demosthenes] 59.67，正如约翰斯通辩护的那样——我感谢 S. Guenther 教授提到的参考文献）提到，这些女性的丈夫抓不到可疑的通奸者，大概是因为她们与太多男人的公开接触，……不再那么单纯，见 S. Johnstone, "Apology for the Manuscript of Demosthenes 59.67.," in *American Journal of Philology*, vol.123, no.2, 2002, pp.229—256。

② 雅典禁止妇女以自己的名义拥有财产，按照其他希腊城邦的标准来看，这似乎不寻常。除了来自于斯巴达的证据，戈尔迪蒂（Gortyn）与阿莫尔哥斯（Amorgos）的铭文（收录于 M. R. Lefkowitz and M. B. Fant, *Women's Life in Greece & Rome: A Source Book in Translation*, Johns Hopkins University Press, 1992, pp.55—58, 82—83），证明了妇女在这些城邦中，可以拥有自己的财产。[蒲式耳，国际容积测量单位，大约为 35.238 升，译者注]。

③ 据传闻，市场中的一些区域专门售卖女性货物，比如香水和服装，见 Theophrastus, *Char.* 2.9, Pollux 10.18。体面的妇女不太可能亲自前往这些地方购买货物。

④ Hesiod, *Works and Day*, pp.695—697，表明这是一个泛希腊的标准。然而，在公元前五世纪最后二十五年中，雅典男性的结婚年龄，似乎更为年轻，这可能由于伯罗奔尼撒战争，以及瘟疫带来的人口损失，……亟需得到恢复。见拙文，T. K. Hubbard, "Diachronic Parameters of Athenian Pederasty," in *Diachrony: Diachronic Aspects of Ancient Greek Literature and Culture*, Ed. J. M. González, W. de Gruyter, 2015, pp.379—382。

⑤ 伊霍马库斯（Ischomachus）结婚时，他的妻子只有十四岁（Xenophon, *Oeconomicus*, 7.5）。苏格拉底的谈话者克里托布鲁斯（Critobulus），同样是迎娶了一位"所见所闻都尽可能少的年轻孩子"（*Oec.* 3.13）。德摩斯提尼的父亲在遗嘱中，提到他的女儿在遗嘱订立时只有五岁（27.4），十年后，当她"到了年纪"，应当嫁给她的表兄（29.43）。英格尔斯提出，从大量非雅典证据来看，妇女早婚现象仅仅常见于上层社会。在这样的婚姻中，慷慨的嫁妆促成了有利的婚配。尽管那些嫁妆不丰厚的女孩，早婚没那么普遍，但在十四五岁结婚，仍然是普通雅典家庭能够应付的目标。在这一方面，雅典在希腊的城邦中似乎是一个例外，见 W. B. Ingalls, "ΠΑΙΔΑ ΝΕΑΝ ΜΑΛΙΣΤΑ: When Did Athenian Girls Really Marry?" in *Mouseion*, vol.1, no.1, 2001, pp.17—29。

⑥ 关于雅典妇女法律状况与社会地位，最客观与权威的概述，见 S. B. Pomeroy, *Goddesses, Whores, Wives, and Slaves: Women in Classical Antiquity*, Schocken, 1975, pp.57—92。

雅典的喜剧和在法律案件中发表的演讲，为我们提供了雅典私人生活面貌的最佳证据，表现了夫妻间一种自然的猜疑和争吵状态：这些妻子会控诉丈夫对于婢女不适当的关注（Lysias 1.12），或是控诉他们为了妓女挥霍财物。这些经常远离家庭的丈夫，也会怀疑自己的妻子偷盗酒水，或是邀请年轻的情夫偷进家宅私会（Aristophanes，*Thesm.* 390—423）。在一个以政治团体竞争激烈为特征的社会中，尽管妇女在政治、陪审法庭以及城邦机构中没有正式的角色，伴随着某种焦虑，她们也会被视为某个潜在的派别。在戏剧家阿里斯托芬现存的十一部喜剧中，至少有三部，以雅典妇女进行公民阴谋为情节，她们在剧中有着自己的政治目标：在《吕西斯特拉忒》中，这个目标是为了迫使终止与斯巴达的战争；在《地母节妇女》中，则是为了限制她们所认为的戏剧舞台上对妇女不尊重的人物塑造；在《公民大会妇女》中，是为了废除私有财产，支持财产与身体的公共所有权。在《吕西斯特拉忒》中，老年男性合唱团唤起了这样的恐惧，妇女要施行僭主统治，她们勾结外邦人（616—635）。在歌词中甚至把政治上活跃的女性，描绘为某种像阿玛宗人与波斯人一样的军事威胁（672—679）。

《吕西斯特拉忒》中的这些老人，暗暗提到米隆创作的绘画，描述的是阿玛宗人入侵雅典的场景（极有可能指的是，在忒修斯神庙与斯多葛画廊中公开展示的那些形象），使人们不禁想起诞生于波斯入侵后的政治神话，它们在雅典民主意识形态中仍然极为突出：在爱国主义的文本中得到广泛回应（Aeschylus，*Eum.* 685—689；Herodotus 9.27；Lysias 2.4—6），在伯里克利时代最伟大的公共纪念碑上也占有特殊位置，被表现为帕特农神庙西山墙与菲迪亚斯的雅典娜·帕特诺斯手持盾牌的主题，更不用说数不胜数的阿提卡红绘陶瓶画上的那些回响。这些声名狼藉的女战士，生活在大海对岸的小亚细亚，统治着部落中的男性。她们马上弓箭手的形象，成为了波斯人的隐喻。希腊人认为波斯人穿着服饰是女性化的。他们生性贪婪，臣服于万能的君主，而这同样被看作是女性化的。①阿玛宗人曾经入侵阿提卡，很快被雅典英雄忒修斯击退，这种想法根植于雅典人的历史深处，他们想要向希腊世界的其他城邦展现这种形象：只有雅典的男子汉可以成为捍卫希腊自由的堡垒，抵御东方专制所滋生的阴柔化的颠覆。尽管在其他英雄史诗中，也有阿玛宗人（比如赫拉克

① 关于公元前五世纪，阿玛宗神话在雅典民主意识形态中的地位以及艺术自我呈现，参见 M. Merck，"The City's Achievements：The Patriotic Amazonomachy and Ancient Athens," in *Tearing the Veil*：*Essays on Femininity*，ed. by S. Lipshitz，Routledge，1978，pp.95—115；J. Boardman，"Herakles，Theseus，and Amazons"，in *The Eye of Greece*：*Studies in the Art of Athens*，ed. by D. Kurtz & B. Sparkes，Cambridge University Press，1982，pp.2—16；W. B. Tyrrell，*Amazons*：*A Study in Athenian Mythmaking*，Johns Hopkins University Press，1984，pp.9—22；D. Castriota，*Myth*，*Ethos*，*and Actuality*：*Official Art in Fifth-Century B. C. Athens*，University of Wisconsin Press，1992，pp.43—58。

勒斯、柏勒丰、特洛伊）。这个神话却只在雅典的公共艺术中得到广泛呈现,被作为一项民族认同的基本声明。这个城邦彪炳自身的,恰恰是他们抵御了某种形式被视为女性的奴性屈从。

在雅典人的心目中,权力是一个零和等式:某种程度上,女性在一段关系中获得了权力,男人就认为失去了它。雅典的法律对深受妻子或情妇影响的丈夫,表现出了巨大的焦虑,特别在涉及继承与收养的事务上。[1]鉴于上述所有因素,很难不认为雅典男性压制妇女的公民参与,因为妇女威胁到他们认知的男性气质。

相比之下,斯巴达的性别模式建立在相互尊重与爱国主义合作上,一方是传说中的阳刚战士,另一方则是自信、阳刚且要求严格的妻子。斯巴达妇女的地位,远比雅典与绝大多数希腊城邦高得多,以至于亚里士多德说,"斯巴达的男人被他们的女人统治着(*Politics* 2.9 1269b32—34)"。虽然这可能有些夸张,但它却与包括色诺芬、亚里士多德、柏拉图、普鲁塔克在内的一众古代作家的材料相吻合,一致认为斯巴达妇女要比雅典的同辈们,享有更大的威望与权力。几乎都出自雅典人的更早时期的材料,不应该被认为必然暗含着意识形态的偏见,也不应该被解释为斯巴达与众不同的妇女状况,引起了雅典人的猎奇心态。因为雅典从来没有类似地记载底比斯、克里特或者色萨利的妇女。

阿里斯托芬描绘的斯巴达妇女,身体健壮且令人印象深刻(Lysistrata 78—84)。希腊神话中没有比海伦更美丽的女人,她在斯巴达被奉为女神。几乎像对待男人那样无情,斯巴达的优生学会淘汰掉虚弱生病的女婴,女孩也被训练成运动员般的体格。有证据表明,斯巴达妇女比其他希腊城邦的女性享有更丰盛的饮食。[2]她们还会骑马。[3]在希腊人中,斯巴达女运动员是唯一与男性一样,参加裸体竞赛的。她们自豪地展示着肌肉与健美形体。[4]斯巴达人认为,只有强壮的女人,才能生出斯巴达人合格的儿子,这些后代才配得上他们自诩的那种军事化的超级种族。他们承认女性对于遗传的平等贡献,这与希腊世界普遍接受的胚胎学理论大不一样。大多数理论家都认同亚里士多德的观点,即只有男性的精子才是至关重要的。[5]

---

[1] 一些具体的案例,参见 T. K. Hubbard, "Pathological Heterosexuality and Other Male Anxieties," in *The Pathologies of Love*, ed. by D. Kanellakis, W. de Gruyter, 2021, pp.53—54。

[2] S. B. Pomeroy, *Spartan Women*, Oxford University Press, 2002, pp.52—54.

[3] S. B. Pomeroy, *Spartan Women*, pp.19—24.

[4] 关于斯巴达女性运动员,参见 T. F. Scanlon, *Eros and Greek Athletics*, Oxford University Press, 2002, pp.121—138; J. Ducat, *Spartan Education*, Classical Press of Wales, 2006, pp.227—234。

[5] 参见 V. Gazzaniga & M. Cilione, "Maschile e femminile sulla trasmissione dei caratteri ereditari: da Atene a Sparta," In *Medicina nei Secoli: Arte e Scienza*, vol.28, no.3, 2016, pp.901—920。波梅罗伊注意到,如果一个女人的兄弟在战争中被证明是懦夫,那么,她将被拒绝作为婚姻伴侣,因为其遗传世袭已被证明不能生育理想的斯巴达人,见 S. B. Pomeroy, *Spartan Women*, pp.37, 59。

从阿尔克曼包含暗喻、晦涩的少女歌曲中可以知晓，斯巴达妇女在仪式化表演的歌曲和舞蹈中接受训练。柏拉图（*Protagoras* 342D；*Laws* 806A）指出，斯巴达的女性教育水平很高，以女性诗人和哲学家而闻名。波美罗伊认为，斯巴达妇女可能比大多数斯巴达男性接受了更高的文化教育。①尽管斯巴达妇女不打仗，也不直接参与统治，却可以在自己的名义下拥有财产，在许多情况下积累巨大财富：亚里士多德（*Politics* 2.9 1270a23—25）证实，在他所处的时代，妇女控制着斯巴达百分之四十的土地。②由于斯巴达男人永远处于军事戒备或动员状态，除了一起共享餐食，很少有时间待在家里，他们的妻子几乎完全控制着家宅、庄园管理以及其他经济事务。还应当注意的是，斯巴达男人比雅典男人更早结婚（当然婚后仍然住在军营里），他们的妻子往往处在青春期晚期（Plutarch, *Lycurgus* 15.3 提到"在他们巅峰与成熟之时"），而不是像雅典那样正值青春期中期；③因此，丈夫和妻子的年龄差异比较小。所有这些因素，创造了婚姻关系中更加匹配与辩证的权力平衡。

社会并不鼓励斯巴达妇女慈爱温柔，或在丈夫与儿子面前多愁善感，也不鼓励她们公开展现任何情感。儿子在七岁时被从母亲身边带走，在完全男性化的环境中接受教育（Plutarch, *Lycurgus* 16.4）。在结婚的最初几年里，甚至不允许丈夫和妻子同居。他们留宿在兵营里，在夜里溜回家仅仅是为了偶尔秘密地与妻子行房（Xenophon, *Constitution of the Lacedaemonians* 1.5；Plutarch, *Lyc.* 15.3—5④）。

与她们较晚的结婚年龄一致，斯巴达女孩似乎享有着某种婚前的性自由，通过腿间性交或者肛交的方式，防止婚前怀孕；普鲁塔克（*Lycurgus* 15.8）透露，斯巴达新娘在新婚之夜剪短头发，把自己打扮成男孩，丈夫和妻子间的亲密行为似乎具有某种娈童恋的特征。⑤未婚女孩的同性恋在斯巴达是一个常见的现象，具有某种成年

---

① 关于斯巴达妇女教育和识字的证据，见 S. B. Pomeroy, *Spartan Women*, pp.3—32。也可参见 J. Ducat, *Spartan Education*, pp.223—247。据说，斯巴达男孩所接受的教育，更侧重从小就开始锻炼的军事技能。对斯巴达妇女比其他希腊地方的妇女，接受更高教育的说法表示怀疑，见 A. Wolicki, "The Education of Women in Ancient Greece," in *A Companion to Ancient Education*, ed. by W. M. Bloomer, Wiley-Blackwell, 2015, pp.314—317。

② 斯巴达妇女的财产权，以及其在家庭事务中的权力，最详实的考察，见 S. Hodkinson, "Female Property Ownership and Empowerment in Classical and Hellenistic Sparta," in *Spartan Society*, ed. by T. J. Figueira & P. Brulé, Classical Press of Wales, 2004, pp.103—136。

③ 斯巴达女孩结婚的时间要比其他希腊城邦更晚。这可能与生产和养育健康、活力的后代有关，而男性较早的结婚年龄，则可能与导致高概率受孕的性强度有关，见 E. G. Millender, "Spartan Women," in *A Companion to Ancient Sparta*, ed. by A. Powell, Wiley-Blackwell, 2018, p.507。

④ 这两位作家都说这样的习俗是为了积攒夫妻间的生理欲望，有利于促进后代的活力与力量。

⑤ 欧里庇得斯（*Andromache* 597-600）表明，那些衣着暴露的斯巴达少女，无拘无束地混在同龄的小伙子中间，一同参加体育比赛。同时，她们还能够选出男孩，用歌曲对他们进行赞扬和嘲讽（参见其下）。关于婚前性行为的集中讨论，可见赫米普斯（Hermippus）（fr. 87 Wehrli）与塔索斯的哈格农（Hagnon of Tarsus）（保存在 Athenaeus 13.602D-E）。对于这些材料的解释，参见 B. Kunstler，（转下页）

仪式的功能(Alcman, fr. 1.70—77；Plutarch, *Lyc*. 18.4)。①一旦结婚，在丈夫不在时，妻子也享有惊人的性独立与性自主。国王德迈拉图斯(Demaratus)承认，通奸是一种相当常见的行为(Herodotus 6.68.2—3)。这与所有其他希腊城邦的实践并不一样，斯巴达人似乎没有通奸的法律。②神话中最有名的斯巴达人并不是墨涅拉俄斯，而是他性生活上独立的妻子。正是通过与海伦结婚，他才变成了斯巴达的国王。海伦是斯巴达女性的英雄典范，这并不鼓励斯巴达人把对男人的忠诚作为高贵女人的首要美德。

丈夫与得到他认可的年轻男子分享妻子是很常见的行为，特别在丈夫年事已高，而妻子仍然具有生育能力的情况下。如果没有妻子的积极同意，这样的事情肯定不会发生。色诺芬(*Constitution of the Lacedaemonians* 1.9)暗示，很多妻子更乐于这种安排，因为这样可以控制两个家庭，而不仅仅是一个。③兄弟之间分享妻子也是一件很常见的事情。与雅典人相反，斯巴达男性较少关心后代的合法性。通常所有男性都对全体男青年的培养怀有家长式的兴趣(Xenophon, *Constitution of the Lacedaemonians* 6.1—2；Plutarch, *Lyc*. 17.1)。由于强劲的公有文化，斯巴达并不重视核心家庭。婚姻关系也很灵活，双方中的任何一方很容易越界。斯巴达似乎并不存在性嫉妒。每个女人都意识到容易在战争中早逝的丈夫，需要有人代替。

从童年开始，社会就鼓励斯巴达女孩在公开仪式上，嘲笑不符合标准的男孩，并

（接上页）"Family Dynamics and Female Power in Ancient Sparta," in *Helios*, vol. 13, no. 2, 1986, pp. 40—41；S. B. Pomeroy, *Spartan Women*, p. 29；T. Figueira, "Gynecocracy: How Women Policed Masculine Behavior in Archaic and Classical Sparta," in *Sparta: The Body Politic*, ed. by A. Powell, S. Hodkinson, & P. Christesen, Classical Press of Wales, 2010, pp. 272—273。这种行为不同于希腊世界其他地方严禁女性婚前性行为，相关的评论参见 T. K. Hubbard, "Pathological Heterosexuality and Other Male Anxieties," pp. 52, 58。该禁忌在雅典尤为森严，如果女儿被引诱了，那么父亲可以合法地把她卖为妓女(Plutarch, *Solon* 23.2)。关于新婚之夜的娈童恋特征，参见 S. B. Pomeroy, *Spartan Women*, p. 43。

① 关于阿尔克曼少女之歌中同性恋的成年仪式特征，参见 C. Calame, *Choruses of Young Women in Ancient Greece*, Rowman & Littlefield, 1997, pp. 244—263。

② Plutarch, *Lyc*. 15.10 and *Moralia* 228C, 不应该将这些文字解释为，斯巴达从来没有发生过通奸，而应解释为在法律事务上没有通奸的概念，参见 B. Kunstler, "Family Dynamics and Female Power in Ancient Sparta," pp. 39—40；S. B. Pomeroy, *Spartan Women*, pp. 74—75；A. G. Scott, "Plural Marriage and the Spartan State," in *Historia*, vol. 60, no. 4, 2011, p. 419。关于通奸在希腊其他地区的严肃性，参见 T. K. Hubbard, "Pathological Heterosexuality and Other Male Anxieties," pp. 58—60。

③ 对于这种行为，除了色诺芬，还可以参见 Polybius 12.6b.8 以及 Plutarch, *Lyc*. 15.6—7。波梅罗伊更愿意将其称为"丈夫加倍"(husband doubling)，而不是"分享妻子"(wife sharing)，以此强调女性能动性的惊人程度，见 S. B. Pomeroy, *Spartan Women*, pp. 37—45。详细讨论可另见 S. Perentidis, "Réflexions sur la polyandrie à Sparte dans l'antiquité," in *Revue Historique de Droit Français et Étranger*, vol. 75, no. 1, 1997, pp. 7—31；A. G. Scott, "Plural Marriage and the Spartan State"。这种行为通常被认为发生在需要更多生育的社会，作为最大限度提高女性生育的一种手段，但不应低估它让女性得到男性重视的效果。

赞美最值得嘉奖的儿童。这些仪式展示了她们有能力体现和代表斯巴达价值的苛刻标准(Plutarch, *Lyc.* 14.2—3)。[1]男孩很早就知道,只有勇敢与高贵的行为,才能吸引女性动情的目光。历史学家普鲁塔克保留了大量奇闻轶事,其中一些传统格言,据说来自成熟的斯巴达妇女(*Moralia* 240C—242D)。这些句子很少流露温柔或同情,而只对捍卫城邦时勇敢的表现投以最高期待。如果儿子死了,坚忍的母亲不会流泪,也不会言说任何赞美,而是对儿子表达含蓄的欣慰,他们履行了所有斯巴达男性应当履行的义务。一位母亲在战争中失去五位儿子,而她仅仅关心斯巴达是否赢得战争,而它确实也获胜了(241C)。如果军事败北,儿子活着回来,母亲会不认他,甚至杀死他。正如达玛忒里亚[Damatria]以及其他母亲[240F—241B]所说的,真正的斯巴达男人,只会战死而不会战败。一位母亲掀起了她的长袍,指责儿子试图逃回她的子宫。有一则轶事记载,一位斯巴达妇女问斯巴达公主戈尔戈(Gorgo),为什么所有希腊妇女中,只有她们统治着自己的男人。戈尔戈回答说,"因为只有我们生养出了男子汉"(240E)。尽管这些谚语与轶事,容易被看作古典时代之后四五百年某位作家的杜撰。菲盖拉(Figueira)就认为,普鲁塔克把一系列引人注目的当代资料,看作斯巴达的历史,包括逍遥学派论述的政体史,以及索里的克莱库斯(Clearchus of Soli)收集的《斯巴达人格言集》(*Spartan chreiai*)。[2]然而,即使不是历史性质的,这些轶事也吻合古典时期斯巴达人的自我认知与名声。斯巴达展示的一种制度模式,它强化了对男性力量与勇气的自豪感,甚至还受到女性期待的监督,而不是被她们怨恨,或展开竞争。最阳刚的希腊男性并不需要压迫或统治女性,而是更乐于尊敬女性的力量、权威与独立,因为他们把女人看作是与自己非常相似的生物。

当代的西方学者关注雅典模式,鼓励了历史上女性对男性不满的意识形态。因为男人剥夺了她们的平等,让她们远离了公共的关注。从古代世界到当今西方的政治,男女间的派系冲突与分裂似乎是纷扰的民主国家的常态。雅典模式并不是唯一可借鉴的,在斯巴达,我们看到了另外一种可能性:一群年长而睿智的男人(Gerousia,斯巴达的元老院),统治着一个高度稳定的军事国家。在这里,英勇、阳刚的男性和坚定、果断的女性,彼此授予对方社会权力的独立空间,在爱国主义的合作

---

[1] 关于普鲁塔克言论的语境,以及这一仪式的社会意义,见 J. Ducat, *Spartan Education*, pp.225—227。女孩能够在她们自己的竞赛(*agogê*)中观察男孩的行为,说明他们在青少年时期,彼此间很少存在性别隔离。

[2] T. Figueira, "Gynecocracy: How Women Policed Masculine Behavior in Archaic and Classical Sparta," pp.265—266, 274。更多怀疑普鲁塔克保留的轶事的可信度的观点,参见 M. Myszkowska-Kaszuba "The Only Women That Are Mothers of Men: Plutarch's Creation of the Spartan Mother," in *Graeco-Latina Brunensia*, vol.19, no.1, 2014, pp.77—92。

中为了公共利益走向结合。①

作者简介：

托马斯·哈伯德(Thomas K. Hubbard)，男，美国得克萨斯大学奥斯汀分校教授，获得该校 James R. Dougherty, Jr. 百年纪念古典学教授的称誉。主要从事古典领域的性史、同性恋史与男性气质史研究。

译者简介：

杨凡，男，山东师范大学历史文化学院博士后，主要研究方向为古希腊史，尤其是性别史、性经验史相关领域。

---

① 这并不是说斯巴达制度没有严重的缺陷。归根结底，斯巴达在希腊世界的权力是短暂的，因为它依赖于持续不断的战争，以及对臣服人口的镇压，这使得斯巴达的人口资源走向衰竭，以至于濒临崩溃。而斯巴达优生学上排他性的做法，又使得人口问题进一步严重。关于古典与希腊化时期人口稀缺(*oliganthropia*)的长期斗争，可参见 T. Doran, *Spartan Oliganthropia*, E. J. Brill, 2018。

古希腊同性恋史研究路径的考察

杨　凡

摘　要: 十九世纪以来,古典学家或者回避谈论希腊同性恋,或者将其描述为具有军事与教育功能的社会风俗。他们基于当时的道德价值,谈论同性恋的古代起源与社会功能,而不关心它与古希腊人思想观念、道德、法律与社会实践之间的具体关系。多佛扭转了学术研究中的道德保守主义,并且使该议题成为了古典学领域一门严肃的学术研究。他提出古希腊人没有现代医学上的"同性恋"的概念,社会质疑的并非现代医学中"异常"的性取向,而是性行为中逾越了社会规范的身份与角色。福柯等学者采纳了多佛的基本观点,然而,他们所关注的焦点并非希腊同性恋本身,而以这个问题为突破口去解释古代社会的权力结构,将希腊同性恋描述为与年龄分层相同构的等级关系。九十年代以后,一些学者试图突破学术研究中模式化的解读,强调古希腊同性恋在社会关系、时段划分、地区差异与阶层接受等方面的复杂性与多样性,由此挑战了传统学术过于乐观的结论。

关键词: 同性恋;古希腊;性史研究;福柯;多佛

　　古典学界的性史研究是从讨论古希腊同性恋开始的,使得该问题被众多古典学者密切关注。①关于希腊同性恋,学术界曾长期盛行着一种主流的意见,认为它对古希腊社会产生了深远的影响。许多学者将其与城邦的人口控制、性别隔离制度、军事化生活甚至古希腊人的文化创造力联系在一起。与此同时,对于当代那些致力于古代性别史与性史研究的学者而言,同性恋现象又成为了理解古希腊由男性所主宰

---

① 可参见裔昭印:《当代史学变革中的西方古典性史研究》,《历史研究》2017 年第 3 期,第 149—161、192 页;黄洋、晏绍祥:《古希腊史研究入门》(第二版),北京大学出版社,2021 年,第 331—335 页;Manfred Landfester, eds., *Brill's Encyclopaedia of the Ancient World: Classical Tradition*, Vol.2, Brill, pp.560—562; David Halperin, *One Hundred Years of Homosexuality: And Other Essays on Greek Love*, Routledge, 1990, pp.x, 4—5。

的社会文化的关键。①然而，这些观点却忽视了长久以来几乎同时存在的对于这种爱情质疑的声音。即使在柏拉图的文本中，学者也不难发现古希腊人对于同性恋直白的否定态度。在《会饮篇》（181d—182d）中，对话者提议设立法律去防止大众对于幼童的爱恋，还提到了许多希腊城邦都严格禁绝同性间的爱情。在《法律篇》（641d—e）中，柏拉图更是借一位雅典人之口直言不讳地反对它，"无果的男性之爱违背自然（ἄγονα ἀρρένων παρὰ φύσιν）"，法律应当剥夺这些公民的荣誉与公民权。

笔者认为有必要对古希腊同性恋的学术研究进行学术史上的整理，以此呈现该研究领域的一些核心问题，以供国内学者进行商榷与重新认识。"同性恋"是一个产生于十九世纪德国学界的现代概念。在当时的社会语境中，这一类性取向上"异常"的人群，被定义为需要被当代医学与精神分析治疗的对象。②实际上，古希腊语中并没有"同性恋"（homosexuality）的概念，希腊人通常用"娈童恋"（παιδεραστία）③来称呼这种独特的爱情。当时的德国古典学界，受到同时代语言学家"印欧民族共同起源说"的启发，已经关注到了娈童恋的东方起源问题。他们认为希腊人的娈童恋来自于多利安人的入侵，它是史前雅利安人的军事社会中制度化的成年仪式。④尽管

① 更多可参见 Symonds，"*Male Love：A Problem in Greek Ethics and Other Writings*"，in S. Brady，ed.，*John Addington Symonds and Homosexuality*，University of London，2002，pp.114—116；David Halperin，*One Hundred Years of Homosexuality*，p.8；Foucault，*The History of Sexuality*，Vol.1，*The Introduction*，1976，trans. by R. Hurley，Parthenon Books，1978，pp.36—50；T. K. Hubbard，"Pederasty and democracy：the marginalization of a social practice." in *Greek love reconsidered*，W. Hamilton Press，2000，pp.1—11。国内学界的主流看法，可参见黄洋：《从同性恋透视古代希腊社会》，《世界历史》1998 年第 5 期，第 74—82 页；裔昭印：《论古希腊男人与少男之爱》，《上海师范大学学报》（哲学社会科学版）2007 年第 1 期，第 69—79 页。

② 十九世纪四五十年代，匈牙利人权活动家卡尔-玛丽亚·凯本尼（Karl-Maria Kertbeny）在其日记和私人信件中开始表达对同性恋议题的关注。1869 年，他第一次在德语中使用了"*Homoseuxal*"一词，它最初的书写形式有别于现代德语中的"*Homosexualität*"。1880 年，凯本尼在古斯塔夫·雅格（Gustav Jäger）的《发现灵魂》（*Discovery of Soul*）一书，贡献了关于同性恋的一章，虽出版时被删除，然而，书中其他部分保留了这个术语。1886 年，德国的理查德·冯·克拉夫特-埃宾（Richard Freiherr von Krafft-Ebing）在《性的精神病学》（*Psychopathia Sexualis*）中借用了雅格的书中的"同性恋"和"异性恋"两个词。克拉夫特-埃宾的著作极具影响力，"同性恋"取代了德国社会活动家卡尔·亨利希·乌尔利希斯（Karl Heinrich Ulrichs）的在德语中描述男同性恋者的"乌宁"（Urning）一词。更多见 David Halperin，*One Hundred Years of Homosexuality*，pp.15—40，或 James Davidson，*The Greeks and The Greek Love：A Bold New Exploration of Ancient World*，Random House，2007，pp.146—162。

③ 该词由前缀为"παιδ-"（男孩）与词根"-ἔρᾶσις"（爱情）构成，字面意思为"娈童恋"。需要注意的是，英语中的"pederasty"与古希腊语中的"παιδεραστία"并不完全相同，前者已经狭隘为成年男性与儿童之间的性关系。娈童恋则一般发生在成年男性与十六至二十岁左右的青少年之间。

④ 参见 K.O. Müller，"The History and Antiquities of the Doric Race"（1824），trans. by Henry Tufnell and George C. Lewis，J. Murray，1839；M. Meier，"päderastie"，in J. S. Ersch and J. G. Gruber eds.，*Encyclopädie der Wissenschaften und Künste*，J. F. Gleditsch，Vol.9（1837），pp.149—189；E. Bethe，"Die Dorische Knabenliebe"，*Rheinisches Museum für Philologie*，Vol.62（1907），pp.438—475。

一些持有人文主义立场的德国科学家，试图用希腊的娈童恋去为同时代的同性恋辩护，①然而，德国古典学界并没有与当时的科学界展开对话。

英国约翰·阿丁顿·西蒙兹（John Addington Symonds），成为极少数用娈童恋驳斥医学界对于"同性恋"病理学定义的古典学家。他声称希腊人并没有认为同性恋是一种生理上的疾病，这种阳刚的爱情甚至巩固了男人间的社会关系。尽管如此，西蒙兹本人只是私下发表了一些著作，他并没有公开去谈论这个问题。②为了合理化文本中出现的差异态度，西蒙兹改良了"多利安人起源说"，认为多利安人入侵希腊后，逐渐从严苛的军事作风过渡到安逸的定居生活。在这个过程中，一些战士沾染了东方人的恶习，放弃了军事社会中的崇高的理想，开始沉迷于肉欲放纵。娈童恋由此出现了形式上"高贵"与"卑劣"的差异。这种混合后的风俗，之后从多利安人的城邦，传播到整个希腊世界。③

西蒙兹的描述，对文本中前后矛盾之处，给出了一个较为合理的解释。然而，早期这种人类学比较学上的方法，伴随着浓厚的道德上的保守主义。学者们只关心娈童恋的起源与社会功能，并且有意无意地粉饰着希腊人的习俗，或是将其理解为军事部落中制度化的启蒙仪式，或是将其想象成哲学家进行教育的精神恋爱。多数学者仍不愿意直面希腊人私人生活上的"堕落"。汉斯·利奇德（Hans Licht）在《古希腊的性生活》中就曾评论说，"认为感官享受是希腊娈童恋唯一或至少最重要的元素，那就大错特错了"。④总之，维多利亚时期的学者羞耻于谈论男性间发生的性行为，这几乎成为衡量同性恋是"高尚"还是"卑劣"的道德标准。

一、多佛与希腊同性恋研究的开拓

直到二十世纪六七十年代，西方社会才真正开始包容同性恋。在这一时期，对"希腊爱情"的观点完全颠倒过来，研究者将目光从泛希腊风俗制度的起源，转移到

---

① M. Hirschfeld, *Sappho and Socrates*：*How Does One Explain the Love of Men and Women to Persons of Their Own Sex?* (1896), translated by Michael A. Urania Manuscripts, 2019；M. Hirschfeld, *The Homosexuality of Men and Women*, 1914, translated by Michael A. Lombardi-Nash, Prometheus Books, 2000.

② J. A. Symonds, "*Male Love*：*A Problem in Greek Ethics and Other Writings*", pp.59, 109, 114—116；J. A. Symonds, *A Problem in Modern Ethics*, London, 1891, p.127。他与性学家亨利·哈夫洛克·埃利斯（Henry Havelock Ellis）就这一问题保持着长期的书信讨论，见 Ellis, *Sexual Inversion*, Wilson & Macmillan, 1897，该书发表时西蒙兹已经故去。西蒙兹的家人拒绝以其名义发表之后的出版物，德文版保留了两位作者姓名，见 Von Havelock Ellis und J. A. Symonds, *Das Kontrare Geschlechtsgefuhl*, Georg H. Wlgand's Verlag, 1896。

③ 参见 Symonds, "*Male Love*：*A Problem in Greek Ethics and Other Writings*", pp.48—64。

④ Hans Licht, *Sexual Life in Ancient Greece*, trans. by J. H. Freese, Abbey Library, 1932, p.440.

私人生活中的性爱关系上。在这场学术革命中,最有影响力的学者首推肯尼斯·多佛(Kenneth Dover),他在 1978 年出版的《希腊同性恋》一书,恢复了所谓"希腊爱情"的世俗面貌,也使得同性恋研究成为古典学的一个研究领域。多佛并不关心同性恋的古代起源,但是他拒绝将娈童恋与现代同性恋混为一谈;他不再从社会制度与风俗的角度去解释这种行为,而是考察古希腊人如何认知和对待这种行为。

多佛认为,古希腊人并没有现代意义上的基于性取向而定义的"同性恋",性行为本身并非这种关系中的禁忌。多佛直言"同性恋"与"异性恋"这样的划分方式,是近代解剖学上的术语。因此,有必要将二者一同纳入古希腊人对于性的观念的考察。他提出社会不厌恶这种行为,因为当时并没有将其定义为异常的性欲。所谓的古希腊"同性恋"(homosexual),只是某种"类似性爱"或"伪性爱"(pseudo-sexual)的范畴。成年人对于年轻男性的爱欲,被视为正常的生理反应,而不是本性中的疾病或不健全。①在人生的不同阶段,正常人需要应对来自同性与异性的不同的刺激。一方面,这种恋爱关系在少年成熟之后会立即结束,双方的角色也随之发生变化。另一方面,参与同性恋的成年男性并不拒绝异性恋,他们与妻子和情人维持着亲密的关系。②

多佛围绕性行为中双方扮演的角色,对希腊同性恋进行了新的定义。在《希腊同性恋》的序言中,多佛提出希腊世界道德诘难的对象并非同性恋,招致怀疑的乃是性行为中不恰当的角色与身份。一旦触犯了性行为中与角色相关的禁忌,即使是异性恋,也同样会面临社会的惩罚。多佛所感兴趣的是"正当的与恶劣的同性恋行为在道德与审美评判的标准上,如何与希腊社会的一般价值规范发生联系"。③多佛由此划分了"正当的同性恋"(good homosexuality)与"恶劣的同性恋"(bad homosexuality)。这种划分可以追溯到他早年发表的一篇名为"爱欲与法律"的小文章,其中主要讨论了《会饮篇》(182a—185c)处希腊各城邦对待同性恋的法律问题。多佛结合了一篇名叫"驳斥提马库斯"的法庭演说,它是目前唯一完整保留下来的有关同性恋的法律文本,后来成为了多佛在《希腊同性恋》中重点分析的材料。多佛认为演说家

---

① K. J. Dover, *Greek Homosexuality*, Harvard University Press, 1978, p.1.德罗佛划分了"真实的异性恋""真实的同性恋""伪异性恋""伪同性恋"。多佛借鉴了这一划分,认为古希腊娈童恋属于第四个范畴,古希腊的同性恋在行为上是真实的,在人格与心理上却并非同性恋,参见 G. Devereux, "Greek pseudo-homosexuality and the 'Greek miracle'", *Symbolae Osloenses*, Vol. 42 (1967), pp.69—72.

② Dover, *Greek Homosexuality*, pp.88—90, 170—172.

③ Dover, *Greek Homosexuality*, pp.viii, 2.

控诉的并非同性恋,而是性行为中不正当的商业关系。①他由此提出,"合理的爱欲与非理的爱欲的区别,最终取决于生理行为的全部语境,而不取决于这种行为发生与否"。②在之后的文章中,多佛开始将性行为与权力和政治联系在一起。他声称那些参与卖淫的男性,向雇佣者提供性服务。作为公民,他们放弃了城邦规定的男性角色,因为利益而迎合他人的欲望,从而在社会观点中沦为奴隶般的地位。③

多佛在该领域的成功归于《希腊同性恋》一书,他进一步发扬了在《爱欲与法律》中的观点,特别是补充了大量图像材料。这些证据主要来自古风时代的陶瓶画,多佛由此区分了性爱的正面与负面形象。萨提、醉酒者、干瘪的老人、喜剧演员、堕落场景中的亚洲人以及奴隶,他们往往滥交、纵欲、采用"野蛮"的性交方式,而这与公民之间"合理"的爱欲形成了鲜明的对比。多佛在陶瓶画上发现了"腿间性交"的模式,它是娈童恋关系中最常采取的姿势。"爱者"(年长的主动一方),需要克制自我,他不能有进一步的越轨行为;"被爱者"(年幼的被动一方),则被期待表现出对性爱的冷漠,或者说他们根本就没有性欲。"爱者"需要向"被爱者"提供礼物,并授以知识与技能。男孩虽然会"抵制"与"逃脱",但他们一旦确认过对方的纯洁动机与耐心后,最后会选择"屈服"于自己的"爱者"。④多佛还察觉到喜剧材料对待同性恋的微妙态度,社会通常只嘲笑性行为中扮演被动角色的成年男性,而主动一方往往不会招致激烈的批评。⑤多佛认为,大多数喜剧观众既不是典型贫穷的群体,也没有精英阶层的物质条件与文化资本,但是他们羡慕着富人的生活方式。同性恋与异性恋的成功对古希腊人而言都是值得吹嘘的资本。⑥

多佛对古希腊同性恋的重新定义产生了巨大影响,以至于《纽约时报》评论说,"公元前五世纪的雅典评判男性的标准,并不是他们是否与其他男性发生性关系,而是他们在性行为中到底是插入者还是被插入者"。⑦在这些广泛的讨论中,亦然不缺

---

① 该演说是爱斯基涅斯为了回击政治对手德摩斯提尼等人的演说。德摩斯提尼是当时炙手可热的政治家,爱斯基涅斯选择攻击他的盟友——影响力相对较小的提马库斯。原告在演说中同样宣称自己与男性保持着爱情关系,但他是"出于爱情"(ἐρωτικός)(135),一种"正义的爱欲"(ἔρωτα δίκαιον)(136),它"没有受到污染"(ἀδιάφθορος)(137)。而被告人提马库斯出于商业目的,出卖公民的身体,因此犯有施暴(ὕβρις)的罪行。详见 Aeschines, *Aginst Timarchus*。

② Dover, "Eros and Nomos, Plato Symposium 182a—185c", *Bull. Inst. Classical Studies*, Vol. 11 (1964), p.34.

③ Dover, "Classical Greek Attitudes to Sexual Behavior", *Arethusa*, Vol.6(1973), pp.66—69.

④ Dover, *Greek Homosexuality*, pp.4—17.

⑤ Dover, *Greek Homosexuality*, pp.135—139.

⑥ Dover, *Greek Homosexuality*, p.150.

⑦ E. Bronner, "Study of Sex Experience 2d Revolution", *New York Times*, 28 December 1997, Section I, pp.1, 11,关于性行为中的角色,更多见 Ruth Mazo Karras, "Active/Passive, Acts/Passions: Greek and Roman sexualities", *The American Historical Review* Vol. 105, No. 4 (Oct., 2000), pp.1250—1265.

乏一些反对的声音。伊娃·坎塔瑞拉(Eva Cantarella)认为,在实际行为中并不存在肛交行为的禁忌。埃兰·夏皮罗(Alan Shapiro)批评多佛将色情画看作是现实中性爱的图像记录,认为这些图像中模式化的性行为,只是艺术呈现中的情欲想象。①还有一些学者批评多佛在社会建构论上走得太远,指出古希腊人的观念中存在着被歧视的"异常"群体。希腊文本中经常被指责"违背自然"(παρὰ φύσιν)的"基奈多"(κίναιδος),显然不被看作是正常的男性。②尽管不乏怀疑的声音,后来的学者在讨论这些问题时,几乎绕不开多佛的研究成果。

二、"权力"转向与身份政治

二十世纪七八十年代,西方民权运动的发展,鼓舞了倡导解放同性恋的学术群体。一批公开承认同性恋身份的学者,开始关注古希腊领域的研究,其中更是包括了大名鼎鼎的福柯。他吸收和借鉴了多佛的解释模式,将多佛所强调的性行为中"主动—被动"模型,进一步延伸到不对称、非互惠的权力关系中。在这种解读中,互惠平等的恋爱关系,被理解为一种现代社会的特征,它符合线性的、历史进化的叙事。同性恋史被书写成类似群体如何在历史中被迫害,又不断得到解放的进程。

1984 年,福柯发表《性史》第二卷中,专门论述他对于古希腊性经验的研究,其中涉及同性恋的内容,几乎照搬了多佛的解释。纵观全部卷后会发现,这部分的内容只是他剖析作为情欲的历史中的一个环节。福柯远离了传统历史学家对于"客观

---

① E. Cantarella, *Bisexuality in the Ancient World*, trans. by Cormac Cuolleanáin, Yale University Press, 1992, pp.3—93,艺术与文学呈现中性行为的新解读,更多可参见 A. Shapiro, "Courtship scenes in Attic vase-painting", *American Journal of Archaeology*, Vol.85, No.2(Apr., 1981), pp.133—143; A. Shapiro, "Eros in love: pederasty and pornography in Greece," in Amy Richlin, ed., *Pornography and Representation in Greece and Rome*, Oxford University Press, 1992, pp.53—58; Martin Kilmer, *Greek erotica on Attic red-figure vases*, Duckworth, 1993, pp.170—215; Lear and Cantarella, *Images of Ancient Greek Pederasty: Boys Were their Gods*, Routledge, 2008, pp.115—118. 对材料更系统的整理,可参见 Hubbard, *Homosexuality in Greece and Rome: A Sourcebook of Basic Documents*, University of California Press, 2003。

② 古代文本中对"基奈多"的歧视,见 Plato, *Laws*, 641d-e; Aristotle, *Rhetoric*, 1384a; *Physiology*, 1384a; Aeschines, *Against Timarchus*, 1.111, 1.185,更多可参见, Dover, *Greek Homosexuality*, p.17; J. Winkler, *The constraints of Desire: The Anthropology of Sex and Gender in Ancient Greece*, Routledge, 1990, pp.46—54; Amy Richlin, "Not before homosexuality: The Materiality of the Cinaedus and the Roman Law against Love between Men", *Journal of the History of Sexuality*, Vol.3, No.4(Apr., 1993), pp.523—573; Andreas Serafim, "Revisiting Sexual Invective: Demosthenes as Kinaidos in Aeschines' Speeches", *Classics Ireland*, Vol.23(2016,), pp.1—30. 同性恋并不纯粹是社会建构的产物,见 John Boswell, *Categories, Experience and Sexuality*, pp.133—174;古希腊人对于"爱欲"与"自然"的观念,见 B. Thornton, *Eros: The Myth of Ancient Greek Sexuality*, Westview Press, 1997, pp.99—101;古希腊社会存在着同性恋者在空间上的身份认同,参见 Thomas Hubbard, *Homosexuality in Greece and Rome*, pp.2—7。

性"的考察,转而研究人们对于欲望的认知与偏见。他发现,古希腊人将性欲看作是与睡眠与饮食一致的不可或缺欲望。相较于其他欲望,性欲在西方后来的文化中,越来越成为道德关注的问题。福柯试图解释被称为"性"(sexuality)的当代经验,如何在历史中形成与发展。①

为了追溯这种非连续性历史经验的共同起源,福柯将目光移向古希腊性经验知识与权力的构成关系。在《快感的享用》中,他依次考察了古希腊人面对快感的道德规范、性与医学养生知识、家庭与婚姻中的伦理道德。在本卷最后,他才谈论到同性恋问题。福柯认为,上述所有性行为,都需要接受权力的控制。②他提出,希腊人评价性行为最为核心的两条标准:其一为数量,它关乎自我节制与放纵的道德准则;其二为等级,它表现为与身份角色密切相关的话语。③福柯进一步发挥了多佛"主动—被动"的模型,将其置于"统治—顺从"的权力结构中。在男孩一旦接受了插入行为,雅典人将在观念上极度憎恶他,并难以接受他在成年之后担任公共职务。福柯指出,娈童恋双方虽然存在着某种权力与义务的互惠性,但从本质上来讲,这种情欲关系是不对称的。④总之,无论是同性关系还是异性关系,性行为中被动的一方远不及主动一方享有的社会权力。福柯的影响力甚至比多佛更甚,美国古典学家玛丽莲·斯金纳(Marilyn Skinner)评论说,"福柯对于古代性行为规训的描述,成为了大西洋彼岸(美国学界)从事古希腊罗马性史研究的学者所普遍接受的金科玉律"。⑤

以私人关系中的性经验为突破口,福柯开启了围绕性经验形成的话语分析,也使得越来越多的学者参与其中。1996年版《牛津古典词典》首次收录了"同性恋"这一词条,其定义为:"无论性行为是发生在两个男人、两个女人或者一个男人与一个女人之间,希腊或罗马人所理解的性,它是针对插入行为与阳具的快感进行定义的。"⑥这个词条的编纂者是大卫·霍尔柏林(David Halperin),他的研究深受多佛-福柯模型的启发。在其代表作《同性恋一百年》中,他直言"同性恋"是一种文化建构

---

① 霍尔柏林指出,福柯有可能忽视柏拉图在这一立场上可能是个例外,柏拉图的哲学已经存在某种重视精神而轻视肉体的倾向,见 Halperin, *One Hundred Years of Homosexuality*, pp.61—62。

② 早在《性史》第一卷中,福柯就指出性行为必须遵守适当的社会"规训"(discipline),它需要接受来自权力的"审查"(surveillance)。对福柯而言,社会控制的手段不仅仅包括"大学、高中、警局、生产车间",还包括身体与社会关系等其他形式的调控。而性经验既涉及"身体的规训"(the disciplines of the body),又关乎"人口的管理"(the regulation of population),见 Foucault, *The History of Sexuality*, Vol.1, *The Introduction*, pp.139—140, 145—146。

③ Foucault, *The History of Sexuality*, Vol.2, pp.227—246.

④ Foucault, *The History of Sexuality*, Vol.2, pp.215—221.

⑤ M. B. Skinner, "Zeus and Leda: The Sexuality wars in Contemporary classical scholarship", *Thamyris*, Vol.3, No.1(1996), p.106.

⑥ 关于"同性恋"的词条参见 Simon Hornblower, Antony Spawforth, eds., *The Oxford Classical Dictionary*, 3rd edition, Oxford University Press, 1996, pp.720—721.

的产物,这一概念并不适用于前现代社会,对于理解前现代社会以及非西方文化中的性经验会造成障碍。①

霍尔柏林给出了一种更二元对立式的解释,直接将角色模型与公民身份之间建立联系。他认为,古典时期雅典社会许可的并不是同性恋,而是涉及公民与其他社会成员间的等级关系。性行为的角色应当与权力差异相一致:高等级的一方发起性行为,低等级的一方则是承受的对象。②在这种论述中,性并不简单地被描绘为两个人之间的生理活动,而是其中一方对另一方施加权力的行动。他所关心的并非性生活的真实经历,而是自由的成年男性如何建构与表达性行为中的身份关系。③

霍尔柏林延用了福柯的理论,却对于古希腊娈童恋持有不同的立场。福柯将娈童恋视为古希腊社会自由开明的某种标志,而霍尔柏林则持续批判成年男性公民在社会文化中的霸权。他认为,古希腊同性恋与现代同性恋最大的差别,正是这种森严的等级体系。④这种观点,可以追溯到《柏拉图与爱欲的互惠性》一文。他发现柏拉图等哲学家谈论的爱欲,迥乎于传统中基于等级制的娈童恋。在其后的研究中,霍尔柏林一直坚持这种观点,认为等级制是前现代社会关系最重要的特征。他由此提出了现代"同性恋的历史",以及易与之混淆的类似范畴的古代性史。⑤

霍尔柏林还在同性恋之外考察了情欲世界的等级制。他认为,《荷马史诗》中呈现的男性关系虽非同性恋,但这种英雄间的友谊却同样建立在不对称的结构上。他发现古代艺术中呈现的私人关系,其中一方在个人、社会与叙事逻辑三个层面都臣服于另一方。⑥在论及雅典时,霍尔柏林政治化的解读倾向则更为明显。他认为,民主的雅典赋予公民的身体以阳刚、果断、主宰欲望的集体形象,同性恋者被动的一方违背了大众统治的原则,他们出卖身体的行为被视为容易背叛集体的利益。而对于其他的社会成员,法律并没有流露出同样的期待。总而言之,性经验集中反映了雅典社会二元对立的权力结构,它包括主人与奴隶、自由民与非自由民、统治与臣服、主动与被动、插入的一方与接受的一方、主顾与娼妓、公民与非公民、男性

① Halperin, *One Hundred Years of Homosexuality*, pp.8, 18.

② Halperin, *One Hundred Years of Homosexuality*, p.47.

③ Halperin, *One Hundred Years of Homosexuality*, pp.6—7, 29—38.

④ Halperin, *One Hundred Years of Homosexuality*, pp.41—53.

⑤ 参见 Halperin, "Plato and Erotic Reciprocity", *Classical Antiquity*, Vol.5, No.1(Apr., 1986), pp.60—80。霍尔柏林列举了四种与"同性恋"易混淆的概念:娘娘腔(effeminacy)、娈童者或主动的鸡奸者(pederasty or active sodomy)、友谊或男性爱情(friendship or male love)、被动或性倒错(passivity or inversion),见 Halperin, *How to do the history of homosexuality*, The University of Chicago Press, 2002,也可参见 Halperin, J. J. Winkler and F. I. Zeitlin, eds, *Before Sexuality: The Construction of Erotic Experience in the Ancient World*, Princeton University Press, 1990。

⑥ Halperin, *One Hundred Years of Homosexuality*, pp.77—82.

与女性。①

约翰·温克勒(John Winkler)在《欲望的约束》中,持有相似的立场。围绕古代雅典社会的性经验,他提出了一个类似的两极对立体系。性行为中主动与被动的两极,参与着一场权力的"零和竞赛"(zero-sum competition)。权力体系的一端是代表阳刚典范的重装步兵;而另一端则是屈从于他人欲望的基奈多。在希腊人的观念中,后者甚至比女人更加阴柔。因为妇女与奴隶的屈服,顺乎自然;而男性接受插入行为,违背了自然应有的秩序。②温克勒认为,雅典公共权力并不经常干涉普通公民的私生活,但舆论会密切监视政治舞台上的积极公民。一旦发现精英分子存在堕落行为,民主政治将放大这些问题,并极有可能剥夺他们的权力。③

实际上,古典学领域关于古代社会等级制度的考察,最具影响的是摩西·芬利(Moses Finley)对经济史的研究。他认为,古代社会与现代资本主义社会中人们的经济行为最根本性的不同,在于前者考虑等级和地位,而后者考虑利益的最大化。有关古代社会的等级模式与社会关系的互动,被广泛运用于有关友谊关系与恩庇制度等研究中。然而,有意思的是,在论述古希腊同性恋的问题上,注意到芬利的学者却并不多,大卫·康斯坦(David Konstan)是个例外。他认为在古希腊,情爱和友谊通常被理解为不相容的关系,友谊的核心特点是角色的对称;相反,男性间的爱情关系则是角色的互补。④康斯坦敢于突破芬利模式,他反对过分强调古代友谊与现代友谊之间的差异。然而,他对于娈童恋的看法又是保守的,这也反映了福柯所建立的模型非同一般的影响力。

在这些解构权力的解读中,统治与被统治的关系被设定在成年人与未成年人、男人与女人以及公民与非公民之间。这种迫害者与受害者的视野,与当代性别政治的意识形态高度相似。等级的相关概念并不类似于芬利强调的基于身份的经济差异,而是建立在性别二元对立的当代政治模型上。一些历史学家甚至误认为,在同性间的爱情中,只有爱者感受到性欲,被爱的一方完全缺失欲望;而在异性恋的婚姻关系中,夫妻间几乎没有现代意义上的互惠式的爱情。⑤

批评者质疑这种将插入行为置于权力中心的简单结构,它有意或者无意地规避

---

① Halperin, *One Hundred Years of Homosexuality*, pp.93—104.

② John Winkler, *The constraints of desire*, pp.46—54.

③ John Winkler, *The constraints of desire*, pp.54—65.

④ 芬利的研究可参见 M. I. Finley, *Ancient Economy*, University of California Press, 1999;还可参见黄洋:《摩西·芬利鱼古代经济史研究》,《世界历史》2013 年第 5 期,第 123—132 页。一些学者挪用芬利模式解读古代社会的友谊、爱情以及其他社会关系,以及康斯坦对这些观点的反对意见,可参见 David Konstan, *Friendship in Classical World*, Cambridge University Press, 1997, pp.4—8, 14—23。

⑤ Claude Calame, *L'Eros dans la Grèce antique*, Belin, 1997,引自 E. Cantarella, *Bisexuality in the ancient world*, xv-xvii. 关于男性中心主义的性经验,更多可参见 Eva C. Keuls, *The Reign of the Phallus: Sexual Politics in Ancient Athens*, University of California Press, 1993。

了阶级分析的方法。法国学者妮克·洛侯(Nicole Loraux)评论说,"希腊人想了各种各样的方法将性别差异置于男性的优势之上,而不是没完没了地在主动与被动的对立结构中考察性别的统治"。①卡米拉·帕利亚(Camille Paglia)抨击盲目套用福柯的理论,以当代的意识形态歪曲古代社会的实际情况。同时,她还猛烈抨击一些学术研究背后暗藏的商业动机。②托马斯·哈伯德(Thomas Hubbard)则担忧,在这些学者对古代同性恋一贯以来负面与臆断的修辞中,暗含着某种当代社会的成见,理所当然地认为前现代性经验模式的本质特征是剥削与统治。这种话语可能是当代同性恋群体中的精英阶层的某种立场,以此树立当代同性恋纯洁、互惠、年龄相等、收入均等的公众形象。③

三、晚近的理路:差异化解读与历时性分析

传统学术都倾向于在"共时性",而非"历时性"对古希腊同性恋进行解读,主要表现为两种路径:其一是人类学上横向的民族志比较,其二是将其嵌入其他社会结构进行分析。在这些路径中,娈童恋要么被当作同性恋的某种希腊类型学,要么以此为权力的突破口强调前现代社会中的等级关系。这些方法对于不同时段形成的材料没有明确区分,同时也并不关心希腊世界内部的差异。随着古希腊同性恋研究的不断深入,古典学领域的学者发掘了更多新的材料,突破了传统观点中过于范式化的解读。

首先,静态的二元对立模式遭到挑战。一些学者指出,以年龄为基础的娈童恋模式被夸大了,苏格拉底与年轻学生的关系完全颠倒过来,年轻人是求爱的一方,而苏格拉底却是被追求的一方。而史诗中阿基里斯与帕特罗科勒斯的关系则更为复杂,在特洛伊战争进行到第十年时,他们应该都已成年,大体来说双方年龄相仿,后者可能稍微年长(Iliad,11.785—8)。④哈伯德发现,运动员的同性伴侣之间的年龄

① N. Loraux, *The experiences of Tiresias: The Feminine and the Greek Man*, Princeton University Press, 2014, pp.16—17. 插入行为不是解读同性恋关系的关键,见 Davidson, "Dover, Foucault, and Greek Homosexuality: Penetration and the Truth of Sex", *Past and Present*, Vol.170(2001), pp.3—51,也可见 Davidson, *The Greeks and The Greek Love*, pp.99—105;阶级的视角被忽视,见 Hubbard, "Popular Perceptions of Elite Homosexuality in Classical Athens", *Arion/A Journal of Humanities and the Classics*, Vol.6, No.1(1998), pp.48—78。

② 帕利亚言辞激烈的批评,参见 Camille Paglia, "Junk Bonds and Corporate Raiders: Academe in the Hour of the Wolf", *Arion*, Vol.1, No.2(1991), pp.139—212。

③ 哈伯德对同性恋学者写作动机的批评,还可参见 T. K. Hubbard, "Review of D. M. Halperin's *How to Do the History of Homosexuality*", University of Chicago Press, 2002, or in *Bryn Mawr Classical Review* 2003.09.22.(electronic publication)。

④ 苏格拉底与学生,Plato, *Sym*. 180a—b, 222b;帕特洛克罗斯与阿基里斯,*Iliad*, 11, 786. 传统研究中刻板的角色关系,还可参见 B. Sergent, *Homosexuality in Greek Myth*, Trans. Arthur Goldhammer, Athlone Press, 1986, pp.102—108.哈伯德对等级制系统性的批评,见 Hubbard, "The Irreducibility of Myth: Plato's Phaedrus, Apollo, Admetus, and The Problem of Pederastic Hierarchy", *Phoenix*, Vol.67(2013,), pp.81—106。

差距非常小。凯斯·德佛里斯(Keith DeVries)注意到,陶瓶画上同样存在年龄相仿的互惠伴侣。①另一方面,爱情双方的权力关系也并不绝对不对等。青春美貌的男孩有时享有着主动权。少年的青春短暂易逝,希腊男性的婚前生活却相当漫长,晚婚的风俗加剧了爱情的竞争。人口学数据与图像材料也表明,求爱者的数量往往多于年轻的男孩。求爱者往往需要赠送礼物取悦被追求的一方,一些古代艺术家试图在赠送礼物的情境中表现男孩回应情人的态度。正如阿里斯托芬在《财神》(149—159)中的挖苦,"若是穷人去时,他们理都不理;若是富人来了,他们立即转身笑脸相迎"。②

最新的研究突破了雅典中心论,强调希腊世界内部存在的差异。柏拉图(*Symposium*,181e—182a)提到不同城邦在法律上对娈童恋持不同态度,伊奥利亚与东方专制的国家严格禁止这种行为,伊利斯、彼奥提亚的法律对其无条件地放纵,而雅典与斯巴达的法律则有条件地允许。亚里士多德(*Politics*,1296b24—35)说斯巴达人是爱好女色的民族,他们在习性上不同于那些男风盛行的蛮族人。色诺芬(*Constitution of Lacedaemonians*,2.12—14;*Symposium*,8.34—5)也谈到斯巴达的娈童恋与其他城邦存在差异,他们禁止男人与少年之间发生性关系,这种风俗的目的仅仅是出于公民的教育。实际上,能够说明斯巴达教育中可能包含情欲元素的材料非常晚,出自于公元前四世纪的埃弗鲁斯(Ephorus)。卡特里奇指出历史学家经常引用的这段材料并不可靠,早期的证据仅仅表明这种实践与斯巴达人特殊的教育体系有关。考虑到有利于同性恋发生的社会环境,卡特里奇认为,斯巴达出现娈童恋的时间不晚于公元前五世纪。然而,他同时也指出,在这个时间之前并没有发现确凿的证据表明斯巴达存在着制度化的娈童恋。查尔斯·于佩特(Charles Huppert)考察了公元前六世纪以来彼奥提亚地区的陶瓶画,发现图像材料与古代作家的记录之间存在出入。柏拉图、亚里士多德与色诺芬等人的言论,仅仅反映了他们对

① 详见 C. Hupperts, "Greek Love: Homosexuality or Pederasty?" in J. Christiansen and T. Melander, eds., *Procceding of 3rd Symposium on Ancient Greek and Related Pottery*, Ny Carlsberg Glyptotek, 1988, pp.255—268; Hubbard, "Pindar's tenth Olympian and Athlete-Trainer Pederasty". *Journal of Homosexuality*, Vol.49(2005), pp.137—171; Hubbard, "Peer Homosexuality", in Hubbard, eds., *A Companion to Greek and Roman Sexualities*, Malden Press, 2014, pp.128—149; Keith De Vries, "The Frigid 'Eromenoi' and Their Wooers Revisited: A Closer Look at Greek Homosexuality in Vase Painting", in M. Duberman ed., *Queer Representations: Reading Lives, Reading Cultures*, NYU Press, 1997, pp.14—24。

② 关于年龄与权利,参见 Hubbard, *Homosexuality in Greece and Rome*, pp.6—10。更多图像证据可参见 Hubbard, "Athenian Pederasty and the Construction of Masculinity", in J. Arnold & S. Brady, eds., *What is Masculinity?: Historical Dynamics from Antiquity to the Modern World*, Palgrave-Macmillan, 2011, pp.189—225。礼物的图像学解读,见 A. Lear, "Ancient Pederasty: An Introduction", in T. K. Hubbard, ed., *A Companion to Greek and Roman Sexualities*, Wiley Blackwell, pp.107—109; Lear and Cantarella, *Images of Ancient Greek Pederasty*, pp.72—89。

于这些地区的偏见,娈童恋在各地区的实践要更为复杂。①

传统的方法只关注同性恋的起源,而不关心之后时段的变化。新的研究突破了以往的时段划分,一些学者挑战了长久以来的"印欧民族起源说"。罗伯特·萨雷勒斯(Robert Sallares)从时段的角度解释了希腊各城邦的差异,认为公元前 1500 年与2000 年之间,原始希腊人为了抑制迈锡尼时代的人口增长,逐渐形成了制度化的娈童恋与晚婚制度。黑暗时代的人口出现了严重萎缩,迫使一些希腊城邦逐渐抛弃了娈童恋。克里特与斯巴达这样保守的城邦,却一直坚守着古老的传统。萨勒雷斯借此解释,在公元前 800 年后斯巴达、克里特地区人口减少,而其他希腊民族却发生了人口爆炸的现象。这种"本土起源说"的观点获得了越来越多的关注。其中一部分人认为,娈童恋起源于之后的黑暗时代,还有学者将其追溯到更早的米诺斯时代。他们大多都从希腊世界内部,而非泛印欧传统去解释娈童恋的起源问题。②

无论是新的"本土起源说",还是传统的"印欧起源说",都忽视了西蒙兹和贝斯的观察——《荷马史诗》中并没有发现娈童恋的直接证据。③这使得越来越多的学者认为,娈童恋的起源要比传统观点更晚。多佛较早假设了"古风起源说",却没有对此论证,更没有考察古风时代以后的变化。1988 年,罗威尔·埃德蒙兹(Lowell Edmunds)注意到,在一些古风的诗歌中,并不存在多佛与福柯所定义的禁忌,这启发了一部分学者进行微小时段的考察。威廉·珀西(William Percy)认为,制度化的娈童恋与古风时代殖民运动有关,它造成了性别失调,社会加大了对人口的控制。希腊人改良了东方的卖淫的习俗,产生了"年龄—等级"的娈童恋。托马斯·斯坎伦(Thomas Scanlon)提出,伴随着公元前七世纪以来的裸体主义的兴起,娈童恋从斯

① Strabo, 10.4.21 70F, 149FGrH.底比斯类似的习俗,Plutarch, *Erotic Dialogue*, 761b. 斯巴达对儿童的教育体系,见 Xenophon, *Constitution of the Lacedaemonians*, 2.12—14;Plutarch, *Lycurgus*, 17—18. 更多参见 P. Cartledge, "The politics of Spartan pederasty", *Proceedings of the Cambridge Philological Society*, No. 27, *Cambridge University Press*, 1981, pp. 17—36; C. Huppert, "Boeotian Swine: Homosexuality in Boeotia", *Journal of Homosexuality*, Vol.49(2005), pp.173—192.

② 起源于迈锡尼时代的人口控制,见 R. Sallares, *The Ecology of the Ancient Greek World*, Ithaca: Cornell University Press, 1991, pp.141—145, 166—169. 其他解释还包括,起源于米诺斯时代的公牛祭祀及其他祭祀,见 Robert B. Koehl, "The Chieftain Cup and a Minoan Rite of Passage", *Journal of Hellenia Studies*, Vol.106(1986), pp.99—110. 起源于黑暗时代的性别隔离制度,见 Henri-Irénée Marrou, *A History of Education in Antiquity*, Trans. George Lamb, University of Wiscon-Madison Press, 1964, pp.50—62.

③ 阿基里斯与帕特罗科勒斯只是战士的情谊,见 Symonds, *Male Love: A Problem in Greek Ethics and Other Writings*, pp. 1—2, 4; E. Bethe, "Die Dorische Knabenliebe", pp. 438—475. 更多参见 Manuel Sanz Morales and Gabriel Laguna Mariscal. "The Relationship between Achilles and Patroclus according to Chariton of Aphrodisias", *The Classical Quarterly* Vol.53, No.1(2003), pp.292—295. 也有一些学者认为史诗英雄存在着性关系,见 William M. Clarke, "Achilles and Patroclus in love", *Hermes*, Vol.106(1978), pp.381—396; Davidson, *The Greeks and The Greek Love*, pp.313—368.

巴达、克里特等地区传播到了其他城邦。①实际上,目前所能找到最早的考古证据,来自锡拉岛(Thera)悬崖上的涂鸦,时间大致定在公元前八世纪末至前七世纪早期。诗歌、陶瓶画以及其他考古证据,也更倾向于支持古风起源说。②

　　鉴于同性恋在形式、地区以及时段上的复杂可能,许多学者开始重新认识雅典的同性恋。古风的诗歌与陶瓶画都表明,娈童恋在雅典社会曾一度流行,而古典时期的证据却显示,娈童恋在民主的雅典越来越成为一种社会问题。罗伯特·福勒(Robert Fowler)指出,只有同性恋理所当然不是非精英阶层的选择时,阿里斯托芬的喜剧《吕希斯特拉特》中的性罢工才具有戏剧意义。哈伯德发现,欧里庇得斯不同于早期悲剧家,他是第一个负面建构娈童恋的作家。雅典的戏剧舞台上第一位娈童恋者拉伊俄斯,同时也是第一位性侵未成年的强奸犯。对于观众而言,这种行为足够羞辱,以至于受害人最终选择了自杀。夏皮罗发现,大约公元前460年以后,阿提卡地区的色情画突然消失了,同性恋题材的艺术表现开始变得更加隐晦。值得注意的是,那些不包含色情元素的娈童恋题材也大为减少。这说明是娈童恋而不仅仅是色情画,成为公共文化中的禁忌题材。③大卫·科恩(David Cohen)与道格拉斯·麦

---

① Dover, *Greek Homosexuality*, pp.194—196；L. Edmunds, "Foucault and Theognis", *Classical and Modern Literature*, Vol.8(1988), pp.79—91.改良近东的习俗,W. A. Percy, *Pederasty and Pedagogy in Archaic Greece*, University of Illinois Press, 1996。或参见 W. A. Percy, "The Origins of Institutionalized Pederasty", in Wayne R. Dynes and Stephen Donaldson, eds., *Homosexuality in Ancient World*, Taylor & Francis, 1992, pp.375—380。裸体主义推动传播,T. F. Scanlon, "The Dispersion of Pederasty and the Athletic Revolution in Sixth-Century BC Greece" in Beert C. Verstraete, and Vernon Provencal, eds., "Same-sex desire and love in Greco-Roman antiquity and in the classical tradition of the West", *Journal of Homosexuality*, Vol.49, No.3/4, Psychology Press, 2005, pp.63—86。

② 锡拉岛上的涂鸦,见 *IG* 12.3 536, 537a, 538, 539；涂鸦的日期,参见 Lilian H. Jeffery, *The Local Scripts of Archaic Greece*, rev. ed. Clarendon Press, 1990, pp.318—319。关于历时性考察的材料梳理,见 Lear, "Was pederasty problematized? A diachronic view", in Masterson, N. S. Rabinovitz, J. Robson, eds., *Sex in Antiquity*, *Exploring Gender and Sexuality in Ancient World*, New York: Routledge, 2015, pp.115—136。

③ 系统整理雅典社会各时段不同的材料,见 Hubbard, "Diachronic Parameters of Athenian Pederasty", in J. Gonzalez, ed., *Diachrony: Diachronic Aspects of Ancient Greek Literature and Culture*, W. de Gruyter, 2015, pp.363—389,还可参见 A. Lear, "Was pederasty problematized? A diachronic view", pp.115—136。喜剧材料对娈童恋的态度,见 R. L. Fowler, "How the Lysistrata Works", *Echos du monde classique: Classical views*, Vol.40, No.2(1996), pp.245—249。悲剧材料对娈童恋的态度,见 Hubbard, "History's First Child Molester: Euripides' *Chrysippus* and the Marginalization of Pederasty in Athenian Democratic Discourse", in *Bulletin of the Institute of Classical Studies. Supplement*, 2006, pp.223—244；W. Poole, "Male homosexuality in Euripides", in A. Powell, ed., *Euripides*, *Women*, *and Sexuality*, Routledge, 1990, pp.146—148。图像材料的变化,见 Shapiro, "Leagros and Euphronios: painting pederasty in Athens", T. K. Hubbard, 2000, pp.12—32, and "Courtship scenes in Attic Vase Painting", pp.12—32。

克道威尔(Douglas MacDowell)都指出,需要谨慎分析来自法庭的演说材料。几乎所有的控诉都不是直接针对卖淫或者娈童恋,也没有证据表明被告人确实卷入了这些罪行,它更像是法庭上攻击对手的一种策略。《驳斥提马库斯》中所援引的法律,并不符合雅典当时的司法实践,对于这种控诉的处罚,实际上很少或者根本没有出现过。雅典不存在专门控诉同性恋的法律,然而,孩童的家庭仍然可以在反对施暴(hubris)的名义下,起诉这种行为。①

一些学者认为,同性恋是大众与精英共同分享的文化,并不局限在社会上层。主要的论点来自刺杀僭主的民主英雄,他们正是一对同性恋人。②然而,反对的声音似乎更有说服力。马克·戈尔登(Mark Golden)认为,古希腊的下层阶级在经济上刚刚摆脱奴隶,因此保持他们的异性恋男子汉的形象,可能是一个比经济安全更为重要的问题,这种看法加强了社会大众对于娈童恋的怀疑。戴维森从经济角度解释这种差异,认为雅典人对娈童恋的批判,主要是针对伴随着商业发展而出现的不正当的感情。公元前五世纪中叶以后,空前的财富为雅典招来了大量的男妓,普遍的男性卖淫使得娈童恋遭受了普遍的道德质疑。哈伯德并不同意戴维森的解释,认为激进民主制度激发的阶层偏见才是关键。在日益要求平等的社会文化中,娈童恋被大众看作是贵族阴柔、腐败的生活方式。他还指出刺杀僭主的叙事,主要出于政治宣传而非讴歌爱情。③

结　语

十九世纪末至二十世纪初,早期学者或多或少都崇拜古典主义,他们有意无意地美化希腊人的制度与风俗。多佛与福柯等人的研究,恰逢二十世纪六七十年代兴起的同性恋解放运动,因此备受一些关注身份政治的理论家追捧。九十年代之后,

---

① 同性恋与雅典法律,参见 Cohen, *Law, Sexuality, and Society: The Enforcement of Morals in Classical Athens*, Cambridge University Press, 1994, pp.175—183; Cohen, "Law, Society and Homosexuality in Classical Athens", *Past and Present*, No. 117 (Nov., 1987), pp. 3—21; D. MacDowell, "Athenian Laws about Homosexuality", in *Revue internationale des droits d'antiquité*, Vol.47(2000), pp.13—27.

② 边缘社会存在沉默的同性恋者,见 B. Bednarek, "Ancient homophobia: Prejudices against homosexuality in classical Athens", in *Humanitas*, Vol. 69, 2017, pp. 47—62. 民主政治讴歌同性恋,见 V. Wohl, *Love Among the Ruins: The Erotic of Democracy in Classical Athens*, Princeton University Press, 2002, pp.6—7.

③ 奴隶制与同性恋,见 M. Golden, "Slavery and homosexuality at Athens", *Phoenix*, Vol. 38, No. 4 (1984), pp.308—324. 商业发展催生了恋爱的腐败,见 Davidson, *The Greeks and The Greek Love*, pp.554—579. 激进民主制的影响,见 Hubbard, "Popular Perceptions of Elite Homosexuality in Classical Athens", pp.48—78. 哈伯德反驳戴维森的观点,见 Hubbard, "Diachronic Parameters of Athenian Pederasty", p.365. 刺杀僭主的例子存在的问题,见 Hubbard, "Diachronic Parameters of Athenian Pederasty", pp.367—370,也可参见 Cohen, *Law, Sexuality, and Society*, p.184.

随着古典学领域该研究的不断深入,学者们纠正了以往研究中对时段、地区以及同性恋的性质不加区分的做法。相对于基督教及之后的时代,古希腊社会对待同性恋确实更为宽容。这可能是由于古希腊公共权力并不轻易侵犯私人生活的合理边界,并不一定就能说明古希腊人推崇着同性恋的风尚。除了那些形成于后世的神话材料,并没直接的历史证据表明,娈童恋有着足够久远的历史。制度化的娈童恋可能形成于古风时代,它在多利安人的城邦最先兴起,然后传播到了其他城邦,并非所有的城邦都接受了这种风尚。确实有大量古风证据表明,一些雅典的社会精英推崇着娈童恋。然而,古典时代的材料却显示,民主的城邦已经不太接受这种贵族昔日的风尚。它并不意味着娈童恋在城邦生活中突然消失了,而是说明精英阶层在接受公共舆论的道德审查时,变得更为谨慎。

作者简介

杨凡,男,山东师范大学历史文化学院博士后,主要研究方向为古希腊史,尤其是性别史、性经验史相关领域。

社会性别视阈下进步主义时期芝加哥女性组织的城市卫生改革

杨 洁

摘 要：美国进步主义时期的时代特征是各个城市的"工业文明综合症"，芝加哥即是其中典型的一例。城市快速扩张、人口迅猛增长、社会贫困恶化和市政府的短视政策共同引发诸多城市卫生问题。该市女性组织通过城市卫生改革将其职责向家庭外拓展，以实地调研、宣传教育、政治游说、合作监督等方式推动改革进程，争取自身与公众健康的双重权利。这些改革有助于改善城市环境、重建城市秩序、实践女性的公民身份，为美国 20 世纪 60 年代的女权运动奠定基础。

关键词：社会性别；赫尔之家；女性城市俱乐部；城市卫生改革

美国环境史学家唐纳德·沃斯特将镀金时代和进步主义时代的环境改革称之为美国环境主义（Environmentalism）的形成时期①，这一时期环境运动的主要特征之一是中产阶级白人女性的积极参与并且成就斐然。尽管早期历史学家几乎忽视了这一群体，但不可否认的是，女性在环境改革运动中作出的贡献。1990 年，环境史学家卡洛琳·麦茜特发表《性别与环境史》②一文，对唐纳德·沃斯特关于环境史的三个理论概念——生态、生产、认知③进行补充，提出将"性别视野"列入环境史研究的第四个领域，即再生产。她表示在环境史这幕全球生态剧中，应包括男性和女性角色及自然本身。卡洛琳·麦茜特之后，一批环境史学家开始关注性别与城市环境

---

① Donald Worster, ed., *American Environmentalism*; *The Formative Period*, *1860-1915*, New York: John Wiley & Sons, 1973.

② Carolyn Merchant, "Gender and Environmental History", *The Journal of American History*, Vol.76, No.4, 1990, pp.1117—1121.

③ Donald Worster, "Transformations of the Earth: Toward an Agroecological Perspective in History", *The Journal of American History*, Vol.76, No.4, 1990, pp.1087—1106.

的问题,有较为宏观地叙述女性参与环境运动和城市卫生改革的典型个案①,呈现19世纪中后期女性组织对塑造城市景观的重要贡献②;亦有关注性别、阶级与族裔的交织关系,如探讨反污染运动中三者不同的作用③、或是性别主义、种族主义和种族歧视对环境保护运动兴起的影响④;更为细化地研究性别在环境改革实践中的差异,如男性与女性间的思维差异、论点分歧和行动冲突⑤。国内美国妇女史的研究从前期偏重于政治领域的女权主义、女权运动及女性选举权问题的传统女性史转向多元的新女性史,如从教育史、医疗社会史、移民史、身体史、种族史、观念史、环境史的视角下书写女性。相较而言,性别与环境问题的史学研究尚不多见,散见于系统性的介绍中⑥。本文基于芝加哥女性组织进行城市卫生改革的原始材料,比较两性在改革过程中的不同目的及方式,评述女性渐进性改革实践的影响,将其与女性运动的推进和转型社会的历史变迁相结合,以期拓宽国内女性史的研究视野。

一、社会乱象:19 世纪末芝加哥城市环境问题

十九世纪是美国的"城市时代",从一个相对单一的农业国家变为多元的都市国家,美国只用了近百年的时间。如果说"城市化"是这一时期美国的决定性趋势,那么芝加哥在这个趋势中发展得最为迅速。1833 年,芝加哥镇建立时人口约 400 人,1837 年,拥有 4 170 人口的芝加哥被合并为一个城市,至 1890 年,芝加哥已跃为美国仅次于纽约的第二大人口城市,人口逾百万人。⑦人口增长主要来源于外来移民、

---

① Suellen M. Hoy, "'Municipal Housekeeping': The Role of Women in Improving Urban Sanitation Practices, 1880-1917," in Martin V. Melosi, ed., *Pollution and Reform in American Cities, 1870-1930*, University of Texas Press, 1980, pp.173—198; Mary Joy Breton, *Women Pioneers for the Environment*, Northeastern University Press, 1998; Nancy C. Unger, *Beyond Nature's Housekeepers: American Women in Environmental History*, Oxford University Press, 2012.

② Daphne Spain, *How Women Saved the City*, University of Minnesota Press, 2001.

③ Adam Rome, "Coming to Terms with Pollution: The Language of Environmental Reform, 1865-1915", *Environmental History*, Vol.1, No.3, 1996, pp.6—28.

④ Dorceta E. Taylor, *The Rise of the American Conservation Movement: Power, Privilege, and Environmental Protection*, Duke University Press, 2016.

⑤ Adam Rome, "'Political Hermaphrodites': Gender and Environmental Reform in Progressive America", *Environmental History*, Vol.7, No.3, 2002, pp.440—463.

⑥ 姜立杰:《美国工业城市环境污染及其治理的历史考察(19 世纪 70 年代—20 世纪 40 年代)》,东北师范大学博士学位论文,2002 年;祖国霞:《美国进步主义时期环境运动中的女性》,《学术研究》2013 年第 4 期;李婷:《美国进步主义时期的女性与环境保护研究》,南开大学博士学位论文,2017 年;李婷:《美国进步主义时期城市公共卫生改革中的女性——以城市环境卫生为视角》,《四川师范大学学报(社会科学版)》2020 年第 2 期。

⑦ Howard B. Furer, ed., *Chicago: A Chronological and Documentary History, 1784-1970*, Oceana Publications, 1974, pp.1, 3, 27.

美国其他地区移居的人以及自然增长。其中外来移民占主体，人数从 1870 年的 9 万余人增至 1890 年的 40 万余人①，早期入境移民来自西欧、北欧国家，1880 年以后，移民的来源发生转变，主要来自东欧、南欧国家。新移民经济条件较差，语言交流不畅，文化素质低下，他们大量涌入工厂，寻找工作机会。

与人口激增同步的是，芝加哥及其周边地区工业化的飞速发展，至 1900 年，芝加哥拥有超过 26 万工人，成为仅次于纽约的第二大制造业城市。此时芝加哥是一个主要的制造业和农业、商业中心。它的肉类加工业、酒业、钢铁、服装业、铁路和农业蓬勃发展。这惊人的增长归因于它位于五大湖西南端平坦开阔处的优越地理位置和有利的发展时机。来往人流可以通过 1825 年竣工的伊利运河直达大西洋，并在 1848 年伊利诺伊—密歇根运河开通后到达密西西比河。在运河完工的同一年，芝加哥修建了铁路，用于连接东部制造业和西部农业。可以说，芝加哥城市显著的发展建立在其铁轨的延伸体系之上。②

内战期间密西西比河被封锁，南北内河贸易关闭，美国政府购买大批数量的牛和猪运送给联邦政府的军队，这些牲畜都被拉到芝加哥进行宰杀并制作成罐头，众多屠夫和商人涌入芝加哥，芝加哥成为世界上最大的肉类加工厂。③因贩卖者在城市街道上驱赶牲畜，街道拥堵，易对来往行人和牲畜造成伤害，为解决这一问题，商人和多家铁路公司在 1865 年建立联合畜牧场（Union Stock Yard）和运输公司。连接芝加哥的所有铁路均可通往畜牧场。庞大的畜牧场在 1870 年接纳 300 万头牛和猪，20 年内储藏近 1 200 万头。商人菲利普·阿莫尔于 1872 年购买了畜牧场以西的土地，并建造了一座大型猪肉加工厂，大批移民来此工作。他们还开发了冷冻室进行冷藏，全年进行肉类食品加工。一个帕金镇（Packingtown）④得以兴起，此处甚至还一度成为旅游景点。至 1893 年，芝加哥五分之一的人依赖这项产业生存。美国诗人卡尔·桑德堡曾将芝加哥比喻为"世界屠猪场"。经济发展的同时，环境不可避免地遭到破坏，工厂产生大量废弃物。1878 年，芝加哥颁布法令限制在土地上丢弃肉类罐头垃圾，然而商人却随意地将垃圾倒入河流中。因该厂对城市经济举足轻重，故而市政府不予追究。帕金镇的东面是遍布动物毛发和其他腐烂动物的屠宰场，西面是芝加哥最大的垃圾场和肉类加工厂，南面连接铁轨，北边是泡沫溪（Bubbly Creek）。⑤泡沫溪是芝加哥河的支流，"河畔的一条支流是通不出去的，所有流进去的脏东西就

① Homer Hoyt, *One Hundred Years of Land Values in Chicago*: *The Relationship of the Growth of Chicago to the Rise in Its Land Values*, 1830-1933, The University of Chicago Press, 1933, p.284.
② 威廉·克罗农：《自然的大都市：芝加哥与大西部》，黄焰结等译，江苏人民出版社，2020 年，第 96 页。
③ 威廉·克罗农：《自然的大都市：芝加哥与大西部》，第 297 页。
④ 帕金镇（Packingtown）：在 19 世纪 90 年代也被称为"后院"（"Back of the Yards"），是芝加哥最肮脏的地区。
⑤ Donald L. Miller, *City of the Century*: *The Epic of Chicago and the Making of America*, Simon & Schuster, 1996, p.219.

永远泡在里面,倾入的脂肪和各种化学剂会起种种变化",①因畜牧场工人倾倒的废物分解时产生的气泡而得名。制革厂、酿酒厂和其他工厂向芝加哥河和卡卢米特河的北支流倾倒废物。钢铁工厂的废料被用来填埋芝加哥东南部和印第安纳州西北部的湖畔。②关于后院的垃圾场,当地人民向卫生部门和负责街道管理的部门都提出抗议和请愿,但毫无结果。事实上,这基本是由官员的犯罪性疏忽造成的。《芝加哥论坛报》叙述道,"当市长被要求注意到这种状况时,他表示,垃圾必须被倾倒在某个地方,因为政府处理垃圾的经费有限。与其让它在其他选区里堆积,不如把它倒在后院"。③这一点体现了芝加哥市政府短视的环境政策和自由放任态度,而外来移民因此受到指责。

《嘉莉妹妹》书中描述了 19 世纪末的芝加哥:"巨大的铁路网——芝加哥的标志和市徽——已向左右延伸开去。灰不溜秋的房屋、烟雾腾腾的工厂,以及高高耸起的谷仓,都竖立在这一股交通洪流的两旁。透过空隙,可以看见这座透迤延伸的大城市的一些迹象。有轨电车都停在道口,等待火车驶过……"④可见,这座城市亦是处于转型时期,繁荣与贫穷、美丽与肮脏、健康与疾病、道德和堕落并存。这里聚集了许多城市改革者,他们关切儿童、女性、移民的生活,涌现出一系列社会组织:如公民协会、女性俱乐部、商业俱乐部、联合慈善组织、黑人女性俱乐部、黑人联谊会、赫尔之家、女性城市俱乐部和移民保护联盟等。城市史学者肯定这些组织的作用,"因为它们能提供超越家庭和亲属关系所能提供的资源,保护移居者免受都市生活中严酷的种族歧视之苦;它们也提供了抗议种族隔绝的斗争阵地"。⑤组织化是美国进步主义时期的趋势,社会组织将改革者更加紧密相连,参与社会改革运动的主力多为中产阶级白人女性。其中,为芝加哥城市公共卫生改革作出重要贡献的当属赫尔之家和女性城市俱乐部,她们开拓了家庭和城市、女性领域和公共空间的联系。

二、关注卫生:芝加哥女性组织的垃圾清理运动

19 世纪,在城市垃圾收集制度出现之前,家庭主妇用垃圾来饲养猪,用马粪作为浇灌菜地的肥料⑥,但随着美国由一个生产社会转向消费社会,家庭垃圾、家畜的粪

① 厄普顿·辛克莱:《屠场》,肖乾等译,人民文学出版社,1984 年,第 127 页。
② Christopher Thale, "*Waste Disposal*", 2022 年 7 月 10 日。
③ "Chicago's Most Unhealthy Spot", *Chicago Daily Tribune*, Feb 6, 1898, p.37.
④ 西奥多·德莱塞:《嘉莉妹妹》,潘庆舲译,人民文学出版社,2003 年,第 8 页。
⑤ 霍华德·丘达柯夫等:《美国城市社会的演变》(第 7 版),熊茜超、郭旻天译,上海社会科学院出版社,2016 年,第 116 页。
⑥ Ted Steinberg, *Down to Earth:Nature's Role in American History*, Oxford University Press, 2002, p.157.

便、街道垃圾堆积量日益增多，家庭无法再自行清理；垃圾的剧增和腐烂会带来致病的"瘴气"及其他潜在的健康威胁；清理垃圾的公共管理体系尚未完备，处理不当易污染水源。1891年，芝加哥出版的《科学周刊》之"卫生新闻"栏目宣称："在美国，可能没有任何一座城市的废物处理措施是令人满意的，或者是以满足清洁和卫生要求的方式进行的。"①芝加哥城市的垃圾堆积状况亦是非常严峻。首先，因这一时期人口大量增长，城市居民、企业和工厂生产过多生活垃圾和有害垃圾。其次，芝加哥当时常见的清除垃圾的方法并不科学：用大型车挨家挨户地收集垃圾，直到装完为止；然后穿过臭气熏天、滋生疾病的街道，到达远处的垃圾场，使得地下的洼地充满腐烂物质，进而污染整个地区。②最后，芝加哥城市各选区间处理垃圾问题存在不平等现象，垃圾场多建造在移民聚居区的附近。随着公民意识的觉醒，城市中一批中产阶级进步人士认为清洁的城市象征着文明、道德、秩序和健康，认识到解决垃圾问题的迫切性。1888年，芝加哥卫生部指出：垃圾问题仍然很紧迫，需要高度重视，公众非常关注生活垃圾的清理。③

1889年，简·亚当斯与同伴创建了芝加哥的社会安置会所"赫尔之家"，仿照的是1884年在伦敦建立的汤因比馆（Toynbee Hall）。在赫尔之家，亚当斯和其他女性服务于穷人，主要是移民和当地居民，她们帮助移民尽快融入美国主流社会之中，为移民女性提供烹饪、缝纫、育儿和家政方面的指导，开设艺术、拉丁语和美国历史等课程，为孩子们建造操场，便于移民与他们的后代建立沟通。④亚当斯认为，有必要对新移民进行教育和讲座宣讲，让他们了解在现代城市环境下进行传统农村活动的危险。在拥挤的城区，如果垃圾得不到妥善处理和销毁，居住在廉租房的孩童的患病率和死亡率会有所提升。因此，移民们不仅必须让自己的房子保持干净，还须帮助市政府让城市保持干净。1895年赫尔之家的调查报告提交给市政厅，第二年春天清除垃圾的市政合同获得批准，在商人的赞助下，亚当斯提出清除第十九区垃圾的投标。因为她的方案存在一个技术性问题，申请被否决，但引发的公众舆论促使市政府任命她为该区的垃圾检查员⑤。她组建一支巡逻队，负责监督垃圾车穿过各个街区前往城市垃圾场。虽然亚当斯相信她们的努力可能稍微改善了一些情况，但显然近西区⑥的

① Susan Strasser, *Waste and Want：A Social History of Trash*, Henry Holt and Company, 2000, p.121.

② "The Traveling Garbage Burner of Chicago", *Scientific American*, December 23, 1893.

③ Gottfried Koehler, ed., *Annals of Health and Sanitation in Chicago*, Department of Health, 1919, p.1498.

④ 芝加哥女性俱乐部于1896年专门设立了永久的假期学校和操场委员会（The Permanent Vacation School and Playground Committee），为拥挤地区的儿童提供教育。

⑤ Jane Addams, *Twenty Years at Hull-House with Autobiographical Notes*, The Macmillan Company, 1910, pp.283—285.

⑥ 近西区（Near West Side）是赫尔之家所在地，此处自19世纪30年代起聚集了大量欧洲移民，如爱尔兰移民、德国移民、法国移民、犹太移民与意大利移民，污染情况非常严重。

环境仍然恶劣。①在亚当斯的领导下,女性们向市政府施加压力,要求市政府尽自己的一份力量,确保所有居民的健康和安全。除了反对童工、卖淫、工业烟雾和其他的健康危害外,亚当斯还积极地为市政府对工厂的妥善管理进行宣传,并更频繁而系统地向收集垃圾和清扫街道相关事务建言献策。②

芝加哥女性组织对城市环境问题十分关注,主张垃圾问题市政化,而非由市议会承包给私人处理。芝加哥女性城市俱乐部(Woman's City Club)成立于1910年,目的是将对促进城市福利感兴趣的女性聚集在一起,协调她们分散参与社会和公民活动,并使其更有效;增强女性对公共事务的了解;帮助改善市民生活条件、唤起人们对保护家园、维护良好政府以及使城市社会道德变得高尚的社会责任感。③俱乐部在所有关注城市垃圾、清洁空气、市政公民、动物保护和公立学校的选区和委员会中设有分支机构,收集投诉,并试图教育女性向市议员和政府施压,以改善市政服务。④女性城市俱乐部最初的管理人员和董事主要是芝加哥女性运动的领导人、社区工作人员和大学老师,如玛丽·威尔玛斯、艾伦·马丁·亨罗汀、简·亚当斯、玛丽·麦克道尔等。其成员主要是来自城市和周边郊区的中产阶级女性,增长速度很快,十年间增长了近三千人。这十年里,女性城市俱乐部学习地方事务、公共政策,重视自己的公民身份,致力于教育、住房、税收、选举改革、垃圾清理、街道清洁、儿童福利、劳工状况等市政问题的调查与改革,产生深远影响,为城市提供有价值的服务。该俱乐部认为:"保护公众的健康是芝加哥的首要职责。"⑤她们关注的重要问题是如何保持城市清洁,真正的卫生保护工作不是每年轰动性地清除各种垃圾,而是一年中每天都要进行的消灭致病细菌和灰尘的运动,为把卫生治理做到常态化,她们也开展对普通民众的公共卫生知识的教育和宣讲活动。

1911年,芝加哥女性城市俱乐部对该市市政措施进行为期一年的调查后,得出结论:"芝加哥目前清理城市垃圾的方法代表了市政府最糟糕的阶段。事实上,在芝加哥根本不存在垃圾清理系统。虽然有许多做法,但这些做法大多是错误的。我们有充分的理由认为,疾病是通过垃圾倾倒系统传播的,从而导致婴儿死亡率大幅上升。"⑥所

---

① Jane Addams, *Twenty Years at Hull-House with Autobiographical Notes*, p.283.

② Nancy C. Unger, *Beyond Nature's Housekeepers: American Women in Environmental History*, Oxford: Oxford University Press, 2012, p.86.

③ Woman's City Club of Chicago, *Woman's City Club Bulletin*, Chicago, 1911, p.1.

④ Adade Mitchell Wheeler, Marlene Stein Wortman, *The Roads They Made: Women in Illinois History*, Charles H. Kerr Publishing Company, 1977, pp.108—109.

⑤ Maureen A. Flanagan, *Seeing with Their Hearts: Chicago Women and the Vision of the Good City, 1871-1933*, Princeton University Press, 2002, p.5.

⑥ "Unsystematic Disposal of Chicago's City Waste", *The Western and Southern Medical Recorder*, May 6, 1911.

以,女性城市俱乐部联合其他女性组织,要求市长成立一个市政委员会来研究垃圾清理问题,并设计全市通行的解决方案。作为芝加哥的市政管家,她们已然明晰:垃圾清理首先是一个卫生问题,其次才是经济问题。只有全市的垃圾清理系统才能确保公众健康,只有市政府才能切实有效地开展全市范围内的工作。女性城市俱乐部提倡用能造福更多城市居民和使城市政府为居民的社会福利承担责任的方式来重塑城市环境①,其中最为典型的当属"垃圾女卫士"(Garbage Lady)玛丽·麦克道尔。

玛丽·麦克道尔是简·亚当斯志同道合的伙伴,为改革事业奉献终生。1894年,麦克道尔在芝加哥大学基督教联合会的支持下创建芝加哥大学移民安置之家,旨在为教育、宗教和慈善工作提供场所。从那时起,她就开始关注垃圾清理问题。1911年,麦克道尔在女性城市俱乐部的资助之下前往欧洲学习。在欧洲,麦克道尔参观了德国法兰克福的一个混合垃圾焚烧厂,德国人认为科学可以变废为宝。垃圾在高温焚烧过程中产生足够的热量用来发电,为城市照明。麦克道尔咨询工厂的卫生工程师,工厂是否可以通过出售其产品获利,电力用于照明,煤灰和煤渣用于建筑材料。工程师直率回应只有美国人才会问这样的问题。他表示在垃圾清理中首先考虑的必须是卫生,而不仅仅是经济。②麦克道尔将此行所见所学悉数带回芝加哥,并发表公开演讲。这场旅行使她确信焚烧是一种更有效、更卫生的垃圾处理方式。芝加哥女性城市俱乐部通过在芝加哥各部门的演讲和展览,对垃圾问题提出公众意见。她们给议员、卫生和财政委员会以及市长写信表达诉求,并动员帕金镇女性反对倾倒垃圾和工业废料的行为。

在芝加哥,垃圾问题不仅是经济问题,也是政治问题,由于将未处理的垃圾提炼出清洁的油脂和有用的干物质用作肥料,价格十分昂贵,耗费将近4.7万元,市政官员都注重经济而不在意卫生。③但麦克道尔认为"垃圾清理是社区生活的象征,这种措施不应该为某个政党的利益而贯彻,而应该为了人类的福祉而实施。女性必须把她们的城市看作是自己的家,必须以家庭的标准对待它,通过投票解雇不称职的公务员,就像解雇不称职的家政人员一样。家不能止于门前台阶"。④她要求成立一个委员会,来研究科学清理垃圾的措施并制定全市范围内可行的计划。1913年7月,伊利诺伊州的女性获得市政授权。7月28日,芝加哥城市废物委员会成立,由财务委员会主席、卫生委员会主席、公共工程师、卫生局局长、麦克道尔及女性组织的其他人员组成,并聘请约翰·费瑟斯顿和欧文·奥斯本为顾问,前者是纽约市街道专

①　戴维·古德菲尔德:《美国城市史百科全书》,陈恒等译,上海三联书店,2018年,第737页。
②　Mary McDowell, "City Waste", in Caroline Miles Hill, ed., *Mary McDowell and Municipal House-keeping: A Symposium*, Millar Publish Company, 1938, p.4.
③　Mary McDowell, "City Waste", p.5.
④　Mary McDowell, "City Waste", p.6.

员,在收集和清理城市废物事务中经验丰富;后者以处理哥伦布城市垃圾的工作而闻名。城市废物委员会对芝加哥市的垃圾和其他废物的收集、运输和清理进行彻底、全面、系统和科学的调查①。

芝加哥城市废物委员会在 1914 年的报告中指出:城市垃圾的收集和处理本质上是一个社区问题。这关系到每个市民的舒适、方便与健康。因此,解决这个问题只能从整体上加以考虑,不应受到个人利益或地方偏见的阻碍。市政府在履行其收集和处理城市废物的职责时,应该适当考虑其经济问题,但并不是以经济回报来衡量效率,与其他任何形式的投资相比,城市清洁将以增强公众自豪感和改善公众健康带来更大的收益,这些无形的收益价值更高。在更大意义上,解决废物问题的责任是一项市政责任,这也涉及每一个市民的个人责任。公众出于各种原因普遍忽视自己的责任。但是,市政府完全、有效地履行职责能迅速地改正这些原因,使个人具备责任感。②继而,报告中提出相应的解决建议,例如城市应建立完善的废物收集、运输和处理系统,定期收集垃圾,每个家庭先对垃圾进行分类,再具体处理;安装小型焚化炉用来燃烧分离的可燃废物,安装现代化的高温垃圾焚化炉,高温燃烧能生产蒸汽或电力供市政府使用,其他类别的垃圾如金属器皿可进行回收利用,不可燃的废物与灰烬一同处理。报告考虑十分详细且具有科学性、系统性、长远性,规划芝加哥市每一个选区垃圾清理的方式,并安排试点进行测试以备随时调整,对费用进行预估。20 世纪早期清理垃圾的措施对现今的环境改革者、工程师和城市规划者都有指导意义,他们仍然致力于解决卫生、经济和效率的问题。

焚烧仅是女性城市俱乐部成员所规划的垃圾收集和处置改革整体方案的一个方面。这些女性希望通过市政所有权和废物处理设施的操作来集中权力,女性城市俱乐部的成员看待城市如同看待自己的家一样,认为城市是一个能够寻求所有成员的健康和福利的地方。简·亚当斯赞赏女性承担起"市政管家"的责任:"城市缺失市政服务的部分原因是没有咨询身为传统管家的女性的建议。男性对这些城市日常管理漠不关心,他们完全无视候选人保持街道清洁的能力,更倾向于将他与国家关税或增加国家海军的必要性联系起来,纯粹是回归到传统的政府类型,即只与敌人和外来者打交道。"③

市议会于 1914 年 6 月 15 日通过芝加哥城市废物委员会的报告。首先在帕金镇建造一个小型的减量厂,随着社区垃圾场的减少,帕金镇的健康状况得以改善,死亡率下降。报告中提议的城市中心减量厂也已建成,这为芝加哥的废物处理问题提

---

① Chicago City Waste Commission, *Report of the Chicago City Waste Commission*, 1914, p.7.

② Chicago City Waste Commission, *Report of the Chicago City Waste Commission*, p.8.

③ Jane Addams, "Women and Public Housekeeping", *Montgomery Journal*, March, 1915, p.14.

供了一个令人满意的解决方案的开端。①1916 年,市议会修建一条下水道,为街道污水提供排放处。彼时,选民被要求投票赞成发行 200 万美元的债券,用于改善垃圾处理和收集系统,但是选民们并没有得到政府将执行城市废物委员会提出的计划的保证。女性城市俱乐部反对这些措施,麦克道尔作为女性城市俱乐部城市废物委员会的主席,向公众提出他们应反对债券发行,并陈述了三点理由:第一,技术工作人员尚未进行充分的研究,以确保目前废物处理方面的经济支出为 200 万美元;第二,没有规定在建立装卸站的同时购置和建设垃圾收集设备;第三,没有任何保证建立一个城市废物处理部门或管理局,负责支出这些资金,并运行工厂和设备,处理和收集城市垃圾。随后,该债券发行被否决,女性委员会根据废物委员会的报告提出方案,包括四点措施:第一,敦促市政府设立一个管理局,在技术人员的带领下,收集和处理所有的城市废物;第二,市政相关部门应有技术人员进行必要的研究和实验,在此基础上制定债券发行的支出计划;第三,应在 1917 年预算中编列一笔 45 万美元的拨款,以满足减量厂目前的迫切需要并雇用技术人员;第四,1917 年春季向选民提交为施行城市废物处理和收集服务而发行的债券。②城市废物委员会再次向财政委员会提出建立城市废物管理局的请求,并再次承诺在春季选举时支持债券发行。1917 年 1 月,弗兰克·贝内特被任命为公共工程专员,并成立城市废物管理局。在同年 4 月的选举中,芝加哥以 1 515 票多数通过发行 1 000 万美元债券的计划,其中约一半将用于建立垃圾减量工厂。③在城市垃圾处理问题中,芝加哥女性取得一定程度上的胜利。

三、改革特性:性别在环境改革实践中的影响

为了应对转型时期的城市问题,现代社会发展出两种事业。一种由男子主导,他们将技术和科学知识专门应用于城市的结构和环境需要,这群改革者包括工程师、医学专业人士和城市规划者。另一种职业主要在女性领域,是女性试图将其传统的养育和服务职能扩展到诸如学校、慈善机构和安置会所等公共机构的过程中产生的。男女间的分歧与合作鲜明地体现在芝加哥的城市环境改革运动中。

历史学家莫琳·弗拉纳根比较了芝加哥城市俱乐部和女性城市俱乐部这两个组织的垃圾处理措施。以男性为主导的城市俱乐部出于私人利益和商业价值,赞同

① Suellen M. Hoy, "'Municipal Housekeeping': The Role of Women in Improving Urban Sanitation Practices, 1880-1917," in Martin V. Melosi, ed., *Population and Reform in American Cities*(*1870-1930*), University of Texas Press, 1980, p.193.

② "Chicago Women Win Victory on Garbage Bond Question", *Woman's Journal*, 18 Nov. 1916, p.376.

③ Woman's City Club of Chicago, *Woman's City Club Bulletin*, 1917, p.10.

将城市垃圾和废物处理外包给私营企业。另一方面,女性城市俱乐部为最大限度地提升城市公共卫生,支持市政当局掌管垃圾的控制和焚烧。她进一步指出,两者立场相反的原因是,女性的生活经历与男性不同。城市俱乐部的大多数成员都是商人,他们习惯于从盈利能力和财政效益的角度思考问题,容易将城市之利视为商人最有利的事情。正如恩格斯所指出的:"在各个资本家都是为了直接的利润而从事生产和交换的地方,他们首先考虑的只能是最近的最直接的结果,根本不考虑生产活动的间接影响和长远影响,因而不可避免地造成生态环境的恶化和自然资源的破坏。"①而对于多数中产阶级女性来说,她们的重心是家庭,习惯于维护良好的家庭环境,以确保家庭中每个人的健康,当进入政治舞台时,她们寻求实现同样的目标。②也就是说,在城市环境改革事业中,男性作为生产者,商会组织与造成污染的企业有着利益联系,他们是社会问题的制造者;而女性作为消费者,深受环境污染危害的影响,女性组织在环境改革运动中态度更为坚决,作为市政管家她们有责任治理城市问题,也期望在公共参与中扩大自身权利。

在芝加哥反烟雾运动的进程中,男女性对于城市环境改革看法的异同更为明显。19 世纪后期,芝加哥女性俱乐部与工程师组织联合起来反对烟雾。许多改革者都是女性,这一事实促使一些学者思考用"女性方法"来解决烟雾问题。当然,社会性别对反烟雾运动有影响,但态度并非严格按性别而定。相反,许多女性针对技术问题提出建议,而这一主题通常归于男性领域。例如,芝加哥女性城市俱乐部的清洁空气委员会主席莎拉·汤尼克利夫曾要求"安装能确保完全燃烧同时防止烟雾的设备"。而且,工程师们也表达了所谓的"女性"观点,他们用道德层面的理由来谴责制造烟雾的企业,如查尔斯·本杰明在 1905 年的美国机械工程师学会会议上宣称:"我无权用烟灰淹没我邻居的房屋,就像我无权把我的垃圾桶倒过围栏一样。"许多工程师遵循非专业改革者关于烟雾问题的逻辑,反对烟雾的肮脏、丑陋和不健康。③

到 1910 年代中期,这种联盟变得不那么紧密了,在公众对空气污染的讨论中,女性和男性的观点存在分歧。女性认为自己是市政管家,是家庭健康和社会道德的守护者,烟雾对这些事物产生危害,所以女性比男性改革者更为激进。相反,男性把烟雾问题定义为一个有关浪费的问题,需要更好的工程技术来解决,他们认为普通

---

① 马克思、恩格斯:《劳动在从猿到人的转变中的作用》,《马克思恩格斯选集》第三卷,中共中央马克思、恩格斯、列宁、斯大林著作编译局编译,人民出版社,2012 年,第 1000 页。

② Maureen A. Flanagan, "Gender and Urban Political Reform: The City Club and the Woman's City Club of Chicago in the Progressive Era", *The American Historical Review*, Vol. 95, No. 4, 1990, p.1046.

③ Frank Uekotter, *The Age of Smoke: Environmental Policy in Germany and the United States, 1880-1970*, University of Pittsburgh Press, 2009, p.23.

公民和政府在解决空气污染问题中并无多大作用。据女性城市俱乐部的理事安娜·尼科尔斯描述,当强烈的西风把帕金镇的气味吹散到城市的南侧时,一位著名的银行家表示,"我过去很讨厌那种气味;但你知道它现在对我意味着什么吗?美元"。与此形成鲜明对比的是,一位住在帕金镇附近的外国女性的感觉。当有人祝贺她的社区建造了一个新的娱乐公园时,她说,"如果能改善被烟熏而遭到破坏的院子,我愿意放弃这一切"。①可见,男性与女性的关注重点不同,女性更关注民生问题,希望城市能将居民幸福放在首位。在能源缺少的情况下,男性领导人首先考虑的是经济问题。譬如,伊利诺伊州的国防委员会主席萨缪尔·因苏尔在1917年冬季煤炭危机期间,向市议会提议暂停所有反烟雾法令而允许使用更丰富的烟煤,女性城市俱乐部抗议这一行为,并敦促通过采用科学的燃烧方法来节约煤炭。更进一步说,男女之间日益扩大的体制鸿沟不仅仅是因为在战略和战术方面存在分歧,更是因为男性愈发排斥女性加入环境改革联盟。由于商界、劳工和政治领导人往往将烟雾问题视为"女性问题",所以许多男子得出结论认为,一个成功的改革组织必须都是男性,这在国家和地方都是如此。②随着中产阶级女性这类非专业改革者开始失去其话语权,反烟雾运动趋于保守。可见,女性与男性在城市环境改革运动中的区别在于,女性具有的社会责任:为建设一个美丽的芝加哥而付出是值得的,每一个实际的努力都具有价值。③她们贡献的微小力量,得以集腋成裘,构建美好城市环境,有利于美国公民身体、精神和文化发展。④

进步主义时期女性改革者玛丽·里特·比尔德指出,在参与市政工作的多数情况中,女性在没有政治权利的环境中工作,这意味着她们必须面对公职人员不愿意认真对待女性问题的情况;理解并尽力消除承包商和各行各业商人的政治影响;她们不得不参加政治竞争,以便任命具有更广阔视野的官员;不断观察那些她们帮助选举出来的官员,以确保他们兑现了竞选承诺。经历过这些政治挫折的女性往往会成为热情的女性参政权论者(Suffragette),因为她们意识到,参与市政工作的直接途径是通过民选官员,由于无法影响男性的投票,她们坚定了自己要求投票的意愿。⑤这推动了女性争取自己的选举权。总体来说,20世纪初期尚未获得选举权的女性组

---

① Anna E. Nicholes, "How Women Can Help in the Administration of a City", in Shailer Mathews, ed., *The Woman Citizen's Library*: *A Systematic Course of Reading in Preparation for the Larger Citizenship*, Vol.9, The Civics Society, 1913, p.2150.

② Adam Rome, "'Political Hermaphrodites': Gender and Environmental Reform in Progressive America", *Environmental History*, Vol.11, No.3, 2006, pp.455—456.

③ Amalie Hofer, *Neighborhood Improvement in and about Chicago*, Neighborhood Center Committee of the Chicago Woman's Club, 1909, p.17.

④ 李婷:《美国进步主义时期城市公共卫生改革中的女性——以城市环境卫生为视角》,第153页。

⑤ Mary Ritter Beard, *Woman's Work in Municipalities*, D. Appleton and Company, 1915, pp.46—47.

织还是需要依靠男性的支持来进行社会活动,其与男性组织的合作领域逐渐扩大,二者都为推动城市环境改革进程而努力。这些社会改革者对现状具有足够的洞察力,认识到旧的生活方式和价值观念将不再满足现有的社会需要,而希望开辟一条进入现代化世界的新道路。

余　论

美国政治学者克里斯蒂·马杜克斯认为"女性主义学者应能超越投票权运动,关注女性的公民实践,更广泛地定义公民身份,看到女性在以男性为中心的法律和政治领域之外为集体自治所做的努力"。[1]19世纪有两种政治文化在运作,女性文化以家庭生活意识为基础,不断向外延伸家庭的界限。女性通过自愿行动推行社会政策,她们针对具体问题施行措施,通过非正式渠道施加影响,她们的这种行为是超越政治的。男性政治由正式的结构组成:选举权、政党和官职。对许多男性来说,这种参与既是政治性的,也是社会性的,有助于定义男子气概。女性在19世纪末20世纪初的政治变革中发挥了更积极的作用,她们将自己的志愿工作和社会政策相结合,以期影响市政行为。男性主导政治选举,在市政腐败的大背景中,他们投票更多出于自我利益的选择,而不是出于个人忠诚。[2]而且在1920年以前,鉴于《选举权法》只允许男性参与选举过程,女性被排除在政治之外,她们只能在社会道德层面发挥作用,纠正社会弊端。在这一时期,"在政治中发挥有效作用的能力实际上是对男子气概的一种考验"[3],男性领导者拒绝女性参与政治活动以防受到感性情绪的影响。

所以,在现代城市,女性只有拥有选举权,才能成为政府官员,才能针对社会问题进行立法处理。社会母性的主题在赢得中产阶级支持方面非常重要,尤其对以女性移民为主的工人阶级更有吸引力。[4]1913年伊利诺伊州立法机关授予该州女性选举权之后,芝加哥女性城市俱乐部组织大规模的选民登记运动,提升芝加哥女性要求政治权利的意识,女性利用选举权带来新的公民身份开始参与竞争公职,如女性城市俱乐部支持玛丽·麦克道尔担任库克县的职务。众多女性改革者为了更好的城市环境和立法支持而共同努力,虽然她们的实践并不能从根本上解决社会痼疾,但有助于提升公众的环保意识,提高女性的社会地位,对于打破男性在公共领域占

① Kristy Maddux, *Practicing Citizenship: Women's Rhetoric at the 1893 Chicago World's Fair*, Pennsylvania State University Press, 2019, p.20.

② Paula Baker, "The Domestication of Politics: Women and American Political Society, 1780-1920", *American Historical Review*, Vol.89, No.3, 1984, p.647.

③ Richard Hofstadter, *Anti-Intellectualism in American Life*, Alfred A. Knopf, 1963, p.189.

④ Rosalind Rosenberg, *Divided Lives: American Women in the Twentieth Century*, Hill and Wang, 1992, p.58.

主导的性别秩序有深远影响,是塑造现代美国女性角色和政治意识的重要篇章。

作者简介:

杨洁,女,东北师范大学美国研究所博士研究生,主要从事美国社会史研究,专业方向为20世纪美国城市史和移民史。

婚姻与爱

——社会性别视野下的比彻—蒂尔顿事件

曹 鸿

摘 要:19世纪下半叶美国最具轰动性和戏剧性的事件非"比彻—蒂尔顿丑闻"莫属,与之相关的民事诉讼也被时人称为"世纪之案"。1872年,美国当时最负盛名的牧师和改革家亨利·沃德·比彻被人揭发与好友西奥多·蒂尔顿的妻子私通,引发轩然大波。本地教会展开调查,认定比彻无罪,而蒂尔顿仍向地方法院起诉比彻犯下通奸罪行,要求高额赔偿。审理持续了半年,传召了上百名证人,吸引了美国社会的广泛关注,但陪审团却无法达成一致裁决。最终,比彻依旧担任教会牧师,而蒂尔顿夫妇则被教会除名,丈夫远赴法国谋生,妻子孤独终老。比彻—蒂尔顿事件体现了美国社会转型过程中的阵痛,反映了不同群体对两性关系和婚姻制度的冲突看法。

关键词:亨利·沃德·比彻;西奥多·蒂尔顿;伊丽莎白·蒂尔顿;自由爱;蒂尔顿诉比彻;比彻—蒂尔顿丑闻

比彻—蒂尔顿事件(Beecher-Tilton Affair)也被称为"比彻—蒂尔顿丑闻""布鲁克林韵事",是19世纪下半叶美国最具轰动性和戏剧性的系列事件。①从丑闻揭发到教会调查再到民事诉讼,引发了当时美国社会的广泛关注:各地报刊连篇累牍地刊载相关声明、法院庭审记录、调查报告全文;出版商和个人也收集各方信件和资料,发行各类"历史真相"(True History)、"全史"(Full and Complete History)、"未删减

---

① 事件本身既复杂又饱含争议。"affair"一语双关,既可指事件,也可指私通韵事。时人和后人常常用"比彻—蒂尔顿韵事""比彻—蒂尔顿丑闻"(Beecher-Tilton Scandal)、"比彻—蒂尔顿案"(Beecher-Tilton Case/File)、"比彻—蒂尔顿之战"(Beecher-Tilton War)、"布鲁克林罗曼史/丑闻"(Brooklyn Affair/Romance/Scandal)等名称,指代从1870年私人小圈子的流言到1876年普利茅斯教会第二次调查之间的相关争论、事件、调查和审判。本文采用"比彻—蒂尔顿事件"或"比彻—蒂尔顿丑闻",因为后世学者在比彻与伊丽莎白是否私通这一问题上并未达成共识,也同时强调系列事件的社会意义,而非集中于风流韵事本身。

档案"、官方报告等小册子①。

与时人的关注热度相比，后世历史学者对比彻—蒂尔顿事件的研究并不丰富。研究者们或许认为，事件本身涉及私密的两性关系与丑闻，至多折射一些社会史或文化史的意义，难登大雅之堂。整体而言，美国学术界已有的严肃研究大致可总结为三种路径。第一种是传记视角，在涉事人物的传记生平中讨论相关事件，也分析它们对传记主角的影响和意义；第二种是关注比彻—蒂尔顿事件蕴含的技术性问题或折射的社会现象，或考察审判中的法律策略与法律文化，或将其视为丑闻与公共形象的经典案例；第三种研究，聚焦比彻—蒂尔顿事件本身的历史意义，将其置于社会史、宗教史、文化史、激进思想、维多利亚时代特质、身体政治等不同主题的脉络下考察，以揭示事件的社会影响和历史语境。②本文在原始文献和二手研究的基础上，

---

① 时人出版的"野史"虽然有追逐热点之嫌，但却在第一时间梳理了复杂的人物关系，包含了各类原始文献和不同视角的评论，极具参考价值。法庭记录、私人信件的汇总与出版也为后世理解这一事件提供了丰富的一手材料，较为重要的有：Leon Oliver, *The Great Sensation: A Full, Complete and Reliable History of The Beecher-Tilton-Woodhull Scandal*, The Beverly Company, Publishers, 1873; *The Beecher-Tilton Scandal: A Complete History of the Case, from November, 1872 to the Present Time*, F.A. Bancker, Publisher, 1874; *The Great Brooklyn Romance, All the Documents in the Famous Beecher-Tilton Case, Unabridged*, J. H. Paxon, 1874; J.E.P. Doyle, *Plymouth Church and Its Pastor, or Henry Ward Beecher and His Accusers*, The Park Publishing Company, 1874; Charles F. Marshall, *The True History of the Brooklyn Scandal*, National Publishing Company, 1874; *The Beecher-Tilton War: Theodore Tilton's full Statement of the Great Preacher's Guilt; What Frank Moulton had to Say; The Documents and Letters from both Sides*, A Book of Reference, 1874; *Pictorial History of the Beecher-Tilton Scandal. Its Origin, Progress and Trial, Illustrated with Fifty Engravings from Accurate Sketches*, Frank Leslie, 1875。

② 较为重要的研究例如：Robert Shaplen, *Free Love and Heavenly Sinners: The Story of the Great Henry Ward Beecher Scandal*, Alfred A. Knopf, 1954; Ann Douglas, *The Feminization of American Culture*, Alfred A. Knopf, 1977; Altina L. Waller, *The Beecher-Tilton Adultery Scandal: Family, Religion, and Politics in Brooklyn, 1865-1875*, Ph. D Dissertation, Department of History, University of Massachusetts Amherst, 1980; Altina L. Waller, *Reverend Beecher and Mrs. Tilton: Sex and Class in Victorian America*, The University of Massachusetts Press, 1982; Cheree A. Carlson, "The role of character in public moral argument: Henry Ward Beecher and the Brooklyn scandal," *Quarterly Journal of Speech*, Vol.77, Issue 1, 1991, pp.38—52; Richard W. Fox, "Intimacy on Trial: Cultural Meanings of the Beecher-Tilton Affair" in Richard W. Fox and T.J. Jackson Lears eds., *The Power of Culture, Critical Essays in American History*, The University of Chicago Press, 1993; Laura Hanft Korobkin, "The Maintenance of Mutual Confidence: Sentimental Strategies at the Adultery Trail of Henry Ward Beecher," *Yale Journal of Law & Humanities*, Vol.7 No.1, 1995, pp.1—48; Barbara Goldsmith, *Other Powers, The Age of Suffrage, Spiritualism and the Scandalous Victoria Woodhull*, Alfred A. Knopf, 1998; Richard Wightman Fox, *Trials of Intimacy: Love and Loss in the Beecher-Tilton scandal*, The University of Chicago Press, 1999; Richard K. Sherwin, *When Law Goes Pop: The Vanishing Line Between Law and Popular Culture*, The University of Chicago Press, 2000; Catherine A. Holland, *The Body Politic: Foundings, Citizenship, and Difference in the American Political Imagination*, Routledge, 2001; Barbara A. White, *The Beecher Sisters*, Yale University Press, 2003。

尝试还原比彻—蒂尔顿事件的全过程,并从社会性别的视角简要分析其历史意义。

一、"美国最有名的人"与蒂尔顿夫妇

亨利·沃德·比彻(Henry Ward Beecher)是 19 世纪美国最著名的公理会牧师和社会改革家,支持废除奴隶制,提倡女性选举权。[①]2007 年获普利策奖的比彻传记,便以"美国最有名的人"为题。历史学家肖恩·威伦茨在称赞这本传记时,也不无夸张地强调比彻"非同凡响"(phenomenon)。[②]比彻生于名门望族,其父莱曼·比彻(Lyman Beecher)在内战前就是赫赫有名的长老会牧师、教育家和改革家。[③]比彻的几位姊妹也不遑多让:凯瑟琳·比彻(Catharine Beecher)是著名的女性教育家;伊莎贝拉·比彻(Isabella Beecher)是女性参政权运动的领导者之一;而斯托夫人(Harriet Beecher)或许因《汤姆叔叔的小屋》一书而名声更盛,被誉为当时"英语世界里最著名的女性"。[④]

在 19 世纪下半叶的美国,比彻确实是最受欢迎的宗教领袖。辛克莱·刘易斯(Sinclair Lewis)在另一本传记的序言中认为,比彻"是圣奥古斯丁、巴纳姆和约翰·巴里摩尔的结合体"。[⑤]这一总结,准确地揭示了比彻当时的个人魅力与宗教道德影响力。他领导着纽约布鲁克林地区最知名的新教教会——普利茅斯教会(Plymouth Church)。在讲坛上,他一改严肃压抑的宗教气氛,布道时宣传"爱的福音"(Gospel of Love)而非上帝的惩罚,因为布道幽默风趣,充满激情,极富感召力,吸引了上千人涌入教堂。他甚至支持讲授进化论,成为自由派新教理念(Liberal Protestantism)的代表。[⑥]

---

① 比彻的传记数量十分丰富,例如:N.A. Shenstone, *Anecdotes of Henry Ward Beecher*, Chicago, IL: R.R. Donnelly & Sons, Publishers, 1887; W. C. Beecher and Samuel Scoville, *A Biography of Rev. Henry Ward Beecher*, Charles L. Webster & Company, 1888; Lyman Abbott, *Henry Ward Beecher*, Houghton, Mifflin and Company, 1903; Paxton Hibben, *Henry Ward Beecher: An American Portrait*, The Press of the Readers Club, 1942; Halford Ross Ryan, *Henry Ward Beecher: Peripatetic Preacher*, Greenwood Press, 1990; Debby Applegate, *The Most Famous Man in America*, *The Biography of Henry Ward Beecher*, Three Leaves Press, Doubleday, 2006。

② Praise for *The Most Famous Man in America*, https://debby-applegate.com/madam-praise/, accessed at July, 10, 2021.

③ "Lyman Beecher", in *Encyclopedia of World Biography* 2nd ed, Gale, 2004, p.113.

④ Debby Applegate, *The Most Famous Man in America*, *The Biography of Henry Ward Beecher*, Three Leaves Press, Doubleday, 2006, p.12.

⑤ Paxton Hibben, *Henry Ward Beecher: An American Portrait*, The Press of the Readers Club, 1942, p.vii.

⑥ Rebecca Parks, ed., *American Eras: Primary Sources Vol.2: Civil War and Reconstruction, 1860-1877*, Gale, 2013, p.372; Paxton Hibben, *Henry Ward Beecher: An American Portrait*, The Press of the Readers Club, 1942, p.vii.

　　比彻的宗教声望也为其带来更大的政治影响力。作为社会改革家,他是废奴运动的坚定支持者,致力于批判这种"特殊制度"(peculiar institution),在讲坛和刊物上对奴隶制发起攻击,也因此成为南部邦联最痛恨的人之一。①林肯也要借助他的影响力。内战期间,他派比彻前往欧洲巡回演讲,寻求各国对联邦事业的支持。②难能可贵的是,比彻也积极参与女性参政权运动,早在1854年就公开宣布了这一立场。他认为,女性和被解放的奴隶都应该享有政治权利,因此在1865年参与创建了"平等权利协会"(Equal Rights Association)。③1869年,比彻应邀担任美国妇女选举权协会(American Woman's Suffrage Association)的首任主席。④

　　丑闻事件的另两位主角——西奥多·蒂尔顿(Theodore Tilton)和伊丽莎白·理查兹(Elizabeth Richards),是比彻所在教会——普利茅斯教会的教友。实际上,蒂尔顿一直将比彻视为人生导师和效仿对象,最终也成为了诗人、演说家和报刊编辑。⑤蒂尔顿长期担任比彻的助手,编辑新教杂志《公理会教友》(The Independent),并在比彻卸任主编后继任。这份报刊也成为废奴运动和女性参政权的重要阵地。蒂尔顿后来也成为废奴运动和妇女运动的著名活动家,时常离家数月在全美巡回演说。⑥牧师与教友、编辑社同事抑或是政治改革战友,蒂尔顿和比彻一度建立了深厚的友谊。

　　伊丽莎白也投身于女性选举权运动。她既是苏珊·安东尼(Susan Anthony)和伊丽莎白·斯坦顿(Elizabeth Stanton)创办的报纸《革命》(The Revolution)的编辑之一,也是比彻创办的"平等权利协会"执行委员会主席。⑦蒂尔顿夫妇与比彻不仅在事业和社会活动中交集颇多,更是私下的亲密好友,比彻在1851年主持了两人的婚

---

① Debby Applegate, *The Most Famous Man in America*, *The Biography of Henry Ward Beecher*, Three Leaves Press, Doubleday, 2006, p.5.

② Debby Applegate, *The Most Famous Man in America*, *The Biography of Henry Ward Beecher*, Three Leaves Press, Doubleday, 2006, p.346; Paxton Hibben, *Henry Ward Beecher*: *An American Portrait*, The Press of the Readers Club, 1942, pp. 151—163; Carole Owens, *Connections*: *Berkshire liaisons*, *Part III*: *Theodore Tilton v. Henry Ward Beecher*, https://theberkshireedge. com/connections-berkshire-liaisons-part-iii-tilden-v-beecher/♯, accessed at March, 28, 2022.

③ Paxton Hibben, *Henry Ward Beecher*: *An American Portrait*, The Press of the Readers Club, 1942, p.184.

④ Debby Applegate, *The Most Famous Man in America*, *The Biography of Henry Ward Beecher*, Three Leaves Press, Doubleday, 2006, p.387.

⑤ "Theodore Tilton", *The Aldine*, Vol.4, No.10(October, 1871), p.163.

⑥ Catherine A. Holland, *The Body Politic*: *Foundings*, *Citizenship*, *and Difference in the American Political Imagination*, Routledge, 2001, p.109.

⑦ Paxton Hibben, *Henry Ward Beecher*: *An American Portrait*, The Press of the Readers Club, 1942, p.194.

礼,是两人家中的常客。①蒂尔顿在外出巡回演说时,还时常恳请比彻定期照看妻子与家人。②然而,在丑闻出现后,这些关系却为美国出版界提供了丰富的素材,成了当时美国人街头巷尾议论纷纷的谈资。

二、"撒旦夫人"与布鲁克林罗曼史

比彻—蒂尔顿丑闻的真相究竟如何,时人与后世史家众说纷纭,莫衷一是。亨利·比彻与伊丽莎白·蒂尔顿是否发生婚外情,似乎只有当事人才能知晓。伊丽莎白在 1878 年曾发布声明,公开承认与比彻犯下通奸之罪,但由于此前声明的几度反复,人们选择不再相信。实际上,对后人而言,真正关键的是这起事件所折射的时代意义。但丑闻的众所周知,并非始于 1874 年西奥多·蒂尔顿向布鲁克林城市法院提起民事诉讼,早在 1870 年丑闻就已初现端倪。

不论是时人所撰的"历史真相""全史",还是后世的诸多研究,均提及了以下"情节":

> 1870 年 7 月,伊丽莎白向丈夫坦白与比彻牧师发生婚外情,并写下书面忏悔。比彻知晓之后,起草了一份否认书,让伊丽莎白签署。此后,在蒂尔顿的压力之下,伊丽莎白再次承认。③

人们认为,虽然当事人为了名声和家庭,很想隐瞒这些情况,但蒂尔顿还是向一些女性参政权圈子里的熟人吐露了秘密,特别是在比彻导致他失去《布鲁克林联盟报》(Brooklyn Union)的主编职位之后。韵事的"谣言",最终从苏珊·安东尼那里,传到了激进的女性权利活动家——维多利亚·克拉弗林·伍德哈尔(Victoria Claflin Woodhull)耳中。④

---

① Altina L. Waller, *The Beecher-Tilton Adultery Scandal: Family, Religion, and Politics in Brooklyn, 1865-1875*, Ph. D Dissertation, Department of History, University of Massachusetts Amherst, 1980, p.328; Carole Owens, *Connections: Berkshire liaisons, Part III: Theodore Tilton v. Henry Ward Beecher*, https://theberkshireedge.com/connections-berkshire-liaisons-part-iii-tilden-v-beecher/#, accessed at March, 28, 2022.

② Catherine A. Holland, *The Body Politic: Foundings, Citizenship, and Difference in the American Political Imagination*, Routledge, 2001, p.109.

③ Richard W. Fox, "Intimacy on Trial: Cultural Meanings of the Beecher-Tilton Affair", in Richard W. Fox and T.J. Jackson Lears eds., *The Power of Culture, Critical Essays in American History*, The University of Chicago Press, 1993, p.107.

④ Richard W. Fox, "Intimacy on Trial: Cultural Meanings of the Beecher-Tilton Affair", in Richard W. Fox and T.J. Jackson Lears eds., *The Power of Culture, Critical Essays in American History*, The University of Chicago Press, 1993, p.108.

维多利亚·克拉弗林·伍德哈尔是 19 世纪下半叶美国最"离经叛道"的妇女活动家、改革家,憎恶她的人,称其为"撒旦夫人"(Mrs. Satan)。她是纽约的社会名流,与很多金融资本家来往密切;也是妇女选举权运动的代表人物,在国会众议院司法委员会上为女性选举权呼吁;她也宣传过共产主义,涉足唯灵论运动(Spiritualist movement),甚至参加了 1872 年的总统竞选,而自由爱(free love)理念是她最为提倡的。①

1871 年 11 月 20 日,伍德哈尔在纽约施坦威厅向三千多名听众发表演说,阐释了她的自由爱理念。她说:

> 现在你们问我,什么是社会自由(social freedom)的合理推论,我会毫不犹豫地回答,是自由爱(free love),或者说是感情的自由(freedom of the affections)。如果有任何人抱着疑惑的态度问我:"那么,你是自由爱提倡者么?"我会迅速地回答:"我是。"对那些因此谴责我的人,我会回应:"是的,我是一个自由爱提倡者,我拥有一种**不可剥夺的**(inalienable)、**宪法的**(constitutional)和**自然的**权利(natural right)去爱我所爱(love whom I may)";只要我乐意,想爱多久就爱多久;还可以天天改变我所爱。而这一权利,不论是你们还是任何律法都无权干涉。②

在这段话中,伍德哈尔把"自由爱"视为一种个人自由,反对教会和政府监管的传统婚姻,这种理念显然不为当时的保守道德所容。比彻在布道时,也公开批评过伍德哈尔的理念。

实际上,伍德哈尔并不反感比彻。在她看来,比彻在布道中宣扬真正的宗教赋予人思考与选择的自由,与她提倡的"自由爱"理念异曲同工,但比彻是广受尊敬的牧师,而她却被公众中伤。③1871 年,伍德哈尔在某次女性参政权集会中听到一些流言,便向《纽约世界》去信,表示自己提倡自由爱恰恰是为了解决社会的不道德问

① 关于维多利亚·克拉弗林·伍德哈尔和自由爱理念的英文代表性研究有:Mary Gabriel, *Notorious Victoria: The Life of Victoria Woodhull, Uncensored*, Algonquin Books of Chapel Hill, 1998; Miriam Brody, *Victoria Woodhull: Free Spirit for Women's Rights*, Oxford University Press, 2004; Cari M. Carpenter ed., *Selected writings of Victoria Woodhull: Suffrage, Free love, and Eugenics*, University of Nebraska Press, 2010; 中文研究参见曹鸿:《道德与权利的博弈——美国科姆斯托克法的出台、实施和所引发的社会政治斗争》,《史学月刊》2013 年第 8 期。

② Victoria C. Woodhull, "And The Truth Shall Make You Free, A Speech on the Principles of Social Freedom," in Cari M. Carpenter ed., *Selected writings of Victoria Woodhull: Suffrage, Free love, and Eugenics*, University of Nebraska Press, 2010, pp.51—52. 黑体处原文为斜体。

③ Sheila Sundquist Peel, *Victoria Woodhull and The Radical Rhetoric of Revolution*, Master Thesis, Department of American Studies, University of Wyoming, 1985, p.19.

题,而评判她的人公开反对自由爱,又秘密践行这一理念,例如某位声名显赫的牧师极其伪善,与另一位同样著名的人士的妻子有染。①这一言论,引起了许多报刊记者的注意。1872 年 11 月 2 日,伍德哈尔在自己出版的《伍德哈尔与克拉夫林周刊》(*Woodhull and Claflin's Weekly*)中,详细陈述了听到的传闻,以及与波士顿记者的对话访谈。②克拉夫林重申对婚姻这种社会制度的反感,认为婚姻是"奴隶制和君主制",甚至认为,比彻与伊丽莎白的通奸,恰恰证明了自由爱的意义,个人并无过错。③伍德哈尔后来承认,披露这一传闻,是想逼迫比彻支持自由爱理念。④

从纽约时报的隐晦提及,到自创周刊的指名道姓,该流言的公开在当时的美国社会中引发了巨大波澜。在女性参政权小圈子中,蒂尔顿与伍德哈尔越走越近。伍德哈尔原本想要通过蒂尔顿,邀请比彻主持她在施坦威厅的演说,但被比彻直接回绝,最终由蒂尔顿当主持人。⑤1871 年,蒂尔顿还出版了《维多利亚·伍德哈尔小传》(*Victoria C. Woodhull：A Biographical Sketch*)。⑥他对自由爱理念的好感并非凭空出现。实际上在 1870 年 12 月 1 日的《公理会教友》杂志上,他曾发表题为"爱情、婚姻与离婚"(Love，Marriage，Divorce)的文章,认为没有爱情的婚姻是一种罪,而大多数婚姻按照这种标准而言都是一种通奸。这一观念在当时的教会看来,无疑是极其激进的。⑦

三、教会的调查与最初的轰动

伍德哈尔和她的丈夫因为刊载《比彻—蒂尔顿丑闻事件》而被捕,理由是这起

---

① *New York World*，May 22，1871，转引自 Robert Shaplen，*Free Love and Heavenly Sinners：The Story of the Great Henry Ward Beecher Scandal*，Alfred A. Knopf，1954. pp.123—124。

② "The Beecher-Tilton Scandal Case"，*Woodhull & Claflin Weekly*，Vol.5 No.7（November 2，1872），pp.9—13.

③ "The Beecher-Tilton Scandal Case"，*Woodhull & Claflin Weekly*，Vol.5 No.7（November 2，1872），pp.10，13.

④ Catherine A. Holland，*The Body Politic：Foundings，Citizenship，and Difference in the American Political Imagination*，Routledge，2001，p.110.

⑤ Altina L. Waller，*The Beecher-Tilton Adultery Scandal：Family，Religion，and Politics in Brooklyn，1865-1875*，Ph. D Dissertation，Department of History，University of Massachusetts Amherst，1980，p.288.

⑥ Theodore Tilton，*Victoria C. Woodhull：A Biographical Sketch*，The Golden Age，1871.

⑦ Paxton Hibben，*Henry Ward Beecher：An American Portrait*，The Press of the Readers Club，1942，p.208；Altina L. Waller，*The Beecher-Tilton Adultery Scandal：Family，Religion，and Politics in Brooklyn，1865-1875*，Ph. D Dissertation，Department of History，University of Massachusetts Amherst，1980，p.330.

丑闻涉及淫秽内容，但最终因技术问题被释放。①但显然，丑闻已经人尽皆知，不再限于女性参政权政治小圈子和布鲁克林教区，美国各地的报刊开始转载此事，越来越多的记者前往纽约调查。②比彻首先在地方报纸《布鲁克林鹰报》(Brooklyn Eagle)上否认伍德哈尔的指控。他一方面"热忱欢迎公开"他的私人信件，同时也坚决表示，这些关于他的故事和谣言是"完全虚构"的。③蒂尔顿在12月也撰写了一份名为"故事真相"(True Story)的小册子，起先只是想在熟人朋友间流传，为这两年"古怪"的行为提供"坦率的解释"，但比彻在教会中的对手也读到了这份小册子。④

前两年，蒂尔顿就与比彻及亨利·鲍恩(Henry Bowen)在刊物编辑等问题上产生摩擦。鲍恩是普利茅斯教会的重要人物，也是《公理会教友》杂志的创办人。除了他与核心成员的矛盾之外，教会的领导层也不满蒂尔顿与伍德哈尔接触，更反感他到处提及丑闻，因此决定将其除名。1873年10月6日，教会控诉蒂尔顿身为教区一员，伙同伍德哈尔诋毁牧师，损害了普利茅斯教会的声誉，并于10月31日以201人支持、13人反对的结果将蒂尔顿除名。⑤

比彻的对手们抓住了这个机会。他们认为普利茅斯教会没有调查丑闻是否属实便驱逐了蒂尔顿，有违公理会政策，便于1874年3月在布鲁克林召开公理会教会理事会，谴责这一结果。理事会其实无权干涉地方教会，但却引发了《公理会教友》杂志对蒂尔顿的持续批评。同年6月，蒂尔顿向纽约地区及布鲁克林本地的主要报刊去信，长文回应相关问题。面对公众的呼声，比彻不得不打破了沉默，提出要任命教会调查委员会(Church Investigation Committee)调查丑闻。⑥

比彻"深思熟虑"，认为委员会中要包含"教会成员和社会成员"的代表，并"自作

① Cari M. Carpenter ed., *Selected writings of Victoria Woodhull: Suffrage, Free love, and Eugenics*, University of Nebraska Press, 2010, pp.xxvii—xxviii.

② Richard W. Fox, "Intimacy on Trial: Cultural Meanings of the Beecher-Tilton Affair", in Richard W. Fox and T.J. Jackson Lears eds., *The Power of Culture, Critical Essays in American History*, The University of Chicago Press, 1993, p.108.

③ *The Beecher-Tilton Scandal: A Complete History of the Case, from November, 1872 to the Present Time*, F.A. Bancker, Publisher, 1874, p.33.

④ Altina L. Waller, *The Beecher-Tilton Adultery Scandal: Family, Religion, and Politics in Brooklyn, 1865-1875*, Ph.D Dissertation, Department of History, University of Massachusetts Amherst, 1980, pp.292, 297—298.

⑤ *The Beecher-Tilton Scandal: A Complete History of the Case, from November, 1872 to the Present Time*, F.A. Bancker, Publisher, 1874, pp.34—36.

⑥ Altina L. Waller, *Reverend Beecher and Mrs. Tilton: Sex and Class in Victorian America*, The University of Massachusetts Press, 1982, p.10; *The Beecher-Tilton Scandal: A Complete History of the Case, from November, 1872 to the Present Time*, F.A. Bancker, Publisher, 1874, p.36.

主张地恳请"六位绅士担任,请他们严格调查"关于他行为的谣言、影射或控诉"。①
尽管比彻要求调查要彻头彻尾、不偏不倚,很难想象他亲自挑选的布鲁克林本地名流会公正行事,得出对他不利的调查结果。《国家》(The Nation)杂志讽刺此事是"一系列篓子中的最大疏忽",直言委员会由"比彻的私人朋友和追随者组成",也没有任何调查经验,"从开始就毫无分量"。②教会的调查持续了数周,也召集了一些证人,伊丽莎白也是证人之一,她否认与比彻私通。1874年7月24日,在写给《布鲁克林鹰报》的书面声明中,伊丽莎白称蒂尔顿提及的所谓事实毫无依据,"因为他多年来仇恨比彻,他的人生目标就是坚决摧毁比彻"。③

　　教会调查引发的关注度并不亚于1875年的民事诉讼。历史学者理查德·福克斯(Richard Fox)广泛查阅后发现,比彻—蒂尔顿丑闻"已经成为1874年轰动全美各个城市的头版新闻",除地方报纸之外,旧金山、圣路易斯、波士顿和芝加哥的重要报刊详细报道了每日的调查进展。④8月27日,调查委员会发布最终报告。在详细叙述了调查的原因、过程,并呈现相关信件、声明和问询记录后,委员会认为,根据证据,亨利·比彻与伊丽莎白·蒂尔顿并无通奸行为;比彻在蒂尔顿夫人面前从未有过不道德或不恰当的举动;证据中没有任何内容可损害人们对教会的完全信赖以及比彻的正直品质。⑤调查的结果并不令人吃惊,但公众对于调查结果却极为期待,《布鲁克林丑闻的历史真相》中这样描绘:"在8点钟——发布报告的会议开始时间之前,大群人在街头聚集。时间临近,人们越聚越多,当大门开启,他们蜂拥而至,不到一小时就挤满了整个教堂。这其中许多人并非公理会信徒,但因同情比彻而来参加发布会。"⑥

四、"世纪之案":蒂尔顿诉比彻(Tilton v. Beecher)

　　西奥多·蒂尔顿被普利茅斯教会除名,而教会的调查报告和妻子的公开声明,更强化了他在本地圈子和公众面前的"疯癫"形象。《布鲁克林鹰报》记者,专程前往

---

① *The Beecher-Tilton Scandal: A Complete History of the Case, from November, 1872 to the Present Time*, F.A. Bancker, Publisher, 1874, p.39.

② "The Great Scandal", *The Nation*, August 20, 1874, p.118.

③ *The Beecher-Tilton Scandal: A Complete History of the Case, from November, 1872 to the Present Time*, F.A. Bancker, Publisher, 1874, p.62.

④ Richard W. Fox, "Intimacy on Trial: Cultural Meanings of the Beecher-Tilton Affair" in Richard W. Fox and T.J. Jackson Lears eds., *The Power of Culture, Critical Essays in American History*, The University of Chicago Press, 1993, p.109.

⑤ Charles F. Marshall, *The True History of the Brooklyn Scandal*, National Publishing Company, 1874, pp.431—432.

⑥ Charles F. Marshall, *The True History of the Brooklyn Scandal*, National Publishing Company, 1874, pp.433—434.

蒂尔顿的家乡，与其家族的熟人交谈，公开调查蒂尔顿的精神状况，而完成的最终报告，也暗示了他有精神失常（insanity）的可能。①蒂尔顿实际上预料到教会调查的结果，还未等官方报告正式宣布，他已经决定走法律程序，向布鲁克林城市法院（The City Court of Brooklyn）起诉比彻犯下通奸罪（criminal conversation），"谋划并故意对他造成伤害，剥夺了他从妻子那里可以获得的慰藉、相伴、帮扶和协助，离间并破坏了伊丽莎白对他的感情……让他的身心遭受巨大痛苦……要求总共十万美元的赔偿"。②

比彻显然否认了蒂尔顿的指控，双方递交各自的书面陈述，又在赔偿需要的详情诉状（bill of particulars）上产生分歧，争论至上诉法院。③直至 1875 年初，法院才开始正式审理此案。蒂尔顿的民事起诉的确是"疯癫"之举。不论比彻与伊丽莎白之间是否发生了关系，在 1870 年到 1873 年，蒂尔顿确实没有公开地谴责比彻的行为，并继续与比彻共事。被教会驱逐、事业受挫之后，教会调查认定比彻无罪是压垮蒂尔顿理性的最后一根稻草。实际上，纽约州直到 1907 年才将通奸行为定为犯罪，④在法院起诉比彻通奸，更像是一种名誉报复，因为蒂尔顿若能提供切实证据，那么支持比彻的普利茅斯教会也无法掩盖或忽视。

从 1875 年 1 月到 7 月，布鲁克林城市法院的审理持续了半年，成为当时美国社会最受关注的热点新闻。全美各地报纸聘请专人报道，竞相刊登冗长的庭审记录，包括辩词、证人盘问、各类呈上的文本证据，并从不同的立场论列是非。许多出版商和个人，利用各类关系收集材料，刊印案件相关的原始档案和文献，更是利用当时的新技术，将比彻、蒂尔顿等人的手写书信复制，以强调真实性。⑤记者罗伯特·沙普兰（Robert Shaplen）不无夸张地指出，诉讼和审理过程成了纽约人"娱乐的主要来源"；"仅开场和结案陈词就花了整整两个月"；法院的旁听席被黑市炒作至五美元一位，政客精英、社会名流皆想前往旁听，为留住席位甚至不愿离去用午餐，有时多至

---

① *The Great Brooklyn Romance*, *All the Documents in the Famous Beecher-Tilton Case*, *Unabridged*, J. H. Paxon, 1874, pp.122—123.

② *Theodore Tilton vs. Henry Ward Beecher*, *Action for Crim. Con. Tried in the City Court of Brooklyn*, *Chief Justice Joseph Neilson Presiding. Verbatim Report by the Office Stenographer*, Vol.Ⅰ, McDivitt, Campbell & Co., 1875, p.3.

③ *Theodore Tilton vs. Henry Ward Beecher*, *Action for Crim. Con. Tried in the City Court of Brooklyn*, *Chief Justice Joseph Neilson Presiding. Verbatim Report by the Office Stenographer*, Vol.Ⅰ, McDivitt, Campbell & Co., 1875, pp.4—16.

④ Gary Smith, *A Rare Book: The Case of Tilton v. Beecher*, https://www.mass.gov/news/a-rare-book-the-case-of-tilton-v-beecher, accessed at February, 22, 2022.

⑤ Richard W. Fox, "Intimacy on Trial: Cultural Meanings of the Beecher-Tilton Affair", in Richard W. Fox and T.J. Jackson Lears eds., *The Power of Culture*, *Critical Essays in American History*, The University of Chicago Press, 1993, p.109.

三千人被拒之门外。①

原告和被告的律师也是当时的业界翘楚。蒂尔顿的五位律师中,威廉·比奇(William A. Beach)和威廉·富勒顿(William Fullerton)最为有名。②而比彻聘请了六位律师,为首的是前司法部部长威廉·埃瓦茨(William Evarts)。在现代人看来,蒂尔顿诉比彻案的审理显得极为荒谬,其一,当事人伊丽莎白·蒂尔顿不得出庭作证,只能在法院旁听;其二,双方律师辩诉始终围绕着旁证(circumstantial evidence)和名誉证人(character witness)展开。蒂尔顿一方邀请的证人不多,只有十几人,其中最关键的是他和比彻共同的友人弗朗西斯·莫尔顿(Francis Moulton)夫妇;而比彻邀请九十五名证人出庭作证。③可以想见,比彻一方的证人大多是为牧师的人品和名誉担保,很难为比彻没有与伊丽莎白通奸提供实质性证据。

不过,蒂尔顿一方也缺乏关键的直接证据,分量最重的便是比彻与蒂尔顿之间的一些模棱两可的通信和莫尔顿夫妇的证词。弗朗西斯·莫尔顿是蒂尔顿和比彻共同的好友,据说在第一时间了解了实情,并为比彻代笔,写信给蒂尔顿,从中斡旋,息事宁人。信件中比彻提及自己的懊悔,想要辞职甚至自杀。此外,还有比彻、鲍恩和蒂尔顿三人签订的反常契约:因为解雇了蒂尔顿,鲍恩要向其支付七千美元赔偿金。比彻甚至抵押房产,投资五千美元,支持蒂尔顿创办的《黄金时代》(Golden Age)刊物,而比彻很少给予朋友如此大量的经济支持。④时人和后世学者为这些证据的意义争执不休。在六个月中,辩诉双方和所有证人被轮番盘问,形成了详细又冗长的审理记录:法庭速记员汇总编纂的全文报告(verbatim report)共三卷,近三千页。⑤加上当时涌现的附带私人信件、各色档案的"历史真相""全史""图画史",蒂尔顿诉比彻案的原始文献数量之丰富令人咋舌,但却并不能为后人了解真相提供决定性的信息。

实际上,漫长的庭审和过于丰富的旁证也困扰了陪审团。1875年7月2日,经

① Robert Shaplen, *Free Love and Heavenly Sinners*: *The Story of the Great Henry Ward Beecher Scandal*, Alfred A. Knopf, 1954. pp.216—217.

② Austin Abbott, *Official Report of The Trial of Henry Ward Beecher*, *with Notes and References*, *Vol.I*, George W. Smith & Company, 1875, pp.xvii—xxi.

③ Robert Shaplen, *Free Love and Heavenly Sinners*: *The Story of the Great Henry Ward Beecher Scandal*, Alfred A. Knopf, 1954, p.216.

④ Altina L. Waller, *The Beecher-Tilton Adultery Scandal*: *Family*, *Religion*, *and Politics in Brooklyn*, *1865-1875*, Ph. D Dissertation, Department of History, University of Massachusetts Amherst, 1980, pp.335—338. 历史学者阿尔蒂纳·沃勒认为比彻的解释过于牵强,这些证据恰恰证明了比彻与蒂尔顿达成了某种和解,但从法理上,这些证据仍是旁证。

⑤ *Theodore Tilton vs. Henry Ward Beecher*, *Action for Crim. Con. Tried in the City Court of Brooklyn*, *Chief Justice Joseph Neilson Presiding. Verbatim Report by the Office Stenographer*, *Vol.I & II & III*, McDivitt, Campbell & Co., 1875.

过半年多的审理,陪审团主席告诉法官约瑟夫·尼尔森(Joseph Neilson),在 12 名陪审员中,有 9 名认为比彻无罪,有 3 名认为有罪,他们无法达成一致裁决。此外,连续六日关在法院闭门商议,导致一些成员身体抱恙,要求法官解散陪审团。①既然陪审团无法裁定比彻犯下通奸罪,又无人提出重审,从司法角度上说,比彻洗脱了通奸的罪名。不过,缺乏法院白纸黑字的判决,让普利茅斯教会在 1876 年再次举行调查会。在有新证人的情况下,教会依旧裁定比彻无罪,并把在审判和教会调查中反对比彻的证人除名。②教会竭尽全力支持比彻,投票通过一笔十万美元的额外津贴,除了支付比彻的诉讼费用,这笔津贴也用于刊印一万份埃瓦茨等人的法庭辩护词,寄送给全美各大图书馆、大学和重要教会。③不过,教会的努力并不能改变许多民众的看法,在大量媒体报道和野史、小册子的传播下,连小孩都熟悉了这起丑闻,有打油诗唱道:"比彻比彻是我名,鬼扯一直到没命!我从没亲过蒂夫人,我从没骗过任何人!"④

五、比彻—蒂尔顿事件的社会性别意义

1876 年的教会第二次调查并未给这起丑闻划上句号。1878 年 4 月,伊丽莎白·蒂尔顿撰写了一份公开声明,称四年来不断经受折磨,无法再容忍自己的谎言,她的确与比彻犯下了私通之罪。⑤舆论在震惊之余,也对伊丽莎白产生了质疑,《布鲁克林联盟报》愤怒地表示,"蒂尔顿夫人不值得一丝信任,她的言辞毫无意义"。⑥伊丽莎白的坦白,似乎在当时的美国并未引起较大波澜。学者们对比彻之后的社会地位有着不同看法:有人认为丑闻并未影响比彻的宗教和政治影响力;也有人认为比彻无法恢复到此前的地位,在宗教圈子也成为冷嘲热讽的对象。⑦实际上,比彻仍然拥有大量信徒,一直担任普利茅斯教会的牧师,直到 1887 年去世。而丑闻的其他两位主角并不那么幸运。伊丽莎白在公开忏悔后,迅速被教会除名。蒂尔顿并未和

① Theodore Tilton vs. Henry Ward Beecher, Action for Crim. Con. Tried in the City Court of Brooklyn, Chief Justice Joseph Neilson Presiding. Verbatim Report by the Office Stenographer, Vol. III, McDivitt, Campbell & Co., 1875, pp.1041—1042.

② Altina L. Waller, Reverend Beecher and Mrs. Tilton: Sex and Class in Victorian America, The University of Massachusetts Press, 1982, p.11.

③ Paxton Hibben, Henry Ward Beecher: An American Portrait, New York: The Press of the Readers Club, 1942, pp.281—282.

④ Robert Shaplen, Free Love and Heavenly Sinners: The Story of the Great Henry Ward Beecher Scandal, Alfred A. Knopf, 1954, p.259.

⑤ Robert Shaplen, Free Love and Heavenly Sinners: The Story of the Great Henry Ward Beecher Scandal, Alfred A. Knopf, 1954, p.266.

⑥ "The Renewed Scandal", The Brooklyn Union, April, 16, 1878, p.2.

⑦ Laura Hanft Korobkin, "The Maintenance of Mutual Confidence: Sentimental Strategies at the Adultery Trail of Henry Ward Beecher", Yale Journal of Law & Humanities, Vol.7 No.1, 1995, p.7.

她离婚,但她一直与女儿一同居住,晚年失明,孤独终老。蒂尔顿也因为比彻的影响力,无法在本地求生,远赴法国,穷困潦倒。①

不论如何,比彻—蒂尔顿丑闻都是 19 世纪下半叶美国社会最具轰动性的事件之一。1874 年 7 月,《纽约先驱报》在评论蒂尔顿的声明时,毫不夸张地称这是"林肯遇刺之后最影响民众的事件""与此事相关的社会焦虑一直持续,牵涉的社会利益既微妙又广泛,事件本身实际上是对我们家庭和宗教生活的评价"。②蒂尔顿诉比彻案、比彻—蒂尔顿丑闻的历史意义已有不少学者进行了深入分析,涉及维多利亚时代的文化和宗教意义、中产阶级的社会阶层意识、法律诉讼策略的影响、报刊新闻在19 世纪末的发展等。但如果从女性史和社会性别史的视角切入,比彻—蒂尔顿事件仍有不少分析空间。

首先值得反思的是,女性角色在这起丑闻事件中的"沉默"。凯瑟琳·霍兰(Catherine Holland)考察了美国历史中的身体政治。在她看来,通奸丑闻成为舆论焦点,恰恰反映了在重建时期,男性的身体成为新兴的公共关注点。她借助理论家赛菊蔻(Eve Kosofsky Sedgwick)的"男性同性社交欲望"(male homosocial desire)概念分析,认为男性公民的身体在此时具有了新的公共可见度(public visibility),而女性则被视为可见但沉默的公民。③时人对这起丑闻的诸多称谓皆以两位男性为中心,而当时社会焦虑的核心问题,是比彻牧师是否是虚伪的、不道德的男人。伊丽莎白四年后的公开坦白,在公众看来也恰恰是女性言辞不可信赖的证据。

不只是社会的歧视,伊丽莎白在事件中的声音也极其微弱,虽然她曾在教会调查中作证,并在民事诉讼中提供书面证词。在时人编纂的"历史真相"和官方报告中,除了与丈夫和朋友往来的信件,伊丽莎白的个人声明和回应屈指可数。④伊丽莎白在"世纪审判"中无法出庭作证,接受盘问,但允许全程旁听。沙普兰描绘了一个场景:在某场庭审时,伊丽莎白非常激动,从听众席上站起来,用颤抖的声音请求法官宣读她准备好的书面声明,却被尼尔森法官拒绝。⑤在调查和审判中,也是由蒂尔顿或比彻转述或推测她的行动、观念和想法。为什么伊丽莎白不能出庭作证? 这触及了当时人们对婚姻——这一与两性关系息息相关的社会制度的理解。

① Altina L. Waller, *Reverend Beecher and Mrs. Tilton: Sex and Class in Victorian America*, The University of Massachusetts Press, 1982, p.11.

② "Mr. Beecher's Denial", *New York Herald*, July, 23, 1874, p.6.

③ Catherine A. Holland, *The Body Politic: Foundings, Citizenship, and Difference in the American Political Imagination*, Routledge, 2001, p.xxviii.

④ Carol Kolmerten, "Learning and Research with Students: The Example of the Tilton/Beecher Scandal", *Journal of the National Collegiate Honors Council*, Spring 2000, pp.62—63.

⑤ Robert Shaplen, *Free Love and Heavenly Sinners: The Story of the Great Henry Ward Beecher Scandal*, Alfred A. Knopf, 1954, p.246.

在双方商议出庭作证人选的时候,被告律师埃瓦茨用普通法中的"夫妻豁免"(interspousal immunity)概念,说服法官不让伊丽莎白出庭。埃瓦茨向法官解释,"原告的妻子不能作为证人以证明她自己的生活和品行;比彻夫人也不能作为证人为自己的丈夫辩护",因为夫妻关系受到法律保护,"是我们文明社会的根基"。①他进而论述,法庭所面对的,是"婚姻制度(institution of marriage)本身",在婚姻当中,丈夫和妻子完全信任对方,夫妻双方不能斗争,"丈夫和妻子,不能被允许成为相互的证人,因为他们的利益完全是统一的,更不能相互对立,这有违我们婚姻制度的合法原则"。②在埃瓦茨列举大量先例后,法官同意禁止伊丽莎白出庭作证,但是考虑到实际案情,允许蒂尔顿作证。

实际上,比彻—蒂尔顿事件始终围绕着婚姻的制度与实践展开。19世纪下半叶美国社会走向工业化和城市化,白人中产阶级群体对女性的社会期待也逐渐转变,但婚姻仍然是女性生命经历和两性关系中最重要的环节。伍德哈尔不满政府和宗教介入甚至控制婚姻,提出一种以爱情为基础的更自由的两性关系,提倡女性应当拥有和男性一样的离婚自由,被社会主流视为离经叛道之辈。而她揭发比彻的丑闻,除了不满比彻的道德抨击之外,更是认为比彻的传教理念也是以爱为核心,想迫使比彻郑重考虑自由爱理念,因为在伍德哈尔看来,比彻与伊丽莎白的关系就是自由爱的实践。③前文也已提及,在遇见伍德哈尔之前,蒂尔顿也在主编的刊物上探讨过婚姻与离婚的意义。

在蒂尔顿诉比彻案中,辩诉双方均调用了"婚姻与家庭"的话语,以博得陪审团和听众的同情,批评对方行径,为自己一方辩护。在蒂尔顿的律师、退休法官塞缪尔·莫里斯(Samuel Morris)的开场陈述中,他提醒陪审团,本案"绝非寻常",与财产权和个人自由无关,而是关于人们所珍视的家庭与婚姻关系,本案的结果关乎这个社会的根本,"有着更为深远的影响"。④比彻的律师也不断告诫陪审团,"通奸损害了婚姻制度,绝不能仅凭自愿坦白的证词就破坏誓言的束缚",必须有坚实的证据,"法庭和陪审团才能将婚姻关系瓦解的结果归咎于这个事实"……亦是这个世界的

---

① Austin Abbott, *Official Report of The Trial of Henry Ward Beecher*, *with Notes and References*, *Vol. II*, George W. Smith & Company, 1875, p.49.

② Austin Abbott, *Official Report of The Trial of Henry Ward Beecher*, *with Notes and References*, *Vol. II*, George W. Smith & Company, 1875, p.52.

③ Catherine A. Holland, *The Body Politic: Foundings, Citizenship, and Difference in the American Political Imagination*, Routledge, 2001, p.110.

④ *Theodore Tilton vs. Henry Ward Beecher*, *Action for Crim. Con. Tried in the City Court of Brooklyn, Chief Justice Joseph Neilson Presiding. Verbatim Report by the Office Stenographer*, *Vol. I*, McDivitt, Campbell & Co., 1875, pp.19—20.

道德政府确保民众服从的一部分。①显然，诉讼双方都强调婚姻和夫妻关系是社会稳定和整体道德的基础，裁定比彻是否犯下通奸行为，实际上是维护婚姻制度的神圣性。比彻—蒂尔顿丑闻的爆发，或可归因于不同观念的人在婚姻制度与实践上的冲突。

不论是"世纪丑闻"还是"世纪之案"，不论是"罗曼史"还是"战争"，比彻—蒂尔顿事件都给后人提供了一个复杂案例，让我们得以观察与理解19世纪下半叶美国中产阶级性别观念的冲突与张力。只要有家庭和婚姻的束缚，那么中产阶级女性的公共参与并不是社会的主要威胁，而个人情感的宣泄反而破坏了政府和教会维护的婚姻制度。很难想象，在维多利亚文化滥觞的时期，美国民众可以在公共领域"享用"这场关于名流私生活的"盛宴"，而19世纪70年代，也正是美国道德保守力量获得更多政治权力的时代，"世纪之案"无疑为这种保守力量的兴起推波助澜。另一些值得思考的问题是，两性关系这样极其私密的问题，是否能由公共领域的机构来决定？教会和法院为何始终作出对比彻有利的裁决？这个时代的美国人是否还保持着对表里如一的期待，相信比彻是无辜的？在20世纪末和21世纪初的美国，比彻—蒂尔顿事件仍有许多当代回响。

作者简介：

曹鸿，男，中山大学历史学系副教授，硕士生导师，主要从事世界近现代史和美国史研究，专业方向为19—20世纪美国社会政治史、性别史和法律史，亦关注全球史、跨国史的理论与方法。

---

① *Theodore Tilton vs. Henry Ward Beecher*, *Action for Crim. Con. Tried in the City Court of Brooklyn*, *Chief Justice Joseph Neilson Presiding. Verbatim Report by the Office Stenographer*, *Vol. III*, McDivitt, Campbell & Co., 1875, p.662.

20世纪70年代联邦德国新妇女运动及其对家庭治理结构的影响[*]

岳 伟

摘 要：在20世纪70年代向后工业社会转型的进程中，随着来自其他西方国家的战后新女性主义思想的传入，联邦德国出现了以"私人即政治"和"自治"为主要特色的新妇女运动浪潮。在这场运动中，联邦德国激进女性主义者和社会主义女性主义者分别以西方"社会主义"理论和男权制理论为基础，重点关注了女性在家庭、身体和性等私人领域受到控制和压迫的事实，并试图通过反对堕胎禁令、反对针对女性的暴力和争取性解放等一系列斗争，实现女性的个人自决，进而彻底改变对女性不公的社会制度。在新妇女运动的推动下，联邦德国通过让新一代女性主义者获得介入家庭问题的机会，改变了传统的以男性权力为中心的家庭治理结构。

关键词：联邦德国；新妇女运动；家庭治理结构

20世纪70年代，联邦德国出现了明显异于工业时代传统妇女运动的新妇女运动（Die Neue Frauenbewegung，又称第二次妇女运动浪潮）。这场以"私人即政治"和"自治"为主要特色的运动，扩大了联邦德国女性在家庭治理中的话语权，并减少了女性在家庭等私人领域所受到的束缚和压迫。

联邦德国学界很早就开始研究本国的新妇女运动浪潮。如雷娜特·维根豪斯（Renate Wiggershaus）在1979年时就利用当时公开可见的出版物和媒体材料、宣传单等，详述了20世纪70年代妇女运动的过程及诉求，并指出运动参与者的指导思想主要可分为马克思—社会主义流派和激进女性主义派。但是，该书将70年代的妇女运动归结为战前妇女运动的继续，既没有总结出新妇女运动的特点，也没有提

---

* 本文是国家社科基金"联邦德国新社会运动与国家治理（1970-1990）"（项目号：15CSS025）的阶段性成果。

及这场运动的影响。①直到 2000 年之后,联邦德国学界才开始关注这场运动,尤其是它对家庭等私人领域的国家政策所产生的影响。

在史学界,随着原始档案的不断发掘,2002 年时,克里斯蒂娜·舒尔茨(Kristina Schulz)遵循当时新兴的性别史和新文化史、新政治史传统,从女性性别认同和统治权力结构的角度入手,专门对 1968—1975 年间联邦德国新妇女运动的兴起进行了研究,并认为这场运动在家庭法改革和家庭政策领域引起了巨大的争论。②2012 年时,米拉·弗雷(Myra Ferree)又将联邦德国新妇女运动置于全球史的视野中进行考察,认为政治中的家庭价值是引起德国女权主义传播的原因之一。③此外,伊尔莎·伦茨(Ilse Lenz)还在 2010 年出版的《德国新妇女运动:告别微小差异(资料汇编)》中搜集了自 60 年代末期以来有关联邦德国新妇女运动的大量原始文献。④但是,由于不少德国史学家都认为新妇女运动时至今日仍在进行当中,⑤所以都没有对其影响进行全面、系统的实证考察。

进入新千年后,德国政治学界也开始从理论上总结这场运动的影响。如克拉丽萨·鲁道夫(Clarissa Rudolph)认为,新妇女运动对政治的影响主要表现在丰富议题、增加手段、发展对立文化和扩展主体四个方面。⑥而另一位学者康斯坦瑟·恩格尔弗里德(Constance Engelfried)则指出,新妇女运动的影响主要表现在两个层面,一是哲学层面,即让政治主体向女性扩展,女性发出了自己的声音;二是政治层面,即让政治议题从社会公共领域扩展至私人领域。⑦近年来,随着理论研究的不断深入,一些政治学家又专门分析了新妇女运动对联邦德国家庭政策所产生的影响。如卡琳·伯勒(Karin Böller)等人认为,新妇女运动冲击了联邦德国根深蒂固的男权家庭模式,引起了对家庭、邻居和个人的重新定义。⑧而伊雷妮·格拉赫(Irene Gerlach)

① Renate Wiggershaus, *Geschichte der Frauen und der Frauenbewegung. In der Bundesrepublik Deutschland und in der DDR nach 1945*, Peter Hammer Verlag GmbH, 1979.

② Kristina Schulz, *Der lange Atem der Provokation: Die Frauenbewegung in der Bundesrepublik und in Frankreich 1968-1976*, Campus, 2002, S.11-12, 226.

③ Myra Ferree, *Feminismen, Die deutsche Frauenbewegung in globaler Perspektive*, Campus, 2012, S.21-22.

④ Ilse Lenz, *Die Neue Frauenbewegung in Deutschland: Abschied vom kleinen Unterschied, Eine Quellensammlung*, VS Verlag für Sozialwissenschaften, 2010.

⑤ Kristina Schulz, *Der lange Atem der Provokation: Die Frauenbewegung in der Bundesrepublik und in Frankreich 1968-1976*, Campus Verlag, 2002, S.145-151.

⑥ Clarissa Rudolph, *Gestalten oder verwalten? Kommunale Frauenpolitik zwischen Verrechtlichung, Modernisierung und Frauenbewegung*, VS Verlag für Sozialwissenschaften, 2004, S.148-149.

⑦ Constance(Hrsg.) Engelfried, *Gendered Profession Soziale Arbeit vor neuen Herausforderungen in der zweiten Moderne*, VS Verlag für Sozialwissenschaften, 2010, S.111.

⑧ Karin Böllert, Nina(Hrsg.) Oelkers, *Frauenpolitik in Familienhand? Neue Verhältnisse in Konkurrenz, Autonomie oder Kooperation*, VS Verlag für Sozialwissenschaften, 2010, S.29.

则认为,尽管新妇女运动并没有成为家庭政策中积极的利益代表,但它却为法律提供了性别平等的土壤。但是,政治学家的研究往往缺少扎实的实证基础。①

总体来看,联邦德国学者的研究虽然给笔者提供了不少有益的启示,但他们的这些研究却未能系统、深入地揭示出新妇女运动在权力结构方面对联邦德国家庭治理产生的影响。而在国内,史学界对德国妇女运动的研究则主要集中于二战前;②到目前为止,还很少见到专门探讨联邦德国新妇女运动的成果。

有鉴于此,为了揭示新妇女运动与后工业转型时期联邦德国家庭治理结构变革之间的关联,本文试图以相关原始文献为基础,首先分析后工业转型进程中其他西方国家的新式女性主义思想是如何传入联邦德国并引发该国新妇女运动浪潮的;然后再考察在这场运动期间联邦德国社会主义女性主义者和激进女性主义者提出了哪些目标并进行了怎样的实践斗争;最后再从权力结构入手,探讨新妇女运动对联邦德国家庭治理变革所产生的影响。

一、后工业转型时期的女性主义思潮与联邦德国新妇女运动的兴起

20 世纪 60 年代之后,随着后工业社会的形成和后物质主义价值观的流行,来自其他西方国家的新式女性主义思潮在联邦德国加速传播并最终导致了该国"新妇女运动"的兴起。

20 世纪 70 年代以来在西方社会发生了一场不亚于近代工业化的深刻变革。西方学者从不同角度和侧重点出发,用一系列以"后"(post)为前缀的新词汇来描述这些变革。其中,美国学者丹尼尔·贝尔(Daniel Bell)从技术分析出发,通过研究西方产业结构、社会结构、阶级结构、管理制度等方面的变革提出了所谓的"后工业社会"的概念。"贝尔已看到西方社会正处在历史变革的巨大动荡中,现有的社会关系、权力结构和文化价值都在迅速销蚀。"③相较于争议较大的"后资本主义"社会等理论,用贝尔的"后工业社会"理论解释七八十年代联邦德国国家治理面临挑战的原因,无疑更加符合马克思主义唯物史观,也更加具有说服力。

进入后工业转型时代后,虽然联邦德国初步建成"纺锤型"社会,但这也让原先处于次要地位的社会矛盾显露出来,从而为蕴含有反抗意识的新社会价值理念的形成埋下了伏笔。

二战之后,联邦德国在法律和制度逐步完成重建的同时,经济也进入了高速发

---

① Irene Gerlach, "Wandel der Interessenvermittlung in der Familienpolitik", in Britta Rehder, *Interessenvermittlung in Politikfeldern*, VS Verlag für Sozialwissenschaften, 2009, S.92-93.
② 邢来顺:《德意志帝国时期妇女群体的崛起》,《世界历史》2004 年第 2 期,第 21-28 页。
③ 丹尼尔·贝尔:《后工业社会的来临——对社会预测的一项探索》,高铦译,新华出版社,1997 年,第 4 页,译者的话。

展时期,出现了所谓的"经济奇迹"。1950—1960 年间,联邦德国的国民生产总值年均增长率达到了 7.6％。①到 1965 年时其国民生产总值已接近 1950 年的三倍。②在经济高速发展的背景下,联邦德国居民的收入水平也有了巨大的提高。到 1958 年时,职工收入已比 1950 年翻了一番还多。③而 1965 年联邦德国的人均国民收入已是 1950 年的近四倍。④

20 世纪 70 年代之后,联邦德国居民的收入状况出现了结构性改变:在低收入阶层不断减少的同时,中等收入阶层规模迅速膨胀。受充分就业、工资增长、福利改善等因素的推动,不仅传统工人阶级出现了"中产化"趋势,原本大多就属于中产的职员的收入也在进一步提高。⑤

与此同时,联邦德国第三产业也有了相对较快的发展。⑥随着第三产业就业群体的不断扩大,属于"新中间阶层"的非体力劳动者也呈现出显著增长的趋势。与小业主、手工业者、小商人、小农场主等"老中间阶层"不同,"新中间阶层"主要是由从事脑力劳动的科技人员、管理人员和大学生等组成的。新中间阶层崛起后,主要由这一群体所反映的、被罗纳德·英格尔哈特(Ronald Inglehart)称之为"后物质主义"(post-materialist)的价值观也开始逐渐流行。⑦

与工业社会中大多数人所追求的各种单一价值目标不同,后物质主义提倡价值取向的多元化,关注现代化给个人生活带来的巨大负面影响,反对将经济发展和技术升级作为衡量社会进步的唯一标准,反对僵化官僚体制和权威,将生活质量、社会团结置于比物质利益和人身安全更为重要的地位。联邦德国学者赫尔穆特·克拉格斯(Helmut Klages)认为,60 年代中期,联邦德国出现了所谓的"传统断裂"(Traditionsbruch),即从这一时期开始,该国的主流价值观逐渐开始从传统的"义务、纪律、荣誉、成就、勤奋"等接受价值转变为"享受、参与、解放"等自我实现价值。与英格尔

---

①③ 格罗塞尔等:《德意志联邦共和国经济政策及实践》,晏小宝译,上海翻译出版公司,1992 年,第 8 页。

②④ 卡尔·哈达赫:《二十世纪德国经济史》,扬绪译,商务印书馆,1984 年,第 168 页。

⑤ V. R. Berghahn, *Modern Germany：Society, Economy and Politics in the Twentieth Century*, Cambridge University Press, 1987, p. 273; Institut der deutschen Wirtschaft Köln, *Zahlen zur wirtschaftlichen Entwicklung der Bundesrepublik Deutschland*, Deutscher Instituts-Verlag, 2000, Tabelle 19;朱正圻、晏小宝:《联邦德国的工资和社会福利制度》,人民出版社,1987 年,第 14—19 页;邢来顺、岳伟:《联邦德国的文化政策与文化多样性研究》,中国社会科学出版社,2017 年,第 209 页;邢来顺、韦红:《联邦德国阶级结构的变化及其影响》,《浙江学刊》2009 年第 3 期。

⑥ Bernhard Schäfers, *Gesellschaftlicher Wandel in Deutschland. Ein Studienbuch zur Sozialstruktur und Sozialgeschichte der Bundesrepublik*, Ferdinand Enke Verlag, 1995, S.184; Dieter Claessens, *Sozialkunde der Bundesrepublik Deutschland*, Dieterichs, 1973, S. 192; Institut der deutschen Wirtschaft Köln, *Zahlen zur wirtschaftlichen Entwicklung der Bundesrepublik Deutschland*, Deutscher Instituts-Verlag, 2000, Tabelle 82.

⑦ Ronald Inglehart, *The Silent Revolution, Changing Values and Political Styles among Western Publics*, Princeton University Press, 1977, pp.3—18.

哈特相比,克拉格斯的理论视野更加宽阔,他不是简单地将物质主义价值观与后物质主义价值观对立起来,而是从个体的思维和感觉出发,提出了物质主义价值与后物质主义价值相交融的多元价值观变迁理念。①

随着后物质主义价值观的流行,与这一价值观相符的战后新式女性主义理念也开始在联邦德国等西方国家广泛传播。这是在后工业转型进程中引发联邦德国新妇女运动的主要原因之一。

早在1949年,法国著名女性主义者西蒙娜·德·波伏娃(Simone de Beauvoir)出版了被誉为"女性主义圣经"的《第二性》,该书是战后新女性主义理论的奠基之作。②波伏娃认为,女人是作为男人的他者而存在。这意味着,在男权制社会文化中女性缺乏自主意识,也从未根据自身利益形成独立的群体。波伏娃还相信,男性出于强化自身统治地位的需要,便以自己所认为的"女性"概念强行塑造了女性。因此,女性总是按照男性的评价而行事,这也让男人们用"女性气质"强行将女性划为"他者"。因此波伏娃提出"女人并不是天生的,而宁可说是逐渐形成的"观点。③

到60年代中期后,随着社会转型的开始,波伏娃的思想逐渐在其他西方国家中流行起来,并发展出了不同的女性主义潮流。其中,以朱丽叶·米切尔(Juliet Mitchell)为代表的社会主义女性主义(Socialist Feminism)试图通过将其他各种理论与传统的马克思主义结合起来,来揭示女性受到剥削和压迫的原因。例如米切尔就将弗洛伊德的精神分析理论引入了马克思主义经典理论。她一边批判弗洛伊德对男性生殖的崇拜及其女性为弱的观点,④一边又大量吸收了精神分析法,以此来弥补经典马克思主义对妇女受压迫和解放问题论述的不足。"米切尔代表的是一种反对现行资本主义制度的妇女自治运动,以及一种改变社会意识形态的文化革命。"⑤而以美国女性主义者凯特·米利特(Kate Millett)等为代表的激进女性主义(Radical Feminism)则以男权制社会为主要攻击目标,通过阐释女性在"性"的方面所受到的各种控制、剥削和压迫,来揭示男权社会中女性受到不平等待遇的根源。

后物质主义价值观中所包括的反传统、反体制思想,与女性主义反对男权统治和阶级压迫的理论十分接近。因此,从60年代末期开始,许多受后物质主义价值观影响的联邦德国年轻女性纷纷加入女性主义者的行列。她们通过筹建自治组织和

---

① Helmut Klages, *Traditionsbruch als Herausforderung: Perspektiven der Wertewandelsgesellschaft*, Campus-Verl., 1993, S. 9, 26-28, 45-56, 138.
② 《第二性》的德语版实际翻译为《另一性》,因该书所说的第二性中其实还包括了第三性同性恋。
③ Simone de Beauvoir, *The Second Sex*, Random House, 2011, p.330.
④ Ursula G. T. Müller, *Dem Feminismus, eine politische Heimat der Linken die Hälfte der Welt*, Springer VS, 2013, S.107.
⑤ Ursula G. T. Müller, *Dem Feminismus, eine politische Heimat der Linken die Hälfte der Welt*, Springer VS, 2013, S.121, 122.

开展争取权利的斗争,成功地让原先在社会中处于次要地位的性别平等问题成为各界关注的焦点。在这一时期涌现的联邦德国女性主义者中,最著名的当数爱丽丝·史瓦兹(Alice Schwarzer)。

作为一名激进女性主义者,史瓦兹的思想深受波伏娃的影响。她在回忆自己1970 年初次见到波伏娃的情形时曾激动地表示:"对我而言,与《第二性》的作者面对面就已经够令人感动的了⋯⋯《第二性》就像是我们正要觉醒的妇女之间彼此传递的暗语。而波伏娃本人、她的一生、她的作品都成了一种象征,象征着即使是一个女人,也可能突破所有的阻碍,冲破习俗与偏见的限制,按照自己的意愿过一生。"①

此后,史瓦茨一边致力于在联邦德国宣传波伏娃的男权制理论,一边积极投身于新妇女运动的实践当中。1975 年,她在代表作《微小差异》中表示,社会是通过男人和女人来分层的。性别认同并非来自生物特性,而是来自权力关系。因此,要想实现女性解放,就必须在意识形态上、而非生物意义上消除男女性别差异。②在《妇女运动与妇女解放》一书中,史瓦兹也明确指出,"千百年来反复的洗脑,使我们相信我们是卑贱的,男性是强势性别这种观念已经深深地植入我们心中。性别权力关系的核心是性。性统治是男权社会对妇女的公共统治的基础"。③史瓦兹的激进女性主义思想在联邦德国引起了巨大的反响。《微小差异》不仅成为畅销读物,而且其"宣言式"的论断还在媒体和政界引发了激烈的争论。正是靠着《微小差异》的热卖,史瓦兹才有了足够的资金和其他女性主义者一起创办了《艾玛》(EMMA)杂志。④自1977 年 1 月 16 日创刊后,这本杂志很快就发展成为宣传女性主义思想的重要阵地。

除史瓦兹之外,联邦德国其他激进女性主义者和仍以反对资本主义制度为首要目标的社会主义女性主义者也在不同程度上受到了美、法等国女性主义思潮的影响。正是女性主义的广泛传播,为联邦德国新妇女运动的兴起和发展奠定了重要的思想基础。

自 20 世纪 70 年代初期开始,立志于实现自己理想的联邦德国女性主义者便从容易引起各方重视的堕胎问题入手,掀起了声势浩大的新妇女运动浪潮。1971 年 6 月 6 日,史瓦兹仿照法国新妇女运动的做法,在《星报》(Stern)上发起了所谓的"自我

---

① 爱丽丝·史瓦兹:《拒绝做第二性的女人:西蒙·波娃访问录》,顾燕翎等译,中国友谊出版公司,1989年,第5页。

② Alice Schwarzer, "Der Kleine Unterschied(1975)", Dok.3.1, Ilse Lenz, *Die Neue Frauenbewegung in Deutschland: Abschied vom kleinen Unterschied, Eine Quellensammlung*, VS Verlag für Sozialwissenschaften, 2010, S.107.

③ Kristina Schulz, *Der lange Atem der Provokation: Die Frauenbewegung in der Bundesrepublik und in Frankreich 1968-1976*, Campus, 2002, S.202.

④ Ilse Lenz, *Die Neue Frauenbewegung in Deutschland: Abschied vom kleinen Unterschied, Eine Quellensammlung*, VS Verlag für Sozialwissenschaften, 2010, S.106.

控告行动"(Selbstbezichtigungsaktion),试图通过争取各界人士的支持来"永久废除《刑法》第218条",实现堕胎合法化。①这一行动得到了新左派分化出来的妇女组织和法兰克福"70年妇女行动"的积极响应。②此后,各地"218行动"(Action 218)小组也纷纷建立,并最终汇集成声势浩大的反218条斗争,从而为联邦德国新妇女运动浪潮的兴起拉开了序幕。"抗议群体如雨后春笋般涌现出来。抗议斗争之间的协调也经受住了考验,并推动了统一的218行动团体讨论这一问题。"③1972年,在"218行动"组织的法兰克福妇女大会上,与会者高声宣告"妇女运动爆发了!"

二、20世纪70年代联邦德国新妇女运动的指导思想与斗争实践

20世纪70年代新妇女运动期间,各类女性主义者都重点致力于在性、身体、家庭等私人领域为广大妇女争取权益和地位。新妇女运动的首要诉求就是要让女性在私人领域获得话语权,可以自己"有权定义性、身体以及生育、母亲"等概念。因此,以家庭、生育和性为代表的私人问题,是新妇女运动关注的焦点。④而为女性在私人领域争取权利的斗争,也成为这场运动中具有典型代表性的斗争。

在工业革命后的第一次妇女运动浪潮中,无论是代表资产阶级利益和意识形态的自由主义妇女运动,还是代表无产阶级利益和意识形态的马克思主义妇女运动,都是将政治、经济和文化教育方面的男女平等作为其核心目标。但到20世纪五六十年代时,西方新一代女性主义者开始将私人领域作为分析女性问题的核心。这一时期联邦德国新妇女运动中的女性主义潮流主要有两种:一是社会主义潮流,二是激进主义潮流。在1976年《妇女年鉴》中,明确将新妇女运动分为"左派"和"激进主义"两个潮流。区别的标志是反资本主义和反男权主义哪个优先。这两派都是在"68运动"后随着女性参与抗议的不断增多而发展起来的。⑤社会主义潮流的代表包括西柏林社会主义妇女联盟(Sozialistischen Frauenbund Westberlins)和慕尼黑社会主义妇女组织等,而激进主义潮流的代表则主要是爱丽丝·史瓦兹。

---

① Alice Schwarzer, "Appell", Dok. 2. 2, Ilse Lenz, *Die Neue Frauenbewegung in Deutschland*: *Abschied vom kleinen Unterschied*, *Eine Quellensammlung*, VS Verlag für Sozialwissenschaften, 2010, S.80.

② Friedrich-Christian Schroeder, *Abtreibung*, *Reform des § 218 (Aktuelle Dokumente)*, München: De Gruyter, 1972, S.149-151; Elisabeth Zellmer, *Töchter der Revolte? Frauenbewegung und Feminismus der 1970er Jahre in München*, Oldenbourg Verlag, 2011, S.147.

③ Elisabeth Zellmer, *Töchter der Revolte? Frauenbewegung und Feminismus der 1970er Jahre in München*, Oldenbourg Verlag, 2011, S.228-230.

④ Ilse Lenz, *Die Neue Frauenbewegung in Deutschland*: *Abschied vom kleinen Unterschied*, *Eine Quellensammlung*, VS Verlag für Sozialwissenschaften, 2010, S.97-98.

⑤ Elisabeth Zellmer, *Töchter der Revolte? Frauenbewegung und Feminismus der 1970er Jahre in München*, Oldenbourg Verlag, 2011, S.203.

　　联邦德国社会主义女性主义者虽然仍以反对资本主义为首要目标,但她们在其他西方国家女性主义思想的影响下,也关注到了女性在家庭等私人领域受到剥削和压迫的事实。一方面,她们坚持以马克思主义作为指导女性反抗的基本理论,重新发现和宣扬传统马克思主义理论中的妇女解放学说,另一方面将关注的焦点更多地放在了家庭等私人领域。

　　在 19 世纪晚期,女性社会主义者强调和同志们团结起来与资本主义展开斗争,她们将自己和丈夫归入同一个阶级。虽然此时的马克思主义理论家,尤其是恩格斯和奥古斯特·倍倍尔(August Bebel)已经明确了妇女对其丈夫的依赖性,甚至提出了两者之间存在阶级对立,但由于德国社会民主党长期专注于解决工资和贫困问题,所以这一观点一直没有引起女性社会主义者的注意。①

　　马克思主义在初兴的新妇女运动中有着重要的影响。20 世纪 60 年代末,新左派分化出来的社会主义女性主义者重新发现了被男性社会主义者和部分传统女性社会主义者"忽略了的恩格斯等人对妇女问题的论述"。她们相信,家庭中男性类似于资产阶级,女性类似于无产阶级,两者之间的关系则类似于对立阶级之间的支配与被支配关系。因此,社会主义女性主义者试图改变二战后联邦德国社会主义运动不注重妇女解放的现状,并要求在公共和私人领域全面实现男女平等。作为该派代表的慕尼黑社会主义妇女组织在章程中就明确表示,其目标是实现妇女在经济上的、法律上的、教育上的、社会上的平等,以及联邦德国男女两性的全面解放。为了实现这一目标,要修改法律并实现社会的根本性变革。②

　　另一方面、联邦德国社会主义女性主义者还认为女性在私人领域中从事人口再生产和家务劳动应该被给予报酬。

　　家务劳动在资本主义兴起之初就已经出现。③联邦德国的社会主义女性主义者认为,资本主义生产关系是双重的,一种是付工资的,另外一种是无工资的;后者主要是针对妇女。在家庭外存在的是资本主义雇佣关系,在家庭这一从事人口再生产的机构中则存在男权制生产关系。④男女绝对不属于一个阶级,几乎所有女人都在男权制下以妻子或母亲的身份从事无偿的家庭劳动。拿工资的女性也受到男性的

① Ursula G. T. Müller, *Dem Feminismus*, *eine politische Heimat der Linken die Hälfte der Welt*, Springer VS, 2013, S.132.

② Elisabeth Zellmer, *Töchter der Revolte? Frauenbewegung und Feminismus der 1970er Jahre in München*, Oldenbourg Verlag, 2011, S.129.

③ Gisela Bock, Barbara Duden, *Arbeit aus Liebe-Liebe als Arbeit: zur Entstehung der Hausarbeit im Kapitalismus*, Courage-Verlag, 1977, S.122.

④ Hannelore Schröder, "Unbezahlte Hausarbeit, Leichtlohnarbeit, Doppelarbeit. m Zusammenhänge und Folgen", In Dokumentationsgruppe der Sommeruniversität e. V.(Hrsg.), *Frauen als bezahlte und unbezahlte Arbeitskräfte*, Beiträge zur 2. Berliner Sommeruniversität für Frauen-Oktober 1977, Berlin, S.114.

剥削。资本主义使得男权制合法。①马克思认为,人口再生产无法参与社会商品交换,很难通过人口再生产的必要劳动时间来确定其价值,因此家庭中的人口再生产是非资本主义性质的。但社会主义女性主义者却表示,家庭中人口再生产本来就与社会生产一样产生价值,马克思、恩格斯的论述是不正确的。时至今日,学界对人口再生产是否与社会生产一样仍是存在不同看法。②

而以史瓦兹为代表的联邦德国激进女性主义者,也在波伏娃等人的男权制理论的影响下,重点关注了女性在身体、性等私人领域受到控制和压迫的事实。

首先,激进女性主义者认为,性别不是天生的,而是社会和文化发展的结果。性别二元主义是现代社会文化的基本认同之一。而人类也就由此被封闭在两个不同的性别群体当中。在这种两性群体的分类下,女性拥有女性的身体和性,是潜在的母亲和另外的性。双元的性别封闭群体体现在社会的性、生育和身体等各个方面。③

作为一个激进女性主义者中的"社会女性主义者"(Society Feminismus),史瓦兹认为是社会条件而不是生物特征造成的男女差异。在她看来,"人首先应该是人,其次才是在生物学上被分为男人和女人。性别不能再决定命运"。生物学意义上的母亲属于女性,但社会学意义上的母亲却是男女相同。④"'男性'与'女性'不是自然的,而是文化上的……不是阴茎和子宫,而是有权和无权让男人和女人有区别。""人种、阶级都没有像性别一样决定人类的生活。"⑤

其次,女性在男权社会中遭到了压迫,而这种压迫主要体现在身体和"性"的方面。激进女性主义者相信,妇女是男权统治体制中的他者;女性在其中所受的压迫源自历史局限性的压迫和性别统治的社会结构。她们将"性"的问题看作是社会和政治问题,认为性关系所体现的是男女之间的权力关系,要求在性与身体方面实现女性的自决。深受波伏娃影响的史瓦兹认为,女性对自己的性与身体缺乏认识和自决权。对女性的性压抑也是男权统治的一部分。同时,她还借鉴精神分析的方法,

---

① Rosemarie Nave-Herz, *Die Geschichte der Frauenbewegung in Deutschland*, Leske＋Budrich, 1994, S.80-81.

② Rosemarie Nave-Herz, *Die Geschichte der Frauenbewegung in Deutschland*, Leske＋Budrich, 1994, S.82.

③ Ilse Lenz, *Die Neue Frauenbewegung in Deutschland: Abschied vom kleinen Unterschied, Eine Quellensammlung*, VS Verlag für Sozialwissenschaften, 2010, S.98.

④ Alice Schwarzer, "Der Kleine Unterschied(1975)", Dok.3,1, Ilse Lenz, *Die Neue Frauenbewegung in Deutschland: Abschied vom kleinen Unterschied, Eine Quellensammlung*, VS Verlag für Sozialwissenschaften, 2010, S.112.

⑤ Alice Schwarzer, "Der Kleine Unterschied(1975)", Dok.3,1, Ilse Lenz, *Die Neue Frauenbewegung in Deutschland: Abschied vom kleinen Unterschied, Eine Quellensammlung*, VS Verlag für Sozialwissenschaften, 2010, S.109-110.

将性器官赋予社会意义。男子生殖器崇拜即为男权统治的象征。①"我的主要观点是：独立于个体的男女关系是社会统治关系。男人居于统治地位，女人居于被统治地位。权力关系通过性表现出来。统治性的性别名义和性别本身是形成这种男女权力关系的工具。"②

再次，只有在社会和文化上消除性别差异，实现性别平等，才能真正实现女性的解放。激进女性主义中的"社会女性主义"相信，实现妇女解放，依赖于女性的"自我发现与实现"、社会对女性这一"他者的接受"、消除性别分化等。③社会女性主义者强调，性别差异不值得称赞，它使得压迫更加难以改变。她们既要求按照《基本法》实现平等，也要求在社会和私人领域保护妇女和满足妇女的要求。史瓦兹在《妇女工作与妇女解放》一书的结论中将妇女解放的根本方法归为教育，并让妇女在个人和集体两个层面展开抗争；④同时她又在《微小差异》中强调，只有两性平等才能真正实现女性的解放。"几乎所有的女性都害怕丈夫的不信任……如果女人对男人的爱不再被理解为当然的义务，那男人的麻烦就大了。"⑤

为实现自己的理念和目标，联邦德国女性主义者在 20 世纪 70 年代的新妇女运动中主要进行了以下斗争。

首先，是反对《刑法》第 218 条堕胎禁令的斗争（Protest gegen § 218）。在 1971 年 6 月 6 日爆发的"自我控告行动"中，共有来自柏林等地区的 374 名知名人士在《星报》"我已经打胎了！"的活动中签名。⑥自我控告行动之后，反 218 斗争的参与者又先后进行了三次大规模的请愿和示威活动，即 1973 年 1—4 月间的"退出教会斗争"（Kirchenaustrittskampagne），1974 年春天就修订《刑法》第 218 条向联邦议院施压的"最后行动"（Aktion letzter Versuch）和 1975 年 2 月 25 日联邦宪法法院裁决立法机构按照"期限规定"（Fristenregelung）原则修订《刑法》第 218 条违宪后所引发的

---

① Ilse Lenz, *Die Neue Frauenbewegung in Deutschland*：*Abschied vom kleinen Unterschied*，*Eine Quellensammlung*，VS Verlag für Sozialwissenschaften，2010，S.101.

② Alice Schwarzer，"Der Kleine Unterschied(1975)"，Dok.3.1，Ilse Lenz，*Die Neue Frauenbewegung in Deutschland*：*Abschied vom kleinen Unterschied*，*Eine Quellensammlung*，VS Verlag für Sozialwissenschaften，2010，S.112.

③ Kristina Schulz，*Der lange Atem der Provokation*：*Die Frauenbewegung in der Bundesrepublik und in Frankreich 1968-1976*，Campus，2002，S.224.

④ Kristina Schulz，*Der lange Atem der Provokation*：*Die Frauenbewegung in der Bundesrepublik und in Frankreich 1968-1976*，Campus，2002，S.212.

⑤ Alice Schwarzer，"Der Kleine Unterschied(1975)"，Dok.3.1，Ilse Lenz，*Die Neue Frauenbewegung in Deutschland*：*Abschied vom kleinen Unterschied*，*Eine Quellensammlung*，VS Verlag für Sozialwissenschaften，2010，S.110.

⑥ Rosemarie Nave-Herz，*Die Geschichte der Frauenbewegung in Deutschland*，Leske＋Budrich，1994，S.57.

抗议活动。

其次,是抗议对女性施暴(Gegen Gewalt gegen Frauen)的斗争。1976 年时,来自四十多个国家的二千多名妇女在布鲁塞尔举行集会,抗议针对妇女的暴力行为。自这年开始,许多联邦德国的左翼报刊,如《明镜周刊》《时代》《星报》等都对家庭暴力及女性受害者进行调查和报道。1976 年 4 月,德国公法广播联盟(Arbeitsgemein-schaft der öffentlich-rechtlichen Rundfunkanstalten der Bundesrepublik Deutschland)一台还播出了反映妻子遭受家暴和婚内强奸情况的纪录片。[1]在 1977 年讨论反对强奸和暴力总体策略的慕尼黑妇女大会期间,西德许多城市都进行了抗议强奸、警察拷问等暴力行为的大规模示威活动。许多妇女脸上涂着各种颜色在性用品商店、广场上游荡,以表明自己不再甘做暴力牺牲品的决心。示威者贴着我是强奸犯的标签,占领报馆、成人用品商店等地。这次集会借用宗教节日,被称为"沃普尔吉斯之夜"(Walpurgisnacht)。不过,在当局的严密监视下,这次示威游行活动并没有发生大规模暴力事件。[2]

再次是争取性解放的斗争。68 运动后,女性主义者在性解放方面发展出激进的反男权主义。他们认为男权社会忽视了女性对性欲的追求,并将追求女性性欲和性高潮看作是对男权社会的反抗。在争取性解放的斗争中,女性主义者要求正视和夸耀女性性器官,同时还关注和致力于改善女性性及生殖健康。

女性主义者通过吸收最新的性学研究成果,积极开展普及性知识的活动。在性学研究的推动下,许多西德妇女群体都致力于提高妇女对性和身体的科学认知,以便为其实现身体自决和参与政治做准备。女性主义者在新妇女运动中提出"我们想成为性爱主角"的口号。她们一方面在组织内分享自己的经验,另一方面也对国家和社会处置性问题的方式进行批评。1972 年和 1974 年面包与玫瑰小组在《妇女手册第一号:堕胎与避孕手段》中提出了"我们要面包,也要玫瑰"的口号,意指女性不仅要争取实际的利益,还要追求爱情、友情和快乐。[3]在慕尼黑 218 行动中,慕尼黑社会主义妇女组织的议题也有关于女性性解放的。[4]

在普及性科学知识的同时,妇女组织还希望提高妇女的性及生殖健康水平。《妇女手册第一号》提出,通过对性器官的自我检测,可以较早发现怀孕和其他疾病。

[1] Elisabeth Zellmer, *Töchter der Revolte? Frauenbewegung und Feminismus der 1970er Jahre in München*, Oldenbourg Verlag, 2011, S.228-229.

[2] Elisabeth Zellmer, *Töchter der Revolte? Frauenbewegung und Feminismus der 1970er Jahre in München*, Oldenbourg Verlag, 2011, S.232-234.

[3] Ilse Lenz, *Die Neue Frauenbewegung in Deutschland: Abschied vom kleinen Unterschied, Eine Quellensammlung*, VS Verlag für Sozialwissenschaften, 2010, S.101-102.

[4] Elisabeth Zellmer, *Töchter der Revolte? Frauenbewegung und Feminismus der 1970er Jahre in München*, Oldenbourg Verlag, 2011, S.131.

女性主义者开始系统地反对现有妇科诊疗体系,自主的妇女健康中心等也相继成立。女性主义者还向具有同情心的妇科医师建议了解女患者的经历。70 年代中期时,妇女健康问题已经成为新妇女运动关注的焦点问题之一。①

三、新妇女运动推动下联邦德国家庭治理结构的变革

以"私人即政治"和"自治"为主要特点的新妇女运动,对后工业转型时期联邦德国的家庭治理结构产生了重要影响。在这场运动的冲击下,联邦德国通过让新一代女性主义者参与家庭问题的解决,扩大了女性在家庭治理中的话语权。"新妇女运动试图并实现了政治主体向女性的扩展。在 60 年代末 70 年代初的动员进程中,女性学会了发出自己的声音。也就是说,她们获得了定义自己和自己生活方式的权力。"②在新妇女运动中发出自己声音的女性主义者,改变了联邦德国家庭治理的权力结构。

在新妇女运动中,女性主义者通过自治组织成为家庭治理的新主体。联邦德国新妇女运动一直是在自治性女权组织的推动下向前发展的,它从未产生出像美国全国妇女组织(American National Organisation for Women)那样的领导核心。新妇女运动中的女性主义者也将自治作为自己主要的组织原则。③由于这场运动"没有组织中心和伞状等级结构、没有突出的领袖和选举产生的发言人",④史学家弗里德黑尔姆·奈德哈特(Friedhelm Neidhardt)又将其组织形态称为"网络的网络"。⑤

女性主义者主要是通过自治性妇女小组(Frauengruppen)来领导和推动新妇女运动。由于实行直接民主制度,领导和参与新妇女运动的激进女性主义小组和社会主义女性小组在内部很多都是自治的。例如,慕尼黑社会主义妇女组织就追求可选择的政治模式和基层民主,反对自上而下的统治。⑥法兰克福激进女性主义小组"70

① Bailee Erickson, "'Leave Your Men at Home': Autonomy in the West German Women's Movement, 1968-1978", A Thesis Submitted for the Degree of Master of Arts, University of Victoria, 2010, S.32.

② Constance(Hg.) Engelfried, *Gendered Profession Soziale Arbeit vor neuen Herausforderungen in der zweiten Moderne*, VS Verlag für Sozialwissenschaften, 2010, S.111.

③ Mechthild Cordes, *Frauenpolitik*, *Gleichstellung oder Gesellschaftsveränderung*, *Ziele-Institutionen-Strategien*, Opladen: Leske+Budrich, 1996, S.113.

④ Brigitte Young, *Triumph of the Fatherland*, *German Unification and the Marginalization of Women*, University of Michigan Press, 1999, p.53.

⑤ Bailee Erickson, "'Leave Your Men at Home': Autonomy in the West German Women's Movement, 1968-1978", A Thesis Submitted for the Degree of Master of Arts, University of Victoria, 2010, p.6.

⑥ Elisabeth Zellmer, *Töchter der Revolte? Frauenbewegung und Feminismus der 1970er Jahre in München*, Oldenbourg Verlag, 2011, S.125.

妇女行动"也不具有严格的组织形式。[1]非集权式的架构有利于个人在小组内直接表达及贯彻自己的意志。同时，从外部来看，这些女性主义小组也具有自治性的特点：它们基本上都只在本地活动，从未形成全国统一的领导核心。尽管这些小组试图通过"218行动"在全联邦范围内展开行动，但"'218行动'并没有成为反218条斗争的领导组织，它只是作为一个信息交流中心，以确定运动的任务，以及建立联盟和寻求合作伙伴等"。[2]在新妇女运动期间，女性主义者还通过此类自治性妇女小组在其他斗争中发挥了重要的领导和推动作用。

　　与此同时，新妇女运动还催生出女性主义者以自主帮扶形式参与家庭治理的自治性妇女工程（Frauenprojekt）。反218条斗争中出现的妇女中心，就是一种在原有体制外建立和发展起来的、让女性主义者通过自主帮扶活动反抗堕胎禁令和基督教家庭道德的妇女工程。例如，西柏林妇女中心就具有明显的自治性特征：一、在招收新成员时，中心会将应征者平等地置于一个讨论小组中共同分享个人经验；二、为了培养女性独立思考和行动的能力，中心活动的组织者鼓励女性们组建新的小组，并认为这是实现妇女自治的必要进程；三、所有成员都要或多或少地参与决策。凡中心大事，须经内部合作小组进行讨论后，再交由合作小组代表组成的大会（Plenums）表决通过；四、强调财务独立以实现自治的目标；[3]五、妇女中心在全国也没有集权化的组织形式。1974年，联邦德国共有17个独立运营的妇女中心。[4]

　　除妇女中心外，新妇女运动中还出现了其他以自主帮扶的形式介入家庭治理的自治性妇女工程。如在"抗议对女性施暴"的斗争中大量出现的妇女之家（Frauenhauser）。作为一个帮助女性免受"婚姻暴力和男性虐待"的组织，[5]"妇女之家是分散的，而之前妇女运动往往会由一个协会组织的核心领导"。"自治应该既是妇女之家居住者的自我组织原则，也应该可以让这里的工作人员实现去等级化和

① R. Scheunemann, K. Scheunemann, "Die Kampagne der 'Frauenaktion 70' gegen den § 218", in H. Grossmann(Hrsg), *Bürgerinitiativen. Schritte zur Veränderung?* Fischer Verl., 1973, S.71.

② Kristina Schulz, *Der lange Atem der Provokation: Die Frauenbewegung in der Bundesrepublik und in Frankreich 1968-1976*, Campus Verlag, 2002, S.152.

③ Bailee Erickson, "'Leave Your Men at Home': Autonomy in the West German Women's Movement, 1968-1978", A Thesis Submitted for the Degree of Master of Arts, University of Victoria, 2010, pp.55—62.

④ Bailee Erickson, "'Leave Your Men at Home': Autonomy in the West German Women's Movement, 1968-1978", A Thesis Submitted for the Degree of Master of Arts, University of Victoria, 2010, pp.44—45.

⑤ Carol Hagemann-White, "Frauenhuasbewegung", Dok.9.2, Ilse Lenz, *Die Neue Frauenbewegung in Deutschland: Abschied vom kleinen Unterschied, Eine Quellensammlung*, VS Verlag für Sozialwissenschaften, 2010, S.293.

去权威化。"①

　　总之,在 70 年代新妇女运动蓬勃发展时期,女性主义者不仅以自治小组的形式领导和参与抗议活动,而且她们还通过具有自主帮扶功能的自治工程直接介入家庭问题的解决。"新妇女运动的动议通过不同的任务、活动和方法以及另类的组织形式表现出来。不仅对资本主义和男权主义结构的影响展开研究,还试图将这一结构本身问题化。在妇女工程中,女性不再能够忍受家庭的压迫,而是要反抗这种压迫。"②当新妇女运动自 70 年代末走上制度化道路后,女性主义者仍然以"体制内长征"的方式在家庭治理中扮演着极其重要的角色。

　　一方面,在新妇女运动中兴起的女性主义自治组织,之后一直是联邦德国家庭治理的重要参与主体之一。

　　进入 70 年代末期后,大多数自治性女权组织都转而采取更为现实和专业的合作策略,继续为联邦德国治理家庭问题贡献着自己的力量。"自治的妇女组织不能是远离现实的'女性孤岛'。"③"新妇女运动中发展起来的工程在组织结构、公共工作和执行战略方面起到了先锋模范作用。妇女工程是第一种从体制外进入到'政治—管理体制'中的工程。"④例如 80 年代中期时汉堡的十余个自治性妇女工程,大多都在市政当局的资助和指导下,通过为避孕和打胎提供咨询和诊疗、为遭受暴力的妇女及少女提供心理和司法援助、为夫妻关系及离婚问题提供建议等方式参与家庭治理。到 90 年代初,老联邦州共成立了二千余家具有反"男权性别关系"特点的自治性妇女工程和小组。⑤它们通过以"专家"的身份与当局和其他组织展开合作,⑥成为联邦德国原有家庭治理主体的重要补充。

　　随着自治组织的兴起,新妇女运动也让更多女性获得了参与家庭治理的机会。

① Leonie Wagner, "Das Private wird politisch Autonome, Frauenhäuser im Kontext der Neuen Frauenbewegung", *Sozial Extra* , Nr. 4(2018), S.39.

② H. Balluseck, M. Rodenstein, M. Schreyer, U. Westphal-Georgi, "Thesen zu einer feministischen Sozialpolitik", in W. Schulte(Hg.), *Soziologie in der Gesellschaft: Referate aus den Veranstaltungen der Sektionen der Deutschen Gesellschaft für Soziologie, der Ad-hoc-Gruppen und des Berufsverbandes Deutscher Soziologen beim 20. Deutschen Soziologentag in Bremen* , Deutsche Gesellschaft für Soziologie(DGS), 1980, S.109.

③ Ute Gerhard, "Westdeutsche Frauenbewegung Zwischen Autonomie und dem Recht auf Gleichheit", in *Feministische Studien* , 2(1992), S.44; Alice Schwarzer, *10 Jahre Frauenbewegung. So fing es an!* Köln: Emma-Verlag, 1981, S.137.

④ Bernhard Blanke, "Adalbert Evers", in Wollmann, Hellmut(Hg.), *Die Zweite Stadt* , *Leviathan* , *Zeitschrift für Sozialwissenschaft* , Sonderheft 1986(7), S.321.

⑤ Claessens Margrit Brückner, *Frauen-und Mädchenprojekte, von feministischen Gewissheiten zu neuen Suchbewegungen* , Leske+Budrich Verlag, 1986, S.11-12.

⑥ Clarissa Rudolph, *Gestalten oderverwalten? Kommunale Frauenpolitikzwischen Verrechtlichung, Modernisierung und Frauenbewegung* , VS Verlag für Sozialwissenschaften, 2004, S.153-155.

自治组织不仅为女性介入家庭治理提供了新的平台,而且它还通过让这些女性以直接民主的形式介入家庭问题的解决,改变了她们过去只有依靠等级制的代理人才能干预家庭政策的情况。"女性主义的家庭政策不仅强调多元化,而且要求实现弱势群体的合法参与。"①新妇女运动让更多女性通过自治组织介入家庭问题的解决,并由此提高了女性在家庭治理中的话语权。

另一方面,除自治组织以外,新妇女运动还让女性主义者进入到其他家庭治理主体之中,从而加强了女性在这些主体中的力量。

其一,新妇女运动加强了女性主义者在原有家庭治理主体中的地位。反 218 条斗争爆发后,对联邦德国早期家庭治理有着重要影响的政党和工会纷纷在内部建立起自己的妇女组织和部门,并由此为它们吸收女性主义者创造了条件。如社会民主党在 1973 年建立的包括所有女成员且直属党中央理事会的"社会民主妇女工作联盟"(Arbeitgemeinshaft der sozialdemokratiischer Frau,简称 ASF)就从 1979 年起开始吸纳女性主义者成为自己的成员。②1981 年,该联盟甚至还将新妇女运动成员选入主席团。受女性主义成员的影响,社会妇女工作联盟还在社民党的地方社会工作中发挥自己的作用。如 80 年代中期时,它就在汉堡支持建立了所谓的"家庭计划中心"(Familienplanungszentrum)。③

其二,当新妇女运动的制度化进程开启后,还有很多女性主义者通过新成立的绿党继续对家庭治理产生影响。绿党在结构方面直接受新妇女运动的影响。出于理念和竞选的考虑,绿党支持女性主义者集体融入本党。"绿党内的女性主义行动者自 1983 年起就固定地团结在自己的项目和组织当中。"④在女性主义者的影响下,新成立的绿党格外关心女性在家庭中的地位,并要求将女性从家庭的束缚和压迫中解放出来。1984 年,绿党联邦议员瓦尔劳德·朔普(Waltraud Schopp)曾在议会中明确要求废除《刑法》第 218 条。作为一个来自新妇女运动的母亲,她希望能通过男女之间的爱情将分裂的私人与政治再度联系起来。⑤

其三,自 1980 年起,有不少来自新妇女运动的女性主义者还成为在政府和大企

① Karin Böllert, Nina(Hg.) Oelkers, *Frauenpolitik in Familienhand? Neue Verhältnisse in Konkurrenz, Autonomie oder Kooperation*, VS Verlag für Sozialwissenschaften, 2010, S.75.

② Ilse Lenz, *Die Neue Frauenbewegung in Deutschland: Abschied vom kleinen Unterschied, Eine Quellensammlung*, VS Verlag für Sozialwissenschaften, 2010, S.581.

③ Bernhard Blanke, "Adalbert Evers", in Hellmut Wollmann(Hrsg.), *Die Zweite Stadt, Leviathan, Zeitschrift für Sozialwissenschaft*, Sonderheft 1986(7), S.326.

④ Ilse Lenz, *Die Neue Frauenbewegung in Deutschland: Abschied vom kleinen Unterschied, Eine Quellensammlung*, VS Verlag für Sozialwissenschaften, 2010, S.587.

⑤ Ilse Lenz, *Die Neue Frauenbewegung in Deutschland: Abschied vom kleinen Unterschied, Eine Quellensammlung*, VS Verlag für Sozialwissenschaften, 2010, S.589, 611.

业中设立的妇女及平等专员（*Frauen-und Gleichstellungsbeauftragten*，简称 FGb）。①一些妇女专员原先就是妇女小组的创建者或领导人。在政府内部，妇女专员总被打上女性主义和妇女运动的烙印，男性同事和领导也将其看成是"总是发怒、总要解放、不要色情、不讲享受、不像女人、一贯激进"的人。②通过成为妇女专员，新妇女运动中的女性主义者可以更好地介入家庭治理。由于具有参与新妇女运动的经历，妇女专员成为行政机构和外部自治性女权组织的中间人。她们不仅密切关注和支持妇女工程的开展，而且还通过建立少女工作联合工作组、防止暴力联合工作组等方式，③与自治性女权组织在家庭工作中展开合作。

在吸纳女性主义者加入后，很多原先主要由男性控制的家庭治理主体，都出现女性力量明显增强的趋势。如 1985 年，社会民主党汉诺威代表大会就通过了增加各级党组织中妇女席位的决议，并要求妇女所占代表比例不得低于 40%。④而作为家庭政策新主体的绿党，也在其建党纲领中明确规定男女成员各有一半的投票权。⑤此外，女性主义者变身政府和企业中的妇女专员，也让女性在家庭治理方面拥有了更大的话语权。通过让女性主义者进入这些家庭治理主体之中，新妇女运动扩大了女性在联邦德国家庭治理中的话语权。

总之，在新妇女运动的推动下，联邦德国扩大了女性在家庭治理中的话语权，并因此而改变了原先以男性为核心的家庭治理结构。不过，由于女性主义者力量分散且内部矛盾重重，再加上她们过于激进的目标和行动方式为当局和诸多社会力量所不容，所以这场运并未从根本上消除联邦德国家庭治理结构中对女性的歧视和压迫。

四、结　论

在向后工业社会转型的过程中，以"私人即政治"和"自治"为主要特征的新妇女

① Ilse Lenz, *Die Neue Frauenbewegung in Deutschland：Abschied vom kleinen Unterschied，Eine Quellensammlung*, VS Verlag für Sozialwissenschaften, 2010, S. 581.

② Clarissa Rudolph, *Gestalten oder verwalten? Kommunale Frauenpolitik zwischen Verrechtlichung, Modernisierung und Frauenbewegung*, VS Verlag für Sozialwissenschaften, 2004, S. 156, 158.

③ Clarissa Rudolph, *Gestalten oder verwalten? Kommunale Frauenpolitik zwischen Verrechtlichung, Modernisierung und Frauenbewegung*, VS Verlag für Sozialwissenschaften, 2004, S. 166-169.

④ Kristina Schulz, *Der lange Atem der Provokation：Die Frauenbewegung in der Bundesrepublik und in Frankreich 1968—1976*, Campus Verlag, 2002, S. 236-237; Ilse Lenz, *Die Neue Frauenbewegung in Deutschland：Abschied vom kleinen Unterschied, Eine Quellensammlung*, VS Verlag für Sozialwissenschaften, 2010, S. 587-588.

⑤ Ilse Lenz, *Die Neue Frauenbewegung in Deutschland：Abschied vom kleinen Unterschied，Eine Quellensammlung*, VS Verlag für Sozialwissenschaften, 2010, S. 584-585.

运动,推动了联邦德国家庭治理结构的变革。德国是一个具有浓厚男权制传统的国家。除两次世界大战等特殊时期以外,德国女性一直都在家中扮演生育后代、相夫教子的角色。直到20世纪70年代初新妇女运动爆发后,联邦德国女性才逐渐改变了自己在家中受束缚和压迫的地位,并开始以独立姿态参与家庭治理。新妇女运动推动下的家庭治理变革,反映出在后工业转型的过程中,女性自主意识的提高对联邦德国国家治理思想和体系所产生的影响。

实际上,在20世纪六七十年代的整个西方世界当中,都出现了由社会转型所引发的新妇女运动浪潮及家庭治理变革。受战后女性主义思潮的影响,自20世纪60年代末期开始,美、法、联邦德国等国先后爆发了新妇女运动,向西方以男性为核心的家庭治理体系发起挑战。在新妇女运动浪潮的推动下,这些西方国家通过让女性主义者在家庭问题上独立发声,从权力结构方面加快了家庭治理变革的步伐。"妇女运动对传统家庭构成了挑战。婚姻和母性被怀疑是否是女性的主要任务,或者是否是女性的宿命。女性主义者认为家庭压迫女性并在男权社会中扮演着重要的角色。女性的自我实现成为新的口号,并且女性主义者认为这在传统家庭中很难被实现。"[1]不过,相较美国来说,联邦德国新妇女运动一直没有形成统一的领导核心,[2]其对女性个人自治的强调也更加明显。正因为如此,联邦德国女性改变传统家庭治理结构的道路也显得更加曲折而漫长。

作者简介:

岳伟,男,华中师范大学历史文化学院副教授,主要研究方向为德国近现代史。

---

[1] Rolf Torstendahl ed, *State Policy and Gender System in the Two German States and Sweden*, *1945—1989* (*Opuscula Historica Upsaliensia*, *Number 23*), University of Uppsala, 1999, p.149.

[2] Myra Ferree, "Equality and Autonomy feminist politics in the United States and West Germany", in Katzenstein, Mary ed, *The Women's Movements of the United States and Western Europe*: *Consciousness*, *Political Opportunity and Public Policy*, Temple University Press, 1992, p.174.

由宋以后婴戏图观察厌女生育观的发展[*]

程　郁

摘　要:婴戏图中的女童形象在元以后也开始逐渐减少,不多的女童形象显得更为温柔顺从。在婴戏图中越来越多地被添加成人社会的"意义",纯男孩的读书类图像成为婴戏图中重要的形象。这都是传统社会性别观对理想性别形象的塑造。在整个古代社会,女童一直存在,也一直有其个性,正如成人的彻底性别区隔不可能完成一样,男女童也永远会一起游戏,不管其形象是否被描绘。

关键词:宋以后;婴戏图;厌女

观察宋代婴戏图,可见不少女孩形象,她们和男孩共同游戏,表现出健康的体魄与活泼的个性,这与后世的婴戏图很不一样,正是这些女孩的存在,使婴戏图达到艺术的高峰。而且,宋代与祈子有关的文物如"摩合罗"等亦有女童形象,用于祈子的婴戏图如"五男二女图"等,亦能接受女童的存在,宋人虽祈男多女少,但"七子"仍包含女孩。可见,唐宋"五男二女"的期待与后世追求全男的生育观是不一样的。这是笔者已发表论文《尚见女孩的时代——由婴戏图看宋元之间生育观念的变化》的主要论点。①

在向《形象史学》投稿时,专家提出一个很尖锐的问题:究竟元以后的婴戏图中是否还有女孩?与宋相比,有哪些变化?为回答这个问题,笔者遍查元以后的婴戏图,形成前列论文的续篇。为观察婴戏图中的性别比变化,逐一查看目前所搜集到的图像史料,制成文后附表《婴戏图儿童性别一览表》②。

---

* 本文为国家社会科学基金项目"基于图像史料的宋代女性文化研究"(编号 17BZS042)的阶段性成果。

① 程郁:《尚见女孩的时代——由婴戏图看宋元之间生育观念的变化》,《形象史学》2021 年第 2 期,第 121—154 页。

② 附表《婴戏图儿童性别一览表》的图像出处主要依据《中国古代书画图目》,文物出版社,2013 年(但该书有目无图者未收);国立故宫博物院编辑委员会:《故宫书画图录》,国立故宫博物院 1989—2011 年版和《婴戏图》,国立故宫博物院,2000 年;浙江大学中国古代书画研究中心编:《宋画全集》,浙江大学出版社 2008—2010 年版;李飞:《吉祥百子:中国传统婴戏图》,西泠印社出版社,2007 年;各博物馆及美术馆官网等。

笔者目前搜集到宋代婴戏图45幅(包括仇英等明人临摹的婴戏图6幅),其中有女童形象者20幅;如剔除明人的临摹,则宋婴戏图为39幅,其中有女童形象者17幅。无论是否计入临摹画,有女童形象者皆占宋婴戏图总数的40%左右,这也说明计入或不计入临摹画的结果是一样的。本文所谓宋代婴戏图更多见女孩形象,只是相较后世而言。任何一种文化现象都不会因朝代更替而截然二分,女童从图像退出的历史过程也同样是漫长的,所谓退出也只是相对的,即关注多与少的问题,而不是有与无的问题。

由于彻查各代民间艺术品及文物更为困难,附表仅收入传世的绘画作品。年幼的儿童性别区分相当困难,大多只能根据发式来区分,肯定会有所错漏,但个别的错误不足以影响长时段的观察。对于画作的创作朝代,各位艺术史家和书画鉴定家意见不一,唐以前作品亦多被指为宋人临摹,本文主要关注性别文化的走向,而不是画作的艺术断代,如同文献中的小说与笔记,尽管人名与事实未必准确,但反映了该时代的社会心理,故以为临摹宋画可以反映宋的时代特征,而宋人临摹前代的作品则主要反映前代。

一、女童形象的日渐式微

试观察那些多人数的婴戏图,可见男孩越来越多,女孩越来越少,甚至一个都没有。

毋庸讳言,即使在女孩尚能被"看见"的宋代,除个别作品以外,女童总是绝对的少数,而且,全由男孩构成的婴戏图还是占多数。苏汉臣生活于北南宋之交,而李嵩比其晚出,众所周知,许多宋婴戏图往往归入苏汉臣名下。宋《货郎图》中既有传为苏汉臣绘者,亦有传为李嵩绘者,画评通常谓苏汉臣画有富贵气,而李嵩作品有乡土气。仅就笔者目前所见,李嵩风格的四幅《货郎图》皆有女童,而号称苏汉臣绘者未见女童。图1为藏于台北故宫的《货郎图》,旧传苏汉臣绘。一棵梅花盛开,旁有山茶,下有水仙,背景不像村庄或市井,却似富家庭院。货郎推车而来,罗列诸多玩具,六男童环绕嬉戏,却无心购物。成人儿童皆着冬装,山茶开花比梅花略迟,为表现吉祥美观,所画植物未完全按照季节,应为正月年节而作,这样的构图正支持黄小峰关于货郎图功用的论点。沈从文先生评此图曰:

> 因小孩着靴子既不是宋代习惯,且图右下角孩子头上所戴暖帽,也是元人常用物。图中货架上还挂四笠子帽,货郎本人也着靴,均可证明实属元人作品。下可到明初,上不可能到南宋。[①]

---

① 沈从文:《中国古代服饰研究》,商务印书馆,2011年,第497页。

图 1　传宋苏汉臣《货郎图》①

　　图 2 亦为台北故宫藏号称苏汉臣作《货郎图》。柳丝长,牡丹开,似乎尚在暮春,而敞开的衣襟和露出的胳膊,又提示天气已热。豪华房屋的一角、假山石、鲜花,亦告知地处贵人的庭院。货郎亦着靴,与小二一推一挽,皆头上簪花。儿童十六人,全是男童,皆衣着考究,有持钱买者,有两人互夺一物者,有伏地游戏者,有负抱小弟看热闹者,更强调男童的调皮,儿童显得更活跃,但整体风格与图 1 相近。

　　在前篇论文中,笔者已论述唐人还将祈女与祈男并列,宋虽流行"五男二女图",却已不见单独祈女的图像,唐宋文献中的"七子团圆""七子永相随"原指"五男二女",而早在宋代,也出现不少七子、八子皆为男童的图像。图 3 为宋红陶浮雕童子戏仙山。山崖高耸,山下芭蕉丛生,八个男童爬到山上嬉戏,有躲在蕉叶后窥视的,有爬上半山腰因恐高而捂脸的,有即将攀上顶峰露出得意神情的,也有不敢攀爬面壁饮泣或扑入成人怀中痛哭的。当然,这样的图像也是象征性的,一方面这种活动只适合勇敢的男儿,另一方面仙山代表蓬莱,人们并不期待神仙带来女童。

　　随着时代的迁移,后代称七子、八子、十几子、二十多子亦往往不包括女儿,大部分"百子图"更是一百个"儿子"的形象。图 4 为清闵贞《八子观灯图》,②绘八男童挤在一堆看地上的花灯,明显没有一个女孩的身影。类似图像还有许多,如下列图 14

①　图 1,传宋苏汉臣《货郎图》,藏台北故宫博物院,引自《婴戏图》,第 13 页,图 4。
②　图 4,清闵贞《八子观灯图》,引自李飞:《吉祥百子:中国传统婴戏图》,第 50 页。

图2　传宋苏汉臣《货郎图》①

图3　宋红陶浮雕童子戏仙山②

图4　清闵贞《八子观灯图》

---

① 图2,传宋苏汉臣《货郎图》,藏台北故宫博物院,引自《故宫书画图录(二)》,第85页。

② 图3,宋红陶浮雕童子戏仙山,藏于河南省博物馆,引自《中国美术全集·工艺美术编12·民间玩具剪纸皮影》,上海美术出版社,1993年,第32页,图74。

元人《夏景戏婴》轴绘七男童的夏日游戏;明佚名《货郎图》绘七男孩围着货郎玩耍;清金廷标《婴戏图》绘一仕女看12个男童玩打仗游戏;清冷枚《婴戏图》绘18男童在河两岸翻筋斗;明佚名《婴戏图》绘一对老夫妇及五子媳看21男童嬉戏;又明佚名《婴戏图》绘七仕女二奴婢领23男童在河上及船中嬉戏等。[①]最有意思的是在清代时兴的《八子拾玩图》,王树谷与范润皆有作品传世,绘老父坐看八子收拾古玩,此图一般将五到七子绘成着官服的成人,只有1—3名男童。题签说明是绘郭子仪八子的故事。郭子仪生八男七女历来为人称羡,《新唐书》本传谓:郭子仪"八子七婿,皆贵显朝廷。诸孙数十,不能尽识,至问安,但颔之而已"。[②]仅绘八子不绘七女,充分表现出当时生育观的性别选择,尽管该图绘儿童不多,但吉祥求子之意同于婴戏图,故一度成为民间年画的题材之一。

"岁朝图"本为贺岁而作,天真活泼的儿童作为吉祥的因素也往往出现。图5为藏于台北故宫博物院的《岁朝图》,[③]题款"臣李嵩进"。图绘正月豪门景象,贵客盈门,宾主立饮屠苏酒,过客投刺,妇女皆于后厨忙碌,一较大女童领着七弟在院中嬉戏。图6为清金廷标《岁朝图》局部,[④]亦绘新年时的贵家,这天似乎没有客人,老夫妇与家人坐于厅堂等待开宴,男童多戴着当时常见的带披风暖帽,4名男童在厅里桌下讨要食物,15个男童或在院内分食水果,或拿着各种乐器喧闹嬉戏。院内虽有两名仕女照看,却不见一名女童。

有关婴戏的文物亦在观察的视野之中,宋代的泥娃娃、陶瓷枕等民用器皿大多仅见男童形象,这说明男童形象更受市场欢迎。有的宋泥孩儿成组出现,如《中国美术全集》

图 5 宋李嵩《岁朝图》

①　图14,元人《夏景戏婴》轴见《故宫书画图录(第五册)》,第339页;明佚名《货郎图》见国家博物馆官网;清金廷标《婴戏图》见台北故宫《婴戏图》,第34-35页,图21;清冷枚《婴戏图》、明佚名《婴戏图》及又明佚名《婴戏图》分别见李飞:《吉祥百子:中国传统婴戏图》,第97、41、42页。

②　《新唐书》卷一三七《郭子仪传》,中华书局,1975年,第4609页。

③　图5,宋李嵩《岁朝图》,藏台北故宫博物院,引自《故宫书画图录(二)》,第145页。

④　图6,清金廷标《岁朝图》,藏台北故宫博物院,引自《婴戏图》,第36—37页,图22。

图 6　清金廷标《岁朝图》局部

收录的一组，①只有五个男孩，而不是唐人欣赏及宋人记载的"五男二女"，陆游曾谓"摩合罗"以五个或七个一组，可能原件是"五男二女"七个一组的，可能女孩塑像为后世家庭扔掉，也可能上市销售时本没有女孩；两种可能都说明市场的选择。

1981 年，安徽六安花石咀二号墓，发现宋末元初银杯，杯的双耳为两个女童。②图 7 为故宫博物院藏元代玉制双人耳礼乐杯，③杯耳亦为两个可爱的女童，杯面浮雕为十位乐伎。值得注意的是，杯耳塑成女童，也并不会被用户嫌弃。

图 8 为清早期玉杯，④藏于故宫博物院。它与上列宋元铜杯及玉杯的款式极为相近，都将儿童形象做成杯耳，宋元时还是女孩，到清代变为男童。这说明以女童形象为装饰的器皿，不再受到客户的欢迎。

①　参见《中国美术全集·工艺美术编 12·民间玩具剪纸皮影》，第 24—25 页，图 58。

②　邵建白：《安徽六安县花石咀古墓清理简报》，《考古》1986 年第 10 期，第 916—921 页。

③　图 7，元玉双人耳礼乐杯，引自《中国美术全集·工艺美术编 9·玉器》，文物出版社，1997 年，第 156 页，图 277。

④　图 8，清玉双童耳杯，引自《中国美术全集·工艺美术编 9·玉器》，第 174 页，图 301。

图7 元玉双人耳礼乐杯

图8 清早期玉杯

　　笔者收集到元明婴戏图26幅(其中一幅无款画,专家推测为元明作品),有女童形象者3幅,约占12%。其中藏于中国美术馆的无款婴戏图——《中国古代书画图目》原归入明代,而今官网谓创作年代不详,故附表将此画列入元明之间。该图绘儿童30人,可见三名女童分别参与击球、捉迷藏、扑蝶等游戏,一女童坐于席上,其构图颇似图13宋苏汉臣《重午戏婴图》。

　　目前所见清代婴戏图最多,从数量来说,宋与清比较更有意义。目前收集到清代婴戏图 63 幅(册)(不包括近代上海的版画作品),有女童形象的画作 10 幅,约占总数的 16% 左右。但值得注意的是,现存清婴戏图包括不少画册,如焦秉贞的《午瑞图》有 6 页,《百子团圆图册》有 16 页,《婴戏图册》屏原有 8 屏,而一本画册通常只有一页出现女童,所以实际出现女童形象的画作可能远低于清婴戏图总数的 10%。而且这几幅有女童形象的清婴戏图还有一些特殊的地方,将在下文详述。

在有女童形象的清婴戏图中,笔者起码看到两幅摹作或仿作。图 9 清顾见龙《货郎图》,①绘一着官服父亲带三男童与一女童散步,一见货郎三男童奔过去,女童隐于父亲身后。该图藏于清华大学艺术博物馆,顾题款谓"曾见李唐绘山东货郎图",该馆图注曰应为"李嵩"之误。与相关图像对比之后,该图应摹自钱选《货郎图》。②图 10 清沈庆兰《五子登科图》,③庭院中一仕女看护五童,其中有二女童,而"五子登科"历来祈祷科举连捷,绘女童就有些奇怪。题签并无画题,应是后人命名时有些欠考虑。顺着母亲的眼光达图像的中心,观察正在推枣磨的二童,姐弟二人的服饰、发式、动作竟全同于著名的宋《秋庭婴戏图》,只是女孩头上少了华丽的珍珠,而仕女梳高髻,着五代以前的古装。看来宋代婴戏图中的女孩形象对后世有很大的影响。

图 9　清顾见龙《货郎图》

图 10　清沈庆兰《五子登科图》

① 图 9,清顾见龙《货郎图》,见清华大学艺术博物馆官网。
② 宋钱选《货郎图》,见《故宫书画录(二)》,第 259 页。
③ 图 10,清沈庆兰《五子登科图》,引自李飞:《吉祥百子:中国传统婴戏图》,第 102 页。

二、婴戏图添加士人娱乐

在婴戏图中越来越多地添加成人社会的"意义",纯男孩的读书类图像成为婴戏图中重要的形象。

宋笔记曰:

> 国朝自太平兴国以来,以科举罗天下士,士之策名前列者,或不十年而至公辅。吕文穆公蒙正、张文定公齐贤之徒是也。及嘉祐以前,亦指日在清显。①

太平兴国为宋太宗的年号,从此科举取士成为官员录用的主要途径,更成为民间教育的唯一目标。尽管其后的元朝长期不开科考,在两宋文化熏陶中长成的元曲作者仍将"万般皆下品,惟有读书高"之类的观念渗入所有的阶层,②并在明清得到充分的宣扬。

图 11 宋佚名《百子嬉春图》,③裱边旧题"苏汉臣百子嬉春",今不采此说。图绘

图 11　宋佚名《百子嬉春图》

---

①　洪迈撰,孔凡礼整理:《容斋随笔》,《全宋笔记·第五编(六)》,大象出版社,2012 年,第 123 页。

②　如关汉卿作杂剧《钱大尹智宠谢天香》第一折(正末引旦上)"万般皆下品,惟有读书高"。见蓝立蓂校注:《汇校详注关汉卿集》,中华书局,2006 年,第 1153 页。

③　图 11,宋佚名《百子嬉春图》,藏于北京故宫博物院,引自《宋画全集(第一卷第七册)》,第 47 页,图 154。

一楼阁庭院,左为古树翠竹,一百个男童密密麻麻地分布在两层露台、楼梯和庭院中,庭院中有舞狮,这一组应是社火狂欢的写照。靠近画面正中竖起一个巨大的木框幕架,似乎准备演影戏;也有个别男童手执提线傀儡,仍是儿童模仿演艺的老构图,但已难找到拿着乐器与化妆的儿童。在最高层露台,一组孩子在欣赏书画,一组孩子在下棋;中间露台有一童在弹琴;他们皆神态老成,几乎被画成了小老头。院里左面一童爬在桂树上折枝,预示着科举考试成功。琴棋书画等高雅娱乐居于高层,人数较少,暗示着上小下大的社会结构,并与下层的顽皮判然二分。

图12为四川泸县宋墓出土的浮雕彩绘树下婴戏。[1]其中一共四个男童,一个俯伏在地,让兄弟站在背上用力拉下枝条,其余两个男童在旁得以轻松折枝。全图外围一圆形轮廓,左边有捣药的兔子,都提示场景位于月宫,那么儿童所折的即是桂枝,为所谓"蟾宫折桂"的图解,即子孙科举考试成功。叶梦得所著《避暑录话》[2]曰:

图12 宋浮雕彩绘树下婴戏

世以登科为折桂,此谓郤诜对策东堂,自云"桂林一枝"也。自唐以来用之,

---

① 图12,宋浮雕彩绘树下婴戏,引自中国画经典丛书编辑组编著:《中国人物画经典》(南宋卷2),文物出版社,2006年,第76页。

② 叶梦得撰,徐时仪整理:《避暑录话(卷下)》,《全宋笔记:第二编十》,大象出版社,2006年,第342页。

温庭筠诗云:"犹喜故人新折桂,自怜羁客尚飘蓬。"其后以月中有桂,谓之月桂。而月中又言有蟾,故又改桂为蟾,以登科为登蟾宫。

此图已不是单纯的婴戏,而是有关家族未来的祈祷,这样重大的任务,当时不可能让女童参与。

图 13 为宋末钱选《三元送喜》轴。①图中白石雕槛,绿梧垂荫,亦提示处于贵家后院。二男童展开画轴,一男童背手审视,神态、动作都像极了士人。图中一儿亦着靴,其趣味更近图 1。图 14 为元人《夏景戏婴》轴。②垂杨、太湖石与曲槛环绕,表明这是大户人家。笔者注意到该图正好七童,而再无二女的位置,七人全是男童。二儿正戏蟾蜍,蟾蜍为五毒之一,被缚而戏弄,应端午之景;而且捉蟾亦有"折桂攀蟾"即喻科举高中之意。一儿执榴花,代表子孙繁盛。一儿执荷叶,让人想起祈子的"摩合罗"。一儿执团扇,二儿抬几,几上供着钟馗像,说明此图与端午的关系。所供兰花代表士人的趣味,而且七名男童优雅有余,活泼不足,特别是正中执扇的那位,衣饰、神态都是士人的缩小版。

图 13　宋钱选三元送喜轴

图 14　元人《夏景戏婴》轴

---

① 图 13,宋钱选三元送喜轴,藏台北故宫博物院,引自《故宫书画图录(二)》,第 257 页。
② 图 14,元人《夏景戏婴》轴,藏台北故宫博物院,引自《故宫书画图录(五)》,第 339 页。

黄卫霞《清代婴戏图研究》认为,除儿童运动游戏之外,货郎图、闹学图与放牧图亦应属于婴戏图。清百子图中有更多的读书、习琴棋书画的形象,由附表可见,黄卫霞还忽视了清还有许多课子图、教子图、训子图等,闹学图还带有对冬烘先生的揶揄,而课子图等深刻描绘出科举的压抑。上海博物馆藏有明仇英临宋人画册,之五绘乡塾师令二男童念诵,四男童指看窗外,母亲正拖一男童入校;之六绘塾师昼眠,七男童淘气嬉戏,仅一男童写字。可见,无论课子图还是闹学图皆源于宋代。毫无例外,这类高雅的图像当然不会有女童。

扬之水论宋以后婴戏图变化时说:

> 宋代绘画注重写实的精神和画家对生活的细微观察,却能够使以婴戏为题材的绘画总是童趣盎然。明清婴戏图逐渐向吉祥题材转化,前朝图样至此多成为固定的程式,并且多以谐音为之添加吉祥的寓意。①

笔者以为,正是因为婴戏被添加的"意义"导致成人化,课子类图像的盛行亦促使女童形象减少,宋婴戏图旧有的欢乐、幽默也大部分消失。

三、婴戏图诠释的传统社会性别观

宋史研究者根据文献考证,认为女性缠足初兴于两宋之交,最早在乐伎舞伎中流行,福建黄昇墓出土小鞋及缠足布等考古发现②,说明起码在南宋一些士人家庭女性已经流行缠足,但也有学者找到一些士大夫家庭到宋亡也不接受缠足的资料。黄昇墓出土 6 双小鞋,鞋子由二色合成即所谓"错到底",尖形翘头,后跟穿有丝带,用以绑结固定,袜子亦前头翘突。③可见,宋代缠足为缠直而上翘,还不像明清那样伤害脚形。研究服饰的专家往往指出哪些女童缠足,④但都没有注明理由,特别是那些跳跃的女童,其实很难看出其是否缠足,相较而言,扬之水关于成年女性的步态说明较充分:"立姿微呈佝偻之态"。⑤

---

① 扬之水:《从〈孩儿诗〉到百子图》,《文物》2003 年第 12 期,第 64 页。
② 赵连赏主编《中国古代服饰图典》曰:"黄昇墓中女主人双脚用裹脚布缠扎,长 210 厘米,有五双尖头鞋,长 13.3 到 14 厘米;在浙江兰溪宋潘慈明妻高氏墓中也发现缠足带和尖头鞋。"(昆明:云南人民出版社,2007 年,第 270 页)
③ 张竞琼、李敏编著:《中国服装史》,东华大学出版社,2018 年,第 69 页。
④ 傅伯星:《大宋衣冠:图说宋人服饰》,上海古籍出版社,2016 年,第 169—170 页。
⑤ 扬之水:《奢华之色——宋元明金银器研究》第一卷《宋元金银首饰》论:"女子的缠足改变了步态——步履细碎,立姿微呈佝偻之态。见大都会博物院藏宋人绘《吕洞宾过岳阳楼》。""江苏武进前乡南宋五号墓同土的戗金朱漆奁盖上的两位女子,上身微微前倾,正是缠足女子特有的步态。"(北京:中华书局,2010 年,第 6、207 页)

图 15 为传苏汉臣作《婴戏图》的局部,[①]全图共绘八位儿童,除特别小的婴儿以外,五个男孩都在自由地跑跳,而那个坐在榻上的大女孩神情忧郁,小女孩也在努力爬到榻上,并不参与男孩的游戏,和其他婴戏图中的女孩很不一样。图 16 为宋佚名《蕉荫击球图》局部,[②]顺着图中众人的目光,观者马上就能看到那个蹲在地上玩球的男童,他是全图的中心。旁边那位着红袍的男子,身材如童子面貌却如成人,所以有人认为是其家请来陪练,更多的解说却认为他是其家的长子,只不过儿童着成人服装。

图 15　传苏汉臣《婴戏图》局部

很少有人注意到桌后的女孩,她神情忧郁,只有她没在看玩球。黄小峰因为她"头顶

图 16　宋佚名《蕉荫击球图》局部

---

① 图 15,传苏汉臣《婴戏图》局部,引自《婴戏图》,第 14 页,图 5。
② 图 16,宋佚名《蕉荫击球图》局部,引自《宋画全集(第一卷第七册)》,第 52 页,图 158。

有一'X'形交叉的硬质束带",判定她是一位年轻的侍女。①但她头上的珍珠发饰与身边的仕女极像,所穿褙子、裙子亦与仕女相配,二人的眉眼也极像,笔者以为,她们应该是母女俩。在图15和图16中女孩只能在一边观看,虽然很难证明她们已被缠足,但母女都只能观战,具有相当重要的象征意义。

需要说明的是,婴戏图中女童的减少,并不能说明元以后女童与男童便不能在一起游戏了。妇女的生活往往因阶层而异,即使到明清时期,庶民妇女必须外出谋生,并不能关闭在门内。同样,庶民女孩外出游戏也不可能完全被禁绝的。即使是士人或贵族家庭,恐怕也不会禁止本家小儿女在一起游戏,《红楼梦》就描写贾宝玉、贾环等与女孩一起玩围棋、斗草、赌钱等。

秋千是最传统的女性运动,唐诗宋词有大量描述。唐刘禹锡诗曰:

> 何处深春好,春深幼女家。双鬟梳顶髻,两面绣裙花。妆坏频临镜,身轻不占车。秋千争次第,牵拽彩绳斜。②

唐王建诗曰:

> 长长丝绳紫复碧,袅袅横枝高百尺。少年女儿重秋千,盘巾结带分两边。身轻裙薄易生力,双手向空如鸟翼。下来立定重系衣,复畏斜风高不得。傍人送上那足贵,终睹鸣珰斗自起。回回若与高树齐,头上宝钗从堕地。眼前争胜难为休,足踏平地看始愁。③

秋千荡起与树梢齐,也算女孩勇敢者的运动了。清明节时临安的园林矗立起高大的秋千架,让女性游玩。而在贵人院内也会安置秋千,给小女儿玩耍,当然未必会这么高大。

因秋千可以坐着荡,似乎缠足也没有多大影响。生活在清康熙朝的李声振《百戏竹枝词·秋千架》曰:

> 半仙之戏,无处无之。仕女春图,此为第一。近有二女对舞者。日影垂杨

---

① 黄小峰:《骷髅迷宫:一幅宋代绘画的视觉语境》,《艺术史研究》第21辑,中山大学出版社,2019年,第114页。

② 刘禹锡撰,瞿蜕园笺证:《刘禹锡集笺证》外集卷二《同乐天和微之深春二十首》之十六,上海古籍出版社,1989年,第1098页。

③ 王建撰,尹占华校注:《王建诗集校注》卷一《乐府·秋千词》,巴蜀书社,2006年,第17页。

舞半仙,御风图画两婵娟。飘红曳绿浑闲事,蹴损湘钩剧可怜。①

所谓"湘钩"指三寸金莲所着小鞋,仕女或是站立荡秋千的,但未必能像唐诗所谓"回回若与高树齐"了。尽管宋画不时出现秋千影像,但今存宋婴戏图看不到女童玩秋千的形象。图 17 为清焦秉贞《百子团圆图》中的荡秋千,②院中一名女童五名男童聚于秋千架下,蓝衣男童坐在架上,黄衣男童正要将他推起来,这说明男女童仍会一起荡秋千。在本册百子图中,这是仅有的两名女孩之一,她扶着秋千架既像等候,又像在保护年幼的弟弟,这样的形象正符合社会性别观的理想,女孩恬静贤淑,温良恭让,这也是清婴戏图中女孩的标准形象。

图 17　清焦秉贞《百子团圆图》荡秋千

图 18 为清佚名作《升平乐事》图册第五开踢毽子。③春日融融,母亲带着孩子们在庭院里玩耍,一个男孩反身一踢,将毽子踢得飞过成人头顶,一个男孩试图用手接毽,显得非常活泼。照顾孩子的似是婢女,躲在母亲身后的才是女儿,显得十分娇羞。图册藏于台北故宫博物院,研究者认为应是清宫供奉画家之作。清宫中的满人是不会缠足的,女孩可能会与男孩一块踢毽子,也许只是画家不愿表现而已。图册原 12 幅,在已公布的四开画面中每幅都有女孩,是目前所见女孩形象最多的图册。其他三幅图中的女孩都梳这种挽在头顶的小髻,看来是当时少女的流行发式,她们明显比男孩大,而且身边都有母亲陪伴,其形象也都是这样亭亭玉立,娴静可人,当然并不会和小男孩一起疯玩。这样的形象明显不同于宋婴戏图中争抢、张扬的小女孩,这起码是精英阶层心目中的理想女孩形象。

清李声振《百戏竹枝词·踢毽儿》诗曰:"青泉万迭雉朝飞,闲蹴鸳靴趁短衣。忘却玉弓相笑倦,撵(攒)花日夕未曾归。"序曰:

---

① 路工选编:《清代北京竹枝词》,北京出版社,2018 年,第 164—165 页。

② 图 17,清焦秉贞《百子团圆图·荡秋千》,引自李飞:《吉祥百子:中国传统婴戏图》,第 57 页。

③ 图 18,清佚名《升平乐事》第五开踢毽子,引自《婴戏图》,第 43 页,图 25。

图 18　清佚名《升平乐事》第五开踢毽子

缚雉毛钱眼上,数人更翻踢之。名曰"攒花",幼女之戏也。踢时则脱裙裳以为便。①

　　李声振所说热衷于踢毽子的幼女也许还未缠足。按晚清入华传教士的观察,"缠足一般是八九岁开始,早些的六七岁就缠上了"。传教士曾对男女儿童游戏分别进行调查,发现男孩还是有许多对抗性的游戏,其强度并不亚于欧洲,"这个事实就给了那种认为中国人不喜欢剧烈运动的观点有力的一击"。而女孩的游戏一般都伴随着儿歌,"游戏的单脚跳对小女孩们来说是很费力气的",并说北京的男孩非常喜欢踢毽子,却未提到女孩。②由于缠足只能自幼开始,普遍实行缠足之后,还是会迫使女孩退出激烈对抗性的游戏。

　　图 19 为上列图 11 宋佚名《百子嬉春图》的局部,③在图中下有一个儿童十分抢眼,他上身着抹胸,臀部还有某种道具装饰,发式化妆亦模仿女人,扭着腰肢舞蹈,这不是女童,而是男童扮演的"乔女眷"。与砖雕所见"乔女眷"一样,这类妇女形象是可笑的丑角。

---

① 路工选编:《清代北京竹枝词》,第 170 页。

② 何德兰、布朗士:《孩提时代》,魏长保、黄一九、宣方译,群言出版社,2000 年,第 189、47、74、195 页。

③ 图 19,宋佚名《百子嬉春图》局部,引自《宋画全集(第一卷第七册)》,第 47 页,图 154。

图 19　宋佚名《百子嬉春图》局部

图 20 为藏于台北故宫博物院的《长春百子图》局部。①这几个儿童正在蹴鞠,似乎正中的是女童,然而仔细观察,这几个儿童的服装都显得不合身,裤子都特别长,尤其是女装,又大又长,前面两个都戴着头套面具之类,特别是女装者故意画出了头顶发髻和剃光的白色头皮,而整个长卷中的男童大多是这种周边剃光中间结髻的发式。女装大花艳丽显得十分俗气,脸上也似乎化过妆或戴着面具,显得年龄偏大,总之既不像女孩,也不是仕女的装扮,而更像风月场中的妓女。所以这并不是百子图中唯一的女孩形象,更不是男女童共同蹴鞠的形象,而

图 20　传宋苏汉臣《长春百子图》局部

①　图 20,传苏汉臣《长春百子图》局部,引自台北故宫博物院编辑委员会:《婴戏图》,第 18 页,图 8。

是男孩扮演的丑化女角。这样的图像似乎也能证明黄小峰的论述:"元代以来,蹴鞠就并非上层女性的活动,而主要是教坊中的一种表演。"①男孩扮演女性,可表现男孩的顽皮,也是宋婴戏图就有的造型。男孩扮演被丑化的女性形象,正是传统社会性别观的表现之一,女性被演绎得越可笑,就越不值得尊重。

图 21 为清焦秉贞《午瑞图》之二娶妻;图 22 为焦秉贞《百子团圆图》中的老来娶妻局部;图 23 为清佚名《婴戏图》,②因有女童骑竹马而显得格外罕见。黄卫霞《清代婴戏图研究》认为三幅图中都有女童。仔细观察三图:图 21 与图 22 的确如黄卫霞所言,为儿童扮演嫁娶的场面,但图 21 中被抬的儿童明显是男孩,他身披不知哪弄来的华彩服装,顽皮地偷笑。图 22 有全套的乐器伴奏,似乎不是一般的过家家,而是模仿某个戏剧的桥段,背着新娘的白胡子老头明显是化装的,那么不由使人想到,新娘也是男孩扮演的。黄卫霞认为图 23 是清女孩参与骑竹马运动的明证。几乎每代都有儿童骑竹马的图像存世,或是儿童跨一根竹竿奔跑,或是竹竿前有一个马头,分队进行打仗。图 23 既不像打仗也不像奔跑,一童手执七层拨浪鼓肩扛旗帜,二童着汉官服,一童狄装打扮,所跨竹马都有头和身体,四童皆手执马鞭,更像戏曲的道具。清李声振《百戏竹枝词·竹马灯》曰:"岂为南阳郭下车,筱骖锦袄倩人扶。红灯小队童男好,月夜胭脂出塞图。"序:"元夜儿童骑之,内可秉烛,好为'明妃出塞'之戏。"③该图的装扮正像"明妃出塞",既然"小队童男",明妃可能由男童装扮。当然元夜走家串户表演,小家碧玉也可能充当女角的。

图 21　清焦秉贞《午瑞图》之二娶妻

---

① 黄小峰:《〈蹴鞠图〉与〈金瓶梅〉》,《艺术设计研究》2013 年第 1 期,第 91 页。
② 图 21,清焦秉贞《午瑞图》之二娶妻,引自李飞:《吉祥百子:中国传统婴戏图》,第 73 页;图 22 为焦秉贞《百子团圆图》中的老来娶妻局部,引自李飞:《吉祥百子:中国传统婴戏图》,第 65 页;图 23 为清佚名《婴戏图》,转引黄卫霞:《清代婴戏图研究》,第 167 页,图 3—20。
③ 路工选编:《清代北京竹枝词》,第 164—165 页。

图22 焦秉贞《百子团圆图》老来娶妻

图23 清佚名《婴戏图》

男孩扮演女性角色,带有在游戏中保持男女有别的意味,而宋婴戏中男孩女孩共演一场戏,显得更为自然。

笔者并没有能力鉴定画作的时代,只能参考艺术史家的研究成果。宋婴戏图以南宋作品为主,由于许多作品不题作者名与时间,因此研究者似乎也只能考证画作的大致时代,而并不能考定全部作品的先后,所以笔者更不敢说哪些是时代迁移的结果。观察宋代婴戏图,有的女孩与男孩一起游戏,显得很快乐,甚至有的会显得有点儿强势;而有的女孩又显得非常安静,甚至有点儿郁郁寡欢。那么,如何解释那些矛盾的图像呢? 如上所述,宋代有关缠足的不同文献及考古发现是相互矛盾的,正说明经历了很长时间士大夫才普遍接受缠足,然后才成为整个社会的风俗,元代正是关键的时期。女童在婴戏图中出现的频次的减少应是长时段的历史现象,而任何一种文化现象的产生与消失都不会是突然的,特别在转型时期,相互矛盾的现象应是正常的。

其实,所有关于妇女的文献都是相互矛盾的,一些资料证明宋代仕女离婚再嫁尚属容易,而另一些资料证明宋朝廷加强了贞节旌表;司马光、朱熹提倡妇女不出中门,而文献证明妇女仍可参加节日的郊游。1928 年陈东原《中国妇女生活史》一书便认为中国妇女的被压迫自宋代以后加重,20 世纪 80 年代以后的宋代妇女史研究,便从质疑这一"转折论"开始;然而,近年对宋代妇女地位的估计又走向另一个反面。从海外中国学者到国内研究者,都在强调妇女在宋代的幸福生活。在美的许曼教授说:

> 如果考虑到当时政府和学者对女性更为宽容的态度和积极的看法,就可以说她们在宋代的女性祖先们,是生活在一个对女性更加友好的社会中。归根到底,自主性和流动性—— 在传统上被归于明清女性的这两种属性,无疑可以追溯到宋代。[①]

甚至有学者说宋代女性"拥有一个比前朝后代较为宽松的社会生存环境"[②]。这样的结论一直令人困惑,所以,笔者宁肯列举多方面相互矛盾的史料,观察长时段的历史趋势。

婴戏图不画或很少画女孩,只是祈男生育观的反映,即便是宋婴戏图仍以男童为主,男女童在一起的图像,构图亦大都以男童为主角。缠足在宋代初兴,处女观念在宋代得以加强,贞节观经由理学家与民间艺人的宣讲,朝廷旌表亦南宋比北宋频密,这些都表明传统社会性别观在宋代得以强化。[③]与这一趋势相应,婴戏图中的女童形象在元以后也开始逐渐减少,不多的女童形象显得更为温柔顺从,这不过是传统社会性别观对理想女性形象的塑造。在整个古代社会,女童一直存在,也一直有

① 许曼撰,刘云军译:《跨越门闾——宋代福建女性的日常生活》,上海古籍出版社,2019 年,第 312 页。
② 舒红霞:《宋代理学贞节观及其影响》,《西北大学学报》(哲学社会科学版)2000 年第 30 卷第 1 期,第 47—52 页。
③ 详见程郁:《何谓"靖康耻"——"靖康之难"性暴力对宋代社会性别观的影响》,《史林》2020 年第 1 期,第 32—42、219 页。

其个性,正如成人的彻底性别区隔不可能完成一样,男女童也永远会一起游戏,不管其形象是否被描绘。

附表　婴戏图儿童性别一览表

序号	朝代	作者及图名	出　　处	简单描述
1	唐	无款　双童图　绢设色	《中国古代书画图目》第18册第264页新1—16条,笔者于新疆博物馆摄。	二着背带裤男童立于草地上,一抱小狗。
2	唐	无款　新疆吐峪沟出土童子飞天画片　绢设色	《中国古代书画图目》第16册第29页辽5-024。	一裸体男孩在云上飞。
3	唐	传周昉　麟趾图　卷绢　设色	国立故宫博物院编辑委员会《婴戏图》第6—9页图1。说明谓应属后世摹本,宋浴婴图出此。	现存部分可见十五男童在宫中生活,另绘仕女、宫婢、内侍等。
4	宋	佚名　仿周文矩宫中图	《宋画全集》6卷6册图19,6卷2册第29、32、93页图5。	前者一妇带一女童;后者中三妇逗一男童,童车载二女童,卷末二女童逗狗。
5	佚名　庭院婴戏图原传周文矩作,现作明摹			美赛克勒博物馆(The Arthur M. Sackler Gallery)官网。	六男童一女童看院中浴盆及打闹。
1	宋	佚名　浴婴图　页绢　设色	《宋画全集》6卷6册第45页图12。说明谓或为五代图。	仿《麟趾图》,一仕女看二宫婢浴三男婴,一女婴扑入母怀。
2	宋	传苏汉臣　货郎图轴绢　设色	《故宫书画图录》第2册第85—86页。	二货郎前拉后推一车,四周十六男童在嬉戏打闹。
3	宋	传苏汉臣　货郎图轴绢　设色	《故宫书画图录》第2册第73页。	一货郎推车,六男童围车打闹。
4	宋	传苏汉臣　戏婴图轴纸　设色	《故宫书画图录》第2册第79页。	一男童骑羊持鸟笼,一男童牵羊。
5	宋	传苏汉臣　秋庭戏婴图轴绢　设色	《故宫书画图录》第2册第69—70页;《婴戏图》第19页图9,是书谓应为后世托名作。	三男童正在院中玩蟋蟀。
6	宋	传苏汉臣　杂技戏孩册绢　色	《婴戏图》第15页图6。	一杂技艺人,身上挂满乐器道具,二男童好奇观看。
7	宋	传苏汉臣　开泰图轴绢　设色	《故宫书画图录》第2册第75页。	一男童骑羊,周围数十只羊。

续　表

序号	朝代	作者及图名	出　　处	简单描述
8	宋	苏汉臣　婴戏图 页 绢　设色	《中国古代书画图目》第9册第16页津7-0020，天津博物馆官网有图。	二男童在花丛中扑蝶。唯一有苏汉臣名款者。
9	宋	传苏汉臣　灌佛戏婴 轴绢色	《故宫书画图录》第2册第87页；《婴戏图》第16页图7。	四男童或端花或灌佛像或作拜佛状。
10	宋	传苏汉臣　婴戏图 绢　设色	《宋画全集》6卷1册第147页图12；高居翰数字图书馆题同乐图。	二男童趴地上玩推枣磨，其中一童光腚。
11	宋	传苏焯　端阳戏婴图 轴绢色	《故宫书画图录》第2册第89页；《婴戏图》第23页图12。	一男童一手持石榴一手持蟾蜍，二男幼童作惊恐状。
12	宋	钱选　三元送喜轴 绢　设色	《故宫书画图录》第2册257页。	三男童正在观画。
13	宋	佚名　子孙和合图 轴绢设色	《故宫书画图录》第3册257页；《婴戏图》第27页图15。	院中荷花一盘，四男童玩水运船。
14	宋	佚名　岁岁平安图 轴绢设色	《故宫书画图录》第3册243页。	院中梅花盛开，二男童正饰鹌鹑。
15	宋	佚名　货郎图　轴 绢　设色	《故宫书画图录》第3册177页。	货郎看管货车，六男童围车嬉戏。
16	宋	佚名　小庭婴戏图 绢本　设色	《中国古代书画图目》第19册第139京1-411；《宋画全集》1卷7册第50页图156。	四男童在争夺棉花糖之类。
17	宋	佚名　狸奴婴戏图 页 绢 设色	《宋画全集》6卷1册第187页图35。	花丛中一男童于凉席上与三只猫戏耍。
18	宋	佚名　吉羊开泰图 轴绢设色	《故宫书画图录》第3册235页。	梅花下二男童与群羊。
19	宋	佚名　婴戏图　轴 绢　设色	《故宫书画图录》第3册273页。	四男童持钟馗像、乐器等合演傀儡戏。
20	宋	佚名　山羊图　轴 绢　设色	《故宫书画图录》第3册111页。	一男童骑山羊，周围有数只山羊。
21	宋	李嵩　货郎图	见北京故宫博物院官网，又《宋画全集》1卷4册第114页图55。	一货郎挑担而来，二农妇八男童四女童奔来。

序号	朝代	作者及图名	出　　处	简单描述
22	宋	李嵩　市担婴戏图	《婴戏图》第20页图10。	一货郎挑担,一农妇四男童一女童围拢。
23	宋	传李嵩　货郎图	《宋画全集》6卷4册第114页图27。	一货郎挑担,一农妇三男童一女童聚拢。
24	宋	传李嵩　货郎图	《宋画全集》6卷2册第50页图11。	一货郎挑担,五男童二女童奔来。
25	宋	传李嵩　骷髅幻戏图页绢　设色	《中国古代书画图目》第19册第125页京1-379,又见《宋画全集》1卷4册第126页图57。	一大骷髅操纵小骷髅,一妇喂乳,一少女,二男童观看。
26	宋	李嵩　岁朝图　轴绢　设色	《故宫书画图录》第2册第145页。	正月贵家贺岁,正厅贵客饮酒,一女童带七弟在院中嬉戏。
27	宋	苏汉臣　秋庭戏婴图轴绢　设色	《故宫书画图录》第2册第67页;《婴戏图》第10—11页图2。	姐弟俩于院中推枣磨为戏。
28	宋	传苏汉臣　重午戏婴图轴绢　设色	《故宫书画图录》第2册第65页。	共绘十八童,其中三女童,或搬桌或蹦跳。楼上成年男女向老妇行礼。
29	宋	传苏汉臣　婴戏图轴纸色	《故宫书画图录》第2册第77页;《婴戏图》第14页图5。	院内有八童嬉戏,二女童与一男婴于榻上,男童玩陀螺或装魁星为戏。
30	宋	钱选　货郎图　轴绢　设色	《故宫书画图录》第2册第259页。	一货郎挑担而来,三男童奔向货郎,一女童隐于官服成年男子身后。
31	宋	佚名　冬日婴戏图轴绢　设色	《故宫书画图录》第3册第101页;《婴戏图》第24—25页图13。	姐弟俩于院中逗猫。
32	宋	佚名　荷亭婴戏图页绢　设色	《宋画全集》6卷1册第186页图34。	亭中仕女与婢女哄一男童入睡,亭外五男二女童演杂剧。
33	宋	佚名　秋庭婴戏图页绢　设色	《中国古代书画图目》第19册第152页京1-476;《宋画全集》1卷7册第49页图155。	于太湖石旁一女童与一男童争夺红缨枪,一女婴拾一枪欲走。
34	宋	佚名　蕉荫击球图页绢　设色	《中国古代书画图目》第19册第165页京1-539;《宋画全集》1卷7册第52页图158。	假山芭蕉旁二男儿击球,母女在旁观看。

序号	朝代	作者及图名	出　　处	简单描述
35	宋	佚名　蕉石婴戏图页绢　设色	《中国古代书画图目》第19册第167页京1-546,宋画全集1卷7册第51页图157。	十五名男女童分组玩耍,三女童分别参与傀儡戏与斗虫游戏。
36	宋	佚名　扑枣图轴绢　设色	《故宫书画图录》第3册第99页;《婴戏图》第26页图14。	五女二男童围着枣树扑打采摘。
37	宋	佚名　百子图　绢本设色	《宋画全集》6卷2册第98页图29,美克利夫兰艺术博物馆官网,曰作者为苏汉臣。	一百名男女童在分组表演杂剧,二十名女童在演奏乐器或跳舞。
38	宋	传苏汉臣　百子嬉春图　页　绢　设色	故宫博物院院官网,文物号00006151-4/10;《宋画全集》1卷7册第47页图154。	一百男童分组游戏,或习琴棋书画,或折桂赏花,或拜佛演戏。
39	宋	传　苏汉臣　长春百子图　卷　绢　设色	《婴戏图》第16—18页图8,是书谓后世托名作。	一百男童于春夏秋冬游戏,荡秋千、踢球、斗蟋蟀、下棋等。
40	宋	明仇英临宋人画册之五	上海博物馆官网。	乡塾师令二男童念诵,四男童指看窗外,母亲拖一男童入校。
41	宋	明仇英临宋人画册之六	上海博物馆官网。	塾师昼眠,七男童淘气嬉戏,仅一男童写字。
42	宋	明仇英临宋人画册之七	上海博物馆官网。	一女婢为一男童洗浴,一女童扑进仕女怀。
43	宋	明仇英临宋人画册之四	上海博物馆官网。	三女童在院中搭木架框幕演影戏。
44	宋	明仇英临宋人画册之三	上海博物馆官网。	二男童一女童或坐或趴于席戏虫。
45	宋	明人摹苏汉臣货郎图轴,绢本设色	山东省博物馆官网。	货郎看管货车,四男童扛一巨瓜,一男童拍手,二男童购物。
1		无款婴戏图　轴绢设色　　目录	《中国古代书画图目》第1册第55页京3-051记作明;中国美术馆官网有图,谓创作年代不详。	绘儿童三十人,三女童分别参与击球、捉迷藏、扑蝶,一坐于席上。
2	元	佚名　戏婴图　轴绢　设色	《故宫书画图录》第5册第205页。	一男童骑山羊。与宋《山羊图》构图、人物同。

续　表

序号	朝代	作者及图名	出　　　处	简单描述
3	元	佚名　同胞一气图　轴绢　设色	《故宫书画图录》第5册第207页;《婴戏图》第28—29页图16,是书疑为明作。	三男童在炉上烤包子,一男童在玩耍。
4	元	佚名　夏景戏婴　轴绢　设色	《故宫书画图录》第5册第339页;《婴戏图》第30页图17。	七男童持荷榴、宫扇,或供钟馗或戏蟾。
5	元	佚名　秋景戏婴　轴绢　设色	《故宫书画图录》第5册第341页;《婴戏图》第31页图18。	四男童在采花、吃瓜,一女童逗兔一女童捧花。
6	元	佚名　冬景戏婴图　轴绢　设色	《故宫书画图录》第5册第343页。	一男童骑羊,一男童牵羊,一翁一妪护持。
7	元	佚名　春景货郎图　轴绢　设色	《故宫书画图录》第5册第203页。	货郎推销货物,一仕女领二少女在旁,车后似一婢。
8	明	计盛　货郎图　轴绢　设色	《中国古代书画图目》第20册第115页京1-1113。	一货郎整理货车,四男童车前持花玩。
9	明	吕文英　货郎婴戏图	李飞编《吉祥百子:中国传统婴戏图》,西泠印社出版社2007年第37页。	一货郎看车,四男童玩耍拿货。
10	明	周臣　闲看儿童捉柳花句意　轴绢设色	《婴戏图》第32页图19。	堂前柳下,一长者闲看三男童捉柳花。
11	明	吴世恩　教子图　轴绢　设色	《中国古代书画图目》第3册第113页沪1-0947。	母亲与一男童各抱竹简,与一抱竹简老妇相遇,应描绘孟母三迁。
12	明	仇英送子观音图　横幅纸墨笔	《中国古代书画图目》第3册第68页沪1-0826。	观音坐榻抱一男婴、另有五侍女及一男童。
13	明	传仇英　人物图　轴绢　设色	《婴戏图》第33页图20;是书谓此图恐为后人伪托。	院中巨树下十七男童读书、弹琴、嬉戏。
14	明	李麟　送子图　轴绫　墨　天启元年1621	《中国古代书画图目》第12册第136页沪11-054。	一道教男神将一男童递于母亲。
15	明	朱之蕃　课子图　轴纸	《中国古代书画图目》第3册第294页沪1-1432。	一士人坐椅上指书,一男童恭立。

序号	朝代	作者及图名	出　　处	简单描述
16	明	陈洪绶 婴戏图 轴 绢 设色	《中国古代书画图目》第11 册第 174 页浙 3-07。	一男童牵一有官员打扮人偶的小车。
17	明	陈洪绶　戏婴图	《清代婴戏图研究》第 60 页图 2-7。	四男童拜佛。
18	明	佚名　婴戏三星图	《吉祥百子：中国传统婴戏图》第 44 页。	九男童与三长者嬉戏。
19	明	佚名　春景货郎图 轴	故宫博物院官网　文物号新 00103853。	一中年货郎照看货车，二男童购物看货，二男童持花玩耍。
20	明	佚名　毕自严训子图轴 绢 设色	《中国古代书画图目》第 6 册第 200 页鲁 1-123。	老父坐椅显怒容，二男童恭侍于旁，题毕《式谷歌》"年近半百始诞育"。
21	明	佚名　货郎图 轴 绢 设色	《中国古代书画图目》第 1 册第 380 页有目无图，编京 2-289，中国国家博物馆官网有图。	一中年货郎看守货车，七男孩围车看货玩耍。
22	明	佚名　货郎图 绢 设色	《中国古代书画图目》第 1 册第 144 页京 9-063。	一老货郎挑担，五男童旁看。
23	明	佚名　婴戏图	《吉祥百子：中国传统婴戏图》第 41 页。	七仕女二婢领二十三男童在河上及船中嬉戏。
24	明	佚名　婴戏图	《吉祥百子：中国传统婴戏图》第 42 页。	老夫妇及五子媳看二十一男童嬉戏，举"连生三及"旗。
25	明	佚名　弥勒佛婴戏图	《吉祥百子：中国传统婴戏图》第 43 页。	九男童戏弥勒佛，一母牵一男童持莲来。
1	清	蓝瑛　蕉石戏婴图 轴 绢色 顺治十五年 1658	《中国古代书画图目》第 21 册第 236 页京 1-2764。	一仕女坐一婢立，一男童似在戏犬。
2	清	王朴　婴戏图 轴 绢设色　康熙十八年 1679	《中国古代书画图目》第 10 册第 238 页津 7-1772。	一仕女看六男童在院中捉迷藏，一婢持扇于后。
3	清	焦秉贞　婴戏图 屏 绢本 设色 康熙四十二年 1703 共六屏	湖北省博物馆官网。	分绘春夏秋冬景色，每屏绘十二—二十四男童写字、习武、游戏等，时有一二仕女，应缺两屏。

序号	朝代	作者及图名	出　　处	简单描述
4	清	焦秉贞　婴戏图轴	《吉祥百子:中国传统婴戏图》第76页。	五男童爬树采桑叶。
5	清	焦秉贞　百子团圆图册　16页	《吉祥百子:中国传统婴戏图》第57—72页。	每页绘六—七男童斗架、读书、堆大佛、放鞭炮、放风筝、演傩戏、举杆、送麒麟、骑木马、踢毽、戏木偶、迎状元、拖游龙等。六男童一女童扮老来娶妻,或女亦乔装。荡秋千图一女五男童。
6	清	焦秉贞　午瑞图6页	《吉祥百子:中国传统婴戏图》第73—75页。	四—六男童划船、扮嫁娶、扑枣、演傩戏、斗草、扮将军等。
7	清	冷枚　群儿戏罗汉图轴	黄卫霞《清代婴戏图研究》镇江:江苏大学出版社2016年,第62页图2-8。	六男童围绕罗汉嬉戏。
8	清	冷枚　婴戏图	《吉祥百子:中国传统婴戏图》第97页。	十八男童在河两岸翻筋斗等。
9	清	王树毂　报子图轴绢　设色　康熙五十八年1719	《中国古代书画图目》第18册第144页鄂3-127。	一仕女持笔砚引逗一男童。
10	清	王树毂　八子捡玩图轴绢　设色	《中国古代书画图目》第10册第66页津7-0972。	郭子仪坐榻,六成年男子收拾古玩,一少年男献宝,长子、二随从及三妇旁观。
11	清	金廷标　婴戏图	《吉祥百子:中国传统婴戏图》第98页。	五男童捉蝙蝠。与侯权太平景象十二屏捉蝙蝠图同。
12	清	金廷标　群婴斗草图轴	《清代婴戏图研究》第87页图2-26。	十男童在采草斗草。
13	清	金廷标　婴戏图轴纸　设色	《婴戏图》第34—35页图21。	一仕女偷看十二个男童在屋里玩打仗游戏。
14	清	金廷标　岁朝图轴纸本　设色	《婴戏图》第36—37页图22。	新年时节,十个男童拿着各种乐器在院内喧闹。
15	清	姚文瀚　婴戏图轴	《中国古代书画图目》第8册第253页津5-19。	白石栏杆旁四男童在戏蟾蜍。
16	清	姚文翰　岁朝欢庆图轴绢　设色	《婴戏图》第38—39页图23。	举家欢庆新年,有长者仕女等,十八名男童在院内奏乐嬉戏争食,无女童。

序号	朝代	作者及图名	出　　处	简单描述
17	清	金尊年　货郎图	《清代婴戏图研究》第29页图1-1。	一货郎挑担,四男童围绕嬉戏。
18	清	丁观鹏　照盆婴戏图轴　设色	故宫博物院官网　文物号00004791。	三男童指观盆中水影,一男童持扇自屏后出。
19	清	丁观鹏　二童庭戏图	《清代婴戏图研究》第74页图2-17。	二男童捕蝶。
20	清	丁观鹏　童子跳绳图	《清代婴戏图研究》第158页图3-14。	四男童跳绳。
21	清	禹之鼎　燕居课儿图卷　绢　设色	《中国古代书画图目》第5册第115页沪1-3322。	一士人坐椅于高桌展卷训诫,一男童跪于矮书案前。
22	清	周仪　婴戏图　轴绢　设色	《中国古代书画图目》第6册第327页苏20-097。	二男童饲鹌鹑。构图应借鉴宋婴戏岁岁平安之意。
23	清	许从龙　三羊婴戏图轴　设色	故宫博物院官网　文物号新00078367。	梅花树下一男童骑羊,前有二羊。
24	清	郑紫城　婴戏图　轴	《中国古代书画图目》第16册第15页辽3-12。	百男童在下棋、写字、折桂等。
25	清	虞沅　戏婴图　轴	《中国古代书画图目》第12册296页皖2-04。	一仕女领五男童,男童或持莲或吹笙。
26	清	沈振麟　婴戏图　轴	《中国古代书画图目》第23册第264页京1-6308。	三男童戏不倒翁。
27	清	王素　婴戏图　扇页	《中国古代书画图目》第23册第266页京1-6351。	一少男立竿于肘,母与三男童旁观。
28	清	王素　婴戏图　轴	《吉祥百子:中国传统婴戏图》第103页。	母驮一童举灯撑华盖,二童击鼓,三童似围桶玩雪,皆男童。
29	清	谢彬　婴戏图　轴	《中国古代书画图目》第13册第166页粤1-0381。	二男童在赏一瓷器。
30	清	黄慎　教子图　轴纸　色　雍正四年1726	《中国古代书画图目》第6册第265页苏11-066。	一老父坐椅令男童读书。
31	清	罗聘　得子图　轴绢　设色	《中国古代书画图目》第8册第149页晋1-164。	老父坐椅抱儿,母立于旁。题刘禹锡诗"雪里高山头白早,海中仙果子生迟"。
32	清	华嵒　婴戏图　十二开册纸　设色乾隆二年1737	《中国古代书画图目》第5册第172—174页沪1-3557,上海博物馆官网有堆雪人一图。	共十二幅图,每幅绘四—五个男孩,在出游、拖车、表演杂技、踢毽子、荡秋千、跳绳、打架、抛石戏、下棋、堆雪人、斗鸟、读书。

序号	朝代	作者及图名	出　　　处	简单描述
33	清	华嵒　村童闹学图轴 纸张 设色	《中国古代书画图目》第23册第110页京1-5358。	师隐几昼眠,三男童恶作剧,一男童读书,题曰"继起于今有后贤"。
34	清	华嵒　村童闹学图横幅	《清代婴戏图研究》第36页图1-5,藏上海博物馆。	师昼眠,三男童恶作剧,八男童嬉戏,二男童读书。
35	清	范润　八子拾玩图轴绢设色 乾隆十二年1747	《中国古代书画图目》第8册第167页津1-20。	题签曰郭子仪"八子七女""作八子拾玩图"。一长者持卷坐,一妇侍立,六青年男子正收拾古玩,右下角有二男童。
36	清	陈枚　婴戏图	《吉祥百子:中国传统婴戏图》第101页。	三男童采芝。
37	清	闵贞　婴戏图　轴纸　设色	《中国古代书画图目》第1册有目无图,编为京7-087;中央美术学院美术馆官网有图。	作者为人祝寿而作,绘老者抱小男童,将巧环递与大男童。
38	清	闵贞　八子观灯图	《吉祥百子:中国传统婴戏图》第50页。	八男童挤在一起看灯。
39	清	康涛　孟母教子图轴绢 色 乾隆二十八年1763	《中国古代书画图目》第23册第123页京1-5429。	孟母持剪正欲剪机上未织成布,孟子拱手立。
40	清	罗聘　婴戏图　轴绢 设色 乾隆三十七年1772	《中国古代书画图目》第5册第323页沪1-4074,上海博物馆官网有图。	三男童在地上玩虫,三男童旁观。
41	清	顾洛　奚冈儿童乐事图 轴 绢 色 乾隆五十九年1794	《中国古代书画图目》第11册第137页浙1-651。	十四名男童在放风筝、钓鱼、演社戏等。
42	清	顾洛　婴戏荷花图版画	《吉祥百子:中国传统婴戏图》第106页。	三男童戏缸中荷。
43	清	黄钺　和丰协象 册	《清代婴戏图研究》第223页图5-8,太平腊鼓。	五男童敲太平鼓为乐。
44	清	侯权　太平景象十二屏	苏钜亮编《清侯权太平景象十二屏》北京:文物出版社2006年版。解读谓应为乾隆后期至嘉庆年间的宫廷画。	绘三—十四名男童放爆竹、演傩戏、牵象车、抓蝙蝠、射箭、扮朝贺、跳加官、送三星、送财神、蹴鞠等,解读谓堆雪狮图包含父母、祖母、姐妹一家人;玩六博图有二婢。但总人数为百,似皆男童。

续　表

序号	朝代	作者及图名	出　　处	简单描述
45	清	沈庆兰　婴戏图	《清代婴戏图研究》第181页图3-27。	五男童于院中玩捉迷藏。
46	清	沈庆兰　五子登科图绢色	《吉祥百子:中国传统婴戏图》第102页。推枣磨二童服饰发式动作全同于宋《秋庭婴戏图》。	庭院中一仕女看护五童,似有二女童。
47	清	朱本　课子图轴纸墨笔　嘉庆十六年1811	《中国古代书画图目》第6册第272页苏12-60。	一仕女持书而读,二男童于旁写字。
48	清	刘彦冲　送子观音图轴纸色　道光二十五年1845	《中国古代书画图目》第5册第378页沪1-4405。	观音抱一男童于膝上。
49	清	胡锡珪　婴戏图轴光绪七年1881年	《中国古代书画图目》第8册第248页津4-27。	三男童观书画,二男童戏蟾蜍。
50	清	吴嘉猷　五子图轴纸设色　光绪九年1883	《中国古代书画图目》第1册第78页京3-224。	一仕女坐抱一幼男童,四男童于其膝下。
51	清	任颐　送子观音图轴绢设色　光绪九年1883	《中国古代书画图目》第10册第259页津7-1822。	站立观音怀抱一男婴。
52	清	钱慧安　四季童趣图册　4页	《吉祥百子:中国传统婴戏图》99—100页。	2—3男童捉柳花、游泳、斗蟋蟀、堆雪狮。
53	清	顾见龙　货郎图轴绢　设色	见清华大学艺术博物馆官网。题款谓曾见南宋李唐绘货郎图,注曰应为"李嵩"之误。	绘货郎、父亲与二男童一女童。图与钱选《货郎图》同。
54	清	陆恢《婴戏图》轴纸宣统元年	《中国古代书画图目》第12册第176页沪11-572。	二男童饲鹌鹑。人物动作服装等与周仪《婴戏图》全同。
55	清	王云　钟馗戏婴图轴绢　设色	《中国古代书画图目》第11册第279页浙33-05。	钟馗看三男童玩雀。
56	清	佚名　蹴鞠	《清代婴戏图研究》第133页图3-2。	六男童在冰上蹴鞠。
57	清	佚名　婴戏图　戏荷	《清代婴戏图研究》第93页图2-30。	五男童在河中采荷叶。
58	清	佚名　斗蟋蟀图	《清代婴戏图研究》第69页图2-14。	五男童于树下斗蟋蟀。

续　表

序号	朝代	作者及图名	出　　处	简单描述
59	清	佚名　婴戏图	《清代婴戏图研究》第167页图3-20。	一男童执旗及七层拨浪鼓,三男童及一女童执马鞭,竹马有马身马尾,一男着狄服,一男着汉官服,疑演昭君出塞。
60	清	佚名　夏景货郎图轴　绢	《中国古代书画图目》第23册第331页京1-6757。	货郎持壶似斟茶,二仕女在右,一女童捧盘盏,一男童仰头看。
61	清	佚名　升平乐事　册绢　设色	《婴戏图》42—45页图25,共12幅展示4幅。是书谓应为清宫供奉画家之作。《清代婴戏图研究》第225页图5-10。	每幅图绘数个男童在放鞭炮、玩灯、射箭、放风筝等,有一二较大女孩伴母观看。一男童演钟馗,三男童打击乐器,母带一儿一女看。
62	清	佚名　灯辉绮节　册绢　设色	《婴戏图》46—47页图26,是书谓应为清宫供奉画家之作。	六男童在院中舞狮,一女童与母亲、姐姐在廊上看。

作者简介:

程郁,女,上海师范大学人文学院教授,主要从事中国宋代妇女史研究。

"圣女""英雄"与"爱国者"：
贞德多重形象在近代中国的交织

陈 兴

摘 要：贞德是 15 世纪法国的伟大女性，她笃信宗教，热爱祖国。19 世纪中后期，欧洲传教士和日本历史学家将贞德的事迹介绍入中文世界。20 世纪初，在救亡运动和女权运动的浪潮中，贞德逐渐为中国人所熟悉，被奉为爱国女性的典范。1920 年后，伴随贞德被封为"圣人"，天主教徒和部分新教徒积极塑造她虔诚信仰的一面；主流思潮则坚持世俗化取向，抵制宗教性解读。抗日战争时期，有感于民族危机加深，包括宗教界在内的社会各界，积极宣传贞德的爱国事迹，动员全国人民、尤其是女性同胞团结抗日。此外，视贞德为代表平民的"阶级英雄"的观点，在新中国成立后一度流行。上述不同话语体系的交织与互动，共同构成了贞德丰富多元的形象。

关键词：贞德；女性人物；历史书写；爱国主义；基督教

导 言

贞德（Jeanne d'Arc，1412—1431）是百年战争时期的法国抗英领袖，在法兰西民族国家形成过程中具有重要的历史地位，是法国民族主义和爱国主义精神的代表之一。同时代的法国人多称其为奥尔良的少女（La Pucelle d'Orleans），自 1920 年被罗马教廷"封圣"之后，中文世界习惯称呼她为"圣女贞德"。这位传奇女性有许多中文译名："d'Arc"可以译作达克，"Jeanne"则有让、朱、若安、若晏、如安等，还有意译与音译结合的"圣弓扬"（"弓"是 Arc 的意译，"扬"是 Jeanne 的音译）。[①]

目前，中国学者对贞德生平的学术研究较少，相关研究多集中于西方文艺作品对贞德的描写，尤以对萧伯纳《圣女贞德》的讨论最为热烈。[②]关于贞德形象的在华

---

① 小可：《造成法国大一统之圣弓扬女杰》，《时报》1929 年 5 月 30 日，第 3 版。

② 张红：《从"女巫"到"圣女"——贞德形象的塑造》，硕士学位论文，东北师范大学 2012 年；卢暖：《穿越历史的圣女：论"贞德剧"与戏剧的历史化问题》，人民出版社，2019 年。

传播，则主要聚焦于戊戌到辛亥时期，其他时段对其关注较少：在对近代中国视野下西方女性形象的整体研究中有片段提及；①俞旦初专门论述了20世纪初社会舆论利用贞德事迹进行爱国主义教育的情况，受限于时代和资料，部分判断并不准确；②唐欣玉聚焦晚清《世界十女杰》的译介过程，认为译者出于反专制、反宗教的目的而对贞德"弃而不用"。③本文将按照时间顺序，对鸦片战争前夕到新中国成立后，中文世界里的贞德形象进行概括性介绍，并分析其中蕴含的多元价值取向，特别是"爱国女杰"的符号化表达，以及宗教与世俗化两种解读之间的互动。

一、19 世纪的西史东渐与贞德初现

前人通常将对贞德的介绍置于清末救亡图存时代背景下考察，视之为来自东洋的、集爱国主义与女性主义为一体的思想资源。而从"西史东渐"的角度看，在漫长的19世纪里，贞德这一人物已经通过西方传教士被介绍到东方。出于传播基督信仰的目的，传教士介绍的域外历史知识或多或少的存在神学色彩。④不过，传教士也并非思想主张和历史认识完全同质化的一个整体，不同国别、教派的传教士，对待这位法国天主教徒的态度也各有侧重。

普鲁士新教传教士郭实腊（Gützlaff）可能是最早将贞德引入中文世界的人。1835年，他主编《东西洋考每月统记传》，译载英国伦敦会传教士麦都思（Medhurst）的《东西史记和合》，其中首次提及贞德。由于麦都思站在祖国英国的视角，所以只是将贞德一笔带过，甚至没有提到名字：与明宣宗（1425—1435）同时代的英王亨利六世（1422—1461、1470—1471），"幼而懦弱，升位未久，在法兰西国战敌不利，男兵为女人所胜"。⑤1837年，《东西洋考每月统记传》连载《法兰西国志略》，正式从法兰西的主场视角介绍贞德力挽狂澜于即倒的事迹，但依旧没有提及她的名字：

> 至国临危殆之时，忽有童女提拔精神，高兴大作，苦劝庶民效死打仗也。于
> 是民人加胆，同心协力，一面征其国敌，一面四方驱逐之也。王即合诸侯，加武

---

① 夏晓虹：《晚清文人妇女观》，作家出版社，1995年，第105—106页；李奇志：《清末民初思想和文学中的"英雌"话语》，湖北教育出版社，2006年；Joan Judge, "A Translocal Technology of the Self: Biographies of World Heroines and the Chinese Woman Question", *Journal of Women's History*, Vol. 21, No.4(2009), pp.59—83。

② 俞旦初：《法国民族英雄贞德与中国近代的爱国主义历史教育——纪念贞德英勇就义五百五十五周年》，《世界历史》1986年第1期。

③ 唐欣玉：《被建构的西方女杰：〈世界十女杰〉在晚清》，四川大学出版社，2013年，第85—96页。

④ 邹振环：《西方传教士与晚清西史东渐：以1815至1900西方历史译者的传播与影响为中心》，上海古籍出版社，2007年。

⑤ 《东西史记和合·明纪—英吉利哪耳慢朝》，爱汉者编，黄时鉴整理：《东西洋考每月统记传》道光乙未年（1835）五月，中华书局，1997年，第173页。

之力,愈增兵士矣。①

次年,郭实腊汇编西洋各国史著而成《古今万国纲鉴》一书,其第11卷《荷兰西国之史》也记载:在法国国难之际,"忽有闺女穿甲戴盔,对垒交锋,败敌国乎。称赞上帝,凯旋焉",虽然不幸被俘牺牲,但法国民众受到感召,"怒气冲天,愿比死者一洒之",终于驱赶走英国侵略者。②

第一篇以贞德为主人公的中文传记应是1855年刊载于《遐迩贯珍》的《佛郎西国烈女若晏记略》。③《记略》篇幅超过两千字,以类似《东西史记合和》的双边时间轴开场,"昔明惠帝至宣宗时,欧罗巴大洲英与佛郎西历年构兵,佛郎西军屡败",介绍法国的危机时刻,引出具体人物。在这里,贞德除了被赋予"事亲孝谨""针黹颇佳""仁慈贞节""庄敬自持""宽裕驯良"等中国读者熟悉、形容传统淑女的词汇,还平添许多类似花木兰的英武之气:"时或驰马试剑,旁观者莫不称其为武艺中人也。"在军事方面,贞德短暂、辉煌而悲壮的一生得到详细描写,"以一柔弱女子,崛起陇亩之中,战必胜,攻必取,名振一时,负此英气,可谓壮哉"。

而在宗教信仰方面,贞德从小虔诚的一面也被着力刻画,比如她从小"常诣殿堂,求祭司者告解已罪",甚至在牧羊途中,"一闻礼拜钟鸣,急跪羊中祈祷"。但是,作者既没有将贞德的信仰活动神圣化(即否认存在"天使降临"之事),也没有把那些举动视作诓骗世人的行为,而是给予一种符合世俗理性和正义感的解读:她"逢国家危险,不忍生民涂炭,故欲为拯救,而力恐未逮",在思考如何救国时,"心神仿佛,料以为天使之命已也",至于所谓天使降临,"或是自欺,未必故意欺人也"。

作为贞德的对立面,法国统治者和英国侵略者都遭到猛烈抨击。作者抨击查理七世见死不救,"可谓忘恩极矣"。在传统君主制国家的政治伦理中,"忠君"与"爱国"通常是一体的。15世纪的贞德,对于法王的忠诚,即是"爱国"的表现之一。19世纪的西方传教士,在经历大革命的思想洗礼之后,已经很少谈及贞德的"忠君"。英国侵略者的行为同样是卑劣的,不但法官没有"宽大之恩",天主教神学家也"谓罪在不赦,皆议焚之,如焚巫术然"。《遐迩贯珍》时任主编是伦敦会传教士、汉学家理雅各(James Legge),这里可能隐含着一个新教徒对天主教神权统治的不满。

总的来说,在新教传教士的笔下,贞德的伟大在于她忧国忧民、能征善战,在至暗时刻给予法国民众以希望,使祖国免于灭亡,她固然是一个虔诚的天主教徒,但信仰与她的成就并没有直接联系,她的"圣徒"色彩并不强烈,所谓"神谕""天助"不过是

---

① 爱汉者编,黄时鉴整理:《东西洋考每月统记传》道光丁酉年(1837)十一月,第293页。
② 郭实腊:《古今万国纲鉴》卷11《荷兰西国之史》,新加坡:坚夏书院,道光十八年(1838),第54页。
③ 《佛郎西国烈女若晏记略》(*History of Joan of Arc*),《遐迩贯珍》1855年第3卷第5期,第1—3页。

贞德的幻想，绝非事实。相反，最能彰显贞德虔诚信仰天主教的一幕，还是中国人在汇编文献时的错讹所致。前述《东西洋考每月统记传》连载《法兰西国志略》，在叙述完百年战争后，接着介绍法国排斥新教的宗教政策，两者之间用"○"符号分隔；而《海国图志》引《东西洋考每月统记传》时，将两段视为一段，又将呼吁捕杀新教徒的天主教"贤士"误作"贤女"，令15世纪的贞德成为16世纪法国宗教斗争的主人公之一。①

到19世纪后期，随着日本逐渐"文明开化"，除了原有的"西史东渐"之路外，"西史"也通过日本这一中介传入中国。明治早期，日本知识界也了解到贞德的事迹。②诸如《佛国女杰如安贤传》这类的传记也在随后面世。③同时代的中国人大概没有听说过上述作品，他们最熟悉的东洋学者撰写的西洋史著作，可能是冈本监辅的《万国史记》，其中第10卷《法兰西记》详细介绍"处女若安亚尔格"的故事。她"心思英敏，自幼崇神诵经，能惠乞儿贫民，目击本国危难，不堪愤怒"；在战场上"跨白马，出面兵士，铁甲燦然，右手握长剑，左手执神旗，提孤军过敌阵"，击退英军，解阿连斯城（奥尔良）之围；最终不幸被英国人焚杀，法国人则永远铭记着她，"其功传不朽"。④

上述来自不同渠道的西洋史著，为贞德在成为近代中国人熟悉的西方女性形象，提供了基础性的知识资源。在译介西史的过程中，西方传教士发挥了关键性的作用。不过，当甲午以后，觉醒的中国知识界越来越自觉地承担起介绍西史的任务时，人数有限的传教士反而被排挤到了边缘位置。

二、清末贞德"爱国女杰"形象的生成

曾有学者认为，梁启超1899年发表的《爱国论》是近代中国最早提及贞德的作品，其中称："法国距今四百年前，有一牧羊之田妇，独力一言以攘强敌，使法国脱外国之羁辖。"⑤在此之前，谭嗣同也提及贞德往事："若安以一女子复其国，夫固法之已事矣。"⑥现在看来，谭、梁的只言片语都难称"最早"。比梁、谭早二十余年的王韬《法国奇女子传》，才是现存最早详细介绍贞德事迹的中国人的作品，⑦收入该文的《瓮牖馀谈》早在同治十二年（1874）已经问世。而后，王韬在《重订法国史略》时，

① 爱汉者编，黄时鉴整理：《东西洋考每月统记传》道光丁酉年（1837）十一月，第293页；魏源：《海国图志》卷41《大西洋·佛兰西国沿革》引《每月统计传》，岳麓书社，1998年，第1203页。
② 西村茂树编：《校正万国史略》卷6"第十三法兰西史"，明治十年（1877），第51b—52b页。
③ 朝仓禾积编，新宫魏校阅：《自由的新花：仏国女傑如安实伝》，东京：丁卯堂，明治十九年（1886）。
④ 冈本监辅：《万国史记》卷10《法兰西记》，明治十二年（1879），第3b—4b页。
⑤ 哀时客（梁启超）：《爱国论》，《清议报》1899年第7期，第384页。
⑥ 谭嗣同：《仁学》，收入《谭嗣同集》，岳麓书社，2012年，第375页。
⑦ 王韬自述，其所作贞德传记，主要参考蒋剑人所撰的《海外三异人传》之一，并"据西史别本为之增损六七"，但蒋氏原著已经遗失。王韬著，陈成国点校：《瀛壖杂志瓮牖馀谈》卷2《法国奇女子传》，岳麓书社，1988年，第52页。

又在《法国奇女子传》基础上编写《烈女若安复法国》《法国奇女子若安传》等文。从资料的角度,王韬有明显摘编前代史著的痕迹,并没有提供更多信息;但是,他是较早发掘贞德作为"女性"的身份价值的人之一。在《法国奇女子若安传》结尾,王韬说:

> 若安提孤军,全名城,立屏王,存亡国,诚使男子作事如此,顾不伟欤?……求之前史,不特女子无其人,即男儿亦不可多得。斯世须眉诚有愧于巾帼哉!①

此前的西方传教士和日本学者,固然不会忽略贞德的女性身份,但是在他们的笔下,这一性别特色淹没在"爱国"或"虔诚"的主题中,如果将贞德视为男性,她(他)的历史或宗教价值并不会发生变化;同时,这一人物也只具有单纯的历史性,现实意义尚未得到开发,作为15世纪的伟大女性贞德,并没有被定义为19世纪女性可以效法的榜样。王韬的文本则从上述角度将贞德的现实价值从历史叙述中"发掘"出来。不过,受限于时代因素,王韬笔下的贞德与传统女杰相比,并没有明显质变,流传范围也很有限。

时间来到19世纪末20世纪初,相比于王韬所处的洋务时代,"亡国灭种"已然成为迫在眉睫的现实危机,中国的启蒙知识分子动员"全体国民"参与救亡运动的迫切性激增。在传统社会被边缘化的半数"女性国民",其社会价值亟待肯定。知识界需要树立若干"女性伟人"的典型,用于彰显女性的崇高价值,并鼓舞广大女性以此为目标,奋发向上。

因此,在近代救亡运动与女权运动交织兴起的背景下,基于中法两国历史形势的相似性,以大批人物传记为主要载体,作为"英雌"代表的贞德事迹广泛涌入中国人的视野。冯自由编译(署名"热诚爱国人")的《女子救国美谈》是其中的代表作。它开创了自带正面倾向的新式译名"贞德",这成为迄今最常见的中文名称。②《女子救国美谈》正文分七回,写到贞德守卫阿里安城(奥尔良)便戛然而止,没有涉及此后的悲剧历史。全文有六千余字,比起此前流传的种种作品,内容已有极大充实。除了增加许多文学性的修饰以提升美感外,冯自由还原创了许多意涵丰富的情节。从性别取向方面,冯自由沿着王韬的思路,进一步强化对贞德"女性"归属的书写。开场诗即称:"红粉丛中一伟人,芳名脍炙几千春。可怜巾帼英雄女,玉碎珠沉为国民。"③而后又专门设计了许多体现女性被男性压制、呼吁男女平等的情节,批评社

---

① 王韬:《重订法国史略》卷4《烈女若安复法国·附法国奇女子若安传》,淞隐庐刻本,1890年,第12a—12b页。

② 唐欣玉:《被建构的西方女杰:〈世界十女杰〉在晚清》,第90—91页。

③ 热诚爱国人(冯自由)编译:《女子救国美谈》,新民社,1902年,第1a页。

会上歧视女性的固有观念，强调女性也可以与男性一样，肩负起挽救国家的责任。比如一些村民"赞美"贞德，说她"若是个男子，便可替国家办些大事业出来"，贞德听后，不平地说：

> 难道男子才可以替国家做事，女子便不替国家做事么。天生男女，同具五官，同赋性情，本来都是平等的。若是分这多界限，天又何必生女子出来呢？①

又如，贞德从军前与父母关于"国民责任"和传统"贞洁""孝顺"观念的辩论。父母认为打仗是男子的事情，不应由女子去做，女子从军，"一旦失机，被人侮辱，岂不把我家门数代的德行都丢了么？"，贞德则反驳道："女儿虽是女子，难道就不是法国的人民么？既是法国的人民，这便要尽国民的责任了，何能坐视国家有难，而不救呢？"②

在一些细节的描绘上，冯自由也进行了有趣的创作。例如，就史实而言，贞德的文化素质有限。在中世纪的神学观念中，世俗知识的匮乏往往与宗教信仰的深刻相联系，"无知"就是"美德"。19世纪的贞德传记延续着这类记载，如"诗书文字，非其所长，只解口诵祈祷文及圣理约交而已"（《遐迩贯珍》），"不知礼书，而心思敏捷，自幼崇神诵经"（《万国史记》，王韬基本复制）。然而，在近代女权运动中，"女子无才便是德"的观点遭到猛烈抨击，重视女子教育、缔造"智慧女国民"被积极倡导。于是，原本"无知"的贞德被冯自由改写为："天性聪明，颖悟无比，凡父母教她怎么，她一听便会，过目不忘，好读奇书，勤于学问。"③又如，在写作人物读白时，冯自由经常使用"妾"作为贞德的自称，这种常见于传统小说中、明显贬低女性的称谓，可能并非是习惯使然，而是刻意为之，以激起读者对这个字眼的厌恶。④

相比于传统价值观侧重女性"淑德"的一面，贞德为杰出女性阵营中增添了"勇武"的一笔。《妇女时报》上一篇鼓励女子从戎的社论，即以贞德为最佳范例，认为"世上女子，端以吾法兰西人魄力最伟""尤足为吾女界光者，莫如贞德，实一天生之女军人，碌碌余子，何足指数"。⑤而且，就像西方人称花木兰为"中国的贞德"，⑥中国

---

① 热诚爱国人编译：《女子救国美谈》，第1b页。

② 热诚爱国人编译：《女子救国美谈》，第5b—6a页。

③ 热诚爱国人编译：《女子救国美谈》，第1a—1b页。

④ 一篇发表于《中国新女界杂志》上的贞德传记，也几乎铺天盖地使用"妾"的称谓，是贞德觐见法王时的自述典型，短短125个字里，有6个"妾"和1个"贱女"的自称。梅铸：《法国救亡女杰若安传》，《中国新女界杂志》1907年第3期，第16页。

⑤ 侠花：《女子当从戎乎》，《妇女时报》1913年第11期，第26页。

⑥ 丁韪良创作的花木兰题材诗歌，标题是《木兰：一位中国的贞德》。W. A. P. Martin, "Mulan, A Chinese Joan of Arc", *The Siege in Peking：China Against the World*, F. H. Revell Co., 1900, pp.172—173。

人也习惯性地将贞德称作"外国的花木兰"。在与花木兰等中国古代"巾帼英雄"并举的过程中,贞德这位西方女豪杰甚至在中国受到更高的推崇,不少人认为:花木兰为"小家"而战,贞德则是为"国家"而战,并扭转亡国命运,格局、气魄较前者更胜一筹。胡适就称赞贞德比花木兰高出百倍,堪称"世界第一女杰"。①

在讨论贞德的性别属性时,还需要留意相关男性角色的描写。在描写贞德的文字中,天然带有批判男性角色的内容,但是之前的传教士对此并不在意。晚清文人为了颠覆自古以来轻视女性的叙述传统,时常以刻画男性的庸碌懦弱,反衬女性的"雄强之美"。②在王韬等人有意识地发掘"女性身份"之后,这种对庸碌男性的批判更加强烈。任何作者在介绍贞德崛起的时代背景时,几乎必然会谈及法国的屡战屡败,进而批评以查理七世为代表的男性人物,乃至延伸到对现实世界中男性的批评:"将来祖国有难,男子无胆,弗能御敌,则吾辈女子当步贞德后尘。"③

对于贞德爱国精神的阐发同样更加丰富。在当时人看来,爱国与性别因素是相互成就的:贞德的"女杰"身份主要来自于她对祖国的热爱,而她的女性身份,又使得这份爱国情怀弥足珍贵。由于谈论贞德的主流话语通常反对君主专制,所以她身上的"忠君"因素被自然过滤,④留下的是对"国土""国民"的热爱。冯自由创作的贞德在阿里安的救国演说,其实更是为同时代的中国人民所写:

> 我法国同胞国民,有志诸君,都想知道国家怎样的颓弱危亡了,都想知道人民怎样的流离辛苦了。试披览法国的地图,今日还有甚土地,是法国的呢? ……故妾今日有一最要之问题质问于诸君,诸君是愿为独立不羁之国民,抑甘为卑贱无耻的奴隶呢?⑤

到全书末尾,冯自由干脆直接将中国的现实危局摆出:

> 看后来法国恢复故业,民权大昌,算地球上一个强国,后人哪个不想贞德么,哪个不爱敬贞德? 看官再想想,我们中国,到底是算个国不算个国呢? 有这种人否呢? 唉! 税关被人夺了,口岸被人开了,铁路被人筑了。种种的利益,任人取了;样样的权限,任人夺了。⑥

---

① 胡适之:《贞德传》,《竞业旬报》1908 年第 27 期,第 6 页。
② 李贞玉:《清末民初的"善女子"想象》,南开大学出版社,2016 年,第 151 页。
③ 侠花:《女子当从戎乎?》,第 26 页。
④ 唐欣玉:《被建构的西方女杰:〈世界十女杰〉在晚清》,第 88、93—95 页。
⑤ 热诚爱国人编译:《女子救国美谈》,第 11a—11b 页。
⑥ 热诚爱国人编译:《女子救国美谈》,第 13a—13b 页。

胡适也热切地呼唤:中国如今遭受列强环伺,比当年的法国还要危急十倍,希望可以涌现出成百上千个贞德来拯救国家。①

这些人物传记,在此前西洋史著作的基础上,将贞德单独抽出,以"爱国女杰"的形象专门介绍给国人,使其知名度进一步提升,影响力随之扩大。乘着20世纪初的时代浪潮,在短短数年内,贞德已经成为很多中国进步人士(不限男女)津津乐道的"新女性"榜样之一。丁初我所作《新女诫》,以世界各国杰出女性的英勇事迹、名言警句作为榜样,其中贞德一人独占四条,数量位居众人之首。②秋瑾把如安(即贞德)视为全国女同胞效法的"自由舞台之女杰、女英雄、女豪杰"。③金天翮在《女界钟》里同样列举古今中外的优秀女性,称贞德等"善女子"为"我女子之师"。④

三、民国时期贞德形象的定型和利用

经过清末十余年的宣传,贞德已经成为中国新知识群体、特别是新知识女性熟悉的历史人物,她作为"爱国女杰"的基本形象已经固定,成为人们常用的女性主义、爱国主义宣传的思想资源。1915年,陈独秀在《青年杂志》发表《欧洲七女杰》,以驳斥"男子轻视女流,每借口于女子智能之薄弱"的现象,其中对"法兰西爱国者"贞德的介绍已经定型,与今人的理解基本一致。⑤

在崇尚贞德的背景下,一些不适合时代需要、不符合公众预期的文本遭到修改。莎士比亚的戏剧《亨利六世》,是支持英国、抹黑贞德的代表作,其中频繁称她作"妓女""荡妇""女巫"。梁实秋就说:"近代观众所最感觉不快的当是关于 Joan of Arc 的歪曲描写。"⑥民国初年,译者林纾、陈家麟便竭力纠正原作的偏见,凸显昭安(贞德)作为"救国英雄"的人物定位,几乎将原作中的负面人物完全改写成正面人物。比如,原作中贞德的"爱国"是由本人亲口表达出来的(例如贞德劝告勃艮第公爵),基于整体的负面评价,这些话显得相当虚假,译作则通过旁白展现贞德的忧国忧民,去除了语言的虚伪性。另,原作里抹黑贞德的情节比比皆是,例如她召唤幽灵作战、试图挽回败局;在接受火刑前,为了保命而谎称自己是孕妇,但搞不清楚孩子的父亲是谁,莎翁试图通过这些内容,坐实贞德是"女巫"和"娼妇",这些都被中译者删除。相反,林纾描写的贞德临刑场景,不仅是慷慨赴死的基调,而且新增了敌人(英国士兵)给出的"此女决非邪教"的论断。⑦林译文学作品一向存在不符合原文的地方,但是

---

① 胡适之:《贞德传》,第5—17页。
② 丁初我:《新女诫》,《女子世界》1904年第4期,第5—8页。
③ 秋瑾:《精卫石·序》,《秋瑾集》,上海古籍出版社,1991年,第122页。
④ 金天翮著,陈雁编校:《女界钟》,上海古籍出版社,2003年,第82—83页。
⑤ 陈独秀:《欧洲七女杰》,《青年杂志》1915年第1卷第3期,第66—67页。
⑥ 莎士比亚:《莎士比亚全集》第5集《亨利六世》,梁实秋译,中国广播电视出版社,1995年,第7页。
⑦ 莎士比亚:《亨利第六遗事》,林纾、陈家麟译,商务印书馆,1916年,第51—52页。

这样颠覆性的改译还是颇具特色,从中可见民初贞德作为"爱国女杰"形象之稳固。

还有一些事例,可以从侧面反映"贞德"正面形象在当时的流行情况。在民国初年的一部小说中,作者借书中人之口表达对自诩"英雌"者的不满:

> 彼夫青年女子一入学校,……眼高于顶,耳食女史一二语,便自矜为女中杰,文则曹大家,武则花木兰、罗兰、贞德、琼英达克,声声以平权为主,满口英雌压倒一切。孰知其金玉其外,败絮其中者哉。①

贞德、琼英达克实为同一人,只是译名不同,不知是作者因无知而混淆,还是刻意混淆两者,以讽刺有些人只知其名、不知其实。

五四以后,国际、国内两重环境的变化,促使贞德的影响力继续扩大。所谓国际环境,是指一战以后欧洲对贞德的纪念活动大幅升温,其影响跨越国界,波及中国。1920 年,贞德被罗马教廷封为"圣人",随后法国政府宣布每年 5 月的第 2 个周日为"贞德日",5 月 8 日(奥尔良城解放日)为官方假日。法国在华侨民每年都会举行纪念贞德的活动,这在客观上增进了中国人对贞德的了解。1926 年,法国电影《狼之奇迹》(Le Miracle Des Coups)被引入中国,评论员特别声明,影片女主角虽然也名为贞德,但"此贞德非彼贞德",并提到了古代贞德在法国家喻户晓:"其行述事迹,早已遍载诸世界历史课本,法兰西之文学界,且咏为诗歌、编为传奇,剧本艺术界,则为之图丹青、雕塑像,亦犹我国木兰从军事之为举世所传诵也。"②1929 年,正值奥尔良战役五百周年,法国举行盛大的纪念活动,中国媒体在进行新闻报道的同时,掀起了一个宣传贞德爱国事迹的高潮年。

至于国内环境,则是民国虽然建立,但是民族危机并未解除,甚至愈演愈烈。在接连不断而又日益严峻的危机下,中国人不断通过这位法国女杰,寄寓对本国危局的痛心疾首。席勒的《奥尔良的姑娘》(Die Jungfrau Von Orleans)便是一份绝佳的载体。席勒的戏剧虽然充满神话色彩,但主旨是强调贞德对国家、自由的热爱。在热爱祖国、反对侵略的主题面前,15 世纪的贞德、19 世纪的席勒、20 世纪的中国人演绎出超越时空的协奏曲:席勒借贞德张扬法兰西精神的故事,追求德意志民族的自由,近代中国人又借席勒的作品,捍卫中华民族的独立。

早在 1925 年,田汉就介绍过席勒的作品,指出作者"为着自由而战"的创作缘起,号召"祖国的农女农夫"向贞德学习。③九一八事变后,《奥尔良的姑娘》的完整中

---

① 侠儿:《郎心妾心》,《眉语》1916 年第 1 卷第 16 期,第 19 页。

② 马哥:《法国奇女贞德故事》,《申报》1926 年 1 月 13 日,第 19 版。

③ 寿昌(田汉):《"若安达克"与"威廉退尔"》,《醒狮》1925 年第 52 期,第 5 页。

译本终于问世。宣传广告称："(本书)为席氏鉴于德国当时局势艰危有感而作之剧本。特为迻译，以鉴国难声中之我国青年。"①译者关德懋是留德学生，曾在1931年末组织留德学生发起抗日救国运动。②他在译者序中回顾西方文学书写贞德的历程，批判莎士比亚和伏尔泰对贞德的丑化，赞美席勒用"对着'美'和'卓绝'而燃炽的心灵来创造"，借歌颂贞德来引领青年"为争自由而效命疆场"的写作手法。③

田汉还在东北沦陷以后创作的戏剧《暴风雨中的七个女性》里，寄托了对"中国的贞德"的希望：

> 中国现在正是内忧外患到了绝顶的时候，这也正是中国要出现英雄的时候，这样的英雄也并非限于男子。中国受日本的侵略比起当日法国受英国的侵略要厉害得多，也该是中国的贞德出现的时候了。④

在当时，持有这种希望的人绝不只是田汉。做"中国的贞德"成为众多女性的共同理想，或者说是社会赋予广大女性的集体期望。五卅运动期间，北京大学学生谭惕吾，便因为"揭旗冲锋、直捣东郊〔交〕民巷，故京中传为 Chinese Jeanne d'Arc"。⑤1927年，蔡元培定居上海时，幼女出生，恰逢对门的教会学校名为 Jeanne d'Arc，蔡元培认为"Jeanne 为女中豪杰，欲以是名我女"，又法语 Jeanne 一词慢读作"ㄙㄨㄢ——ㄤ"，便给女儿起名为"睟盎"。⑥

此时，贞德"行述事迹，早已遍载诸世界历史课本"的现象，同样出现在东方。女性历史学者陈衡哲编写的《西洋史》就是代表：若安是一个法国的村女，本无特异的地方，"但她目见法国地方的糜烂，外族的侵凌无已，不觉恻然心伤"，于是自信上帝的启示，以至诚感动国人，解救奥尔良之围，但最后不幸被俘，死于英国人的火刑，"但若安虽死，她的精神却不曾死"。⑦类似的书籍不胜枚举，它们使作为爱国主义化身的贞德形象更加广为传播、深入人心。

全面抗战爆发后，民族危机达至顶峰，中国人更加主动地利用贞德这一域外历

---

① 《广告·奥里昂的女郎》，《申报》1933年6月1日，第10版。

② 沈云龙编：《关德懋先生访问纪录》，九州出版社，2012年，第19—21页。

③ 关德懋：《后序》，席勒：《奥里昂的女郎》，关德懋译，商务印书馆，1933年，第12—14页。

④ 田汉：《暴风雨中的七个女性》，《文学月报》1932年第1卷第1期，第54页。

⑤ 《闻一多致梁实秋、熊佛西信》(1926年1月29日)，闻黎明、侯菊坤编：《闻一多年谱长编》，湖北人民出版社，1994年，第307页。

⑥ 《蔡元培日记》1939年5月11日，中国蔡元培研究会编：《蔡元培全集》第十七卷，浙江教育出版社，1998年，第315页。当日，蔡元培读到陆游的诗句"道貌安能希睟盎？"，于是忆及往事。

⑦ 陈衡哲：《西洋史》(下册)，商务印书馆1926年，第59页。"Joan d'Arc"一名在当时的教材中相当常见，但这一名词并不准确，它杂糅英文、法文两种语言。

史资源,面向占全国人口一半的广大女性进行宣传动员。1938 年双十节,宋庆龄发表《告全国妇女界》演说,强调"占全国人口半数的二万万妇女"参与全民族抗战、争取国家解放的重要意义,并相信中国"一定还会产生更多的赵老太太,南丁格儿和贞德"。①

贞德的主要爱国事迹是参军救国,当时人也将她与花木兰、梁红玉等一同作为鼓励女性从戎的榜样。沦陷时期上海的女性刊物《孤岛妇女》,对"复活在中国的贞德"(投身战场的女性)表现出极热情的赞美:"对于这些为争取民族的生存而奋斗着的中国的贞德们,我的内心啊! 是感到有说不出的敬慕和惭愧!"②1937 年底,陶行知在美国演说英文诗《裙子》,讽刺蒋介石对敌卑躬屈膝的行径,赞美投身抗日救国的女学生陆璀为"中国的贞德":"北方有李女士,南方有夫人何,还有中国的贞德,她就是小姐陆。穿着裙子,她们已在和敌人拼搏。"③

更进一步说,人们借贞德宣传的爱国行动并不限于军事斗争,而是希望广大女性可以在日常生活中就能表现出爱国热情,鼓舞全民族的抗日热情。正如胡卓英所说:"贞德最伟大的地方"就是她可以使人们"从精神的爱国观念,进而表现于行为上",当下之所以宣传贞德,不是盲目鼓动妇女"穿起战盔战甲跑上战场去和敌人厮杀",而是希望"效法贞德,唤起全民一致起来,对付暴日"。④

最后还要说明,在 1940 年以后,对贞德的宣传似乎趋向低潮。这可能是受到中、英、法三边外交关系的影响:维希政府竭力将贞德塑造为"抗英英雄",煽动民众"联德抗英",⑤对于与英国同处于反法西斯阵营的中国而言,大张旗鼓地宣传"反英"人物似乎不太恰当。

四、教俗间围绕贞德"圣女"身份的争论

如上文所示,基于近代中国在"救亡"方面的广泛共识,贞德作为"爱国女杰"的形象大体没有争议。但是,作为"圣女"的贞德带有浓郁的宗教灵异色彩,这无疑会与中国近代知识启蒙的"反宗教""崇科学"倾向产生冲突。

近代中国的无神论作者对待贞德宗教活动的态度,与 19 世纪的新教传教士类似。一方面,他们从根本上否定所谓"神迹"的"真实性",而将其归结为古人因知识不足产生的迷信思想。冯自由虽然也叙述贞德接受神谕的内容,但明确表示:"法国

① 宋庆龄:《双十节告全国妇女界》,《申报》(香港版)1938 年 10 月 10 日,第 7 版。
② 露斯:《贞德复活在中国》,《孤岛妇女》1938 年第 1 卷第 3 期,第 8 页。
③ 陶行知:《裙子》,胡晓风、金成林主编:《陶行知全集》(第 12 卷),四川教育出版社,2002 年,第 272—274 页。李指李德全,何指何香凝,陆指陆璀。
④ 胡卓英:《从贞德说到中国抗战建国中的妇女》,《时事类编》1938 年第 16 期特刊,第 48 页。
⑤ Eric Jennings, "Reinventing Jeanne: The Iconology of Joan of Arc in Vichy Schoolbooks, 1940-1944", *Journal of Contemporary History*, Vol.29, No.4(1994), pp.711—734.

当时尚在中古之世，人民好拜天神，或溺宗教，这是未开化时的人类，所不能免的。"①胡适干脆完全不写贞德从小笃信宗教的事情，也不写贞德临终前的信仰活动，只是简单提及上帝的诏示，并视之为"爱国心"泛滥后做的梦。另一方面，他们并不完全否认宗教的现实作用，而是承认天主信仰有助于贞德提升自信、振奋人心。梁启超虽然认为宗教迷信会阻碍真理，但依旧承认它具有催人奋进的现实价值，并以贞德举例："其人碌碌无他长，而唯以迷信、以热诚感动国人，而摧其敌，宗教思想为之。"②

至于如何判定贞德是"真虔诚"还是"假虔诚"，清末知识界也有两派意见。一派认为：贞德仅仅将宗教活动作为一种鼓动民众的工具，与中国古代利用民间信仰发动起义的性质类似。柳亚子在为清代白莲教领袖齐王氏作传记时说："（她）效法兰西贞德事，以宗教结人心，党中众心归附，如水赴海。"③也有人给予贞德更多"同情之理解"，即在认可贞德以宗教鼓动民众的同时，也相信她自己的确是一位虔诚的天主教徒。在梅铸看来，贞德的行为在客观上的确是"哄骗愚民"，但她在主观上确乎相信天主的存在，她的信仰活动可以归结于"自信"。④

上述基本论断在民国时期的通俗宣传中被继承和发扬。历史教科书几乎无一例外，将贞德的宗教属性或有或无地淡化。一部分教材虽然提及贞德的信仰情况，但都只是将"上帝宣召"限定于个人的"自信"，并源自于爱国热情，比如陈衡哲的《西洋史》。还有一些书籍，或限于篇幅，或出于主观设计，干脆完全就不谈贞德的宗教活动，而单纯讲述她"因痛恨异族的侵凌，仗剑起义"之举。⑤

特别是到抗战时期，在"爱国"的时代主题之下，本就不受广大无神论者重视的"宗教性"更进一步被忽视，他们既视"上帝信仰"为迷信活动，也认为在缺乏基督教基础的中国，没有太大必要以"上帝的声音"作为动员口号。上海《导报》就表示："我们不必同若安达克一样以上帝作取信人心的手段。"⑥

1938年，苏克维的《贞德英烈传》出版。该书知名度虽然不及席勒、萧伯纳的作品，却是胜在态度严肃、内容充实，在抗战背景下被称为"非常时期妇女最好读物"。⑦苏克维拒绝从宗教神学的角度理解贞德，力图将她还原为常人，"她自己拿自己当作总指挥，也没有想到她是圣者，不过常人拿她当作圣者看待"。⑧面对"贞德的

---

① 热诚爱国人编译：《女子救国美谈》，第9a页。

② 中国之新民：《宗教家与哲学家之长短得失》，《新民丛报》1902年第19期，第59—60页。

③ 亚卢（柳亚子）：《女雄谈屑》，《女子世界》1904年第9期，第20页。

④ 梅铸：《法国救亡女杰若安传》，第8—9页。

⑤ 冯品兰：《法兰西史》，中华书局1936年，第42页；耿淡如、王宗武编：《高级中学·外国史》中册，正中书局1946年，第82页。

⑥ 《法国女民族英雄若安达克波影》，《导报》（上海）1938年4月29日，第4版。

⑦ 《广告·贞德英烈传》，《申报》1938年10月10日，第36版。

⑧ 苏克维：《贞德英烈传》，第9页。

神秘声音和启示的问题"时,作者主张"应从科学上和假科学的材料上去探讨",并认为随着生理学、心理学的研究推进,这种问题将得到解决。①译者程伯群虽是基督教徒,但也是地理学家,他在译序中继续否定所谓"神迹",并借助地理学知识解读发生在贞德"操纵天气"的"异象"——贞德从小在农村长大,熟悉天象风向的变化,"预言风之方向,这与我国《三国志演义》孔明借东风有点相同"。②

而在世俗社会积极排斥贞德宗教性的同时,她的"圣女"身份也在被空前强化。法国大革命以后,贞德的历史地位不断提高,获得法国各党派、各阶层的广泛拥护,到19世纪后期,罗马教廷也不得不顺应这一趋势。③1920年,本笃十五世册封贞德为"圣人","圣女贞德"(Saint Joan of Arc)一称正式问世。1922年,庇护十一世又加封贞德为法国的"主保圣人"(Patron Saint)。④

在这一背景下,贞德的宗教属性在20世纪出现飞跃。中国的天主教徒和一部分新教徒,积极宣传作为"圣女"的贞德。他们与许多新教徒、非信众对贞德的理解,存在显著区别:前者笃信贞德受获"天启"具有事实性质,后者则倾向于解读为宗教迷信、心理作用乃至"假托天意"。非宗教的观点宣称:我们应当"以旁观者冷静的态度来研究贞德的成功""不该相信宗教家神助的假定"。⑤天主教的刊物则反驳道:"圣女把自己的建树归功于天主,这对于没有宗教信仰的人听着像是不近情理,但一定要从这事实上扫除神奥的气氛,那才真是荒唐无稽呢。"⑥

1928年,南京教区主教姚准创作的《圣女若纳达尔克传》中译本出版。姚准是一位虔诚的天主教徒,他还再版过李林的《天演论驳义》,坚决维护"神创论"。⑦姚准创作的传记,致力于彰显贞德笃信基督的特征,至于爱国热情、女杰特质,不仅完全被宗教热情所压倒,甚至都是发源于虔诚信仰。在遭受火刑时,贞德只是高呼"吾主""耶稣",而绝口不提法兰西国家和人民。⑧在姚准的笔下,历史的运作完全是上帝意志所决定。贞德之所以投身救国行列,是因为收获"天启",投身救国行列后,一举一动动辄称"主旨欲我如何如何"。取得的胜利自然是上帝恩赐,即便种种失败,也都归结为上帝的安排:没有收复巴黎,是"由天主上智之安排,具有深意,盖以艰难困苦

①　苏克维:《贞德英烈传》,第321—322页。

②　程伯群:《译序》,苏克维:《贞德英烈传》,第1—2页。

③　张红:《从"女巫"到"圣女"——贞德形象的塑造》,第19—21页。

④　《教皇庇护第十一钦定圣母及圣女若翰纳达尔格为法国主保恩谕》,《圣教杂志》1922年第11卷第7期,第289—291页。

⑤　虚白:《法国女英雄贞德评传》,《真美善》1929年第5卷第2期,第15—16页。

⑥　《圣女贞德》,杜廷美译,《公教学志》1944年第4卷第2-3期,第14页。

⑦　李问渔:《天演论驳义》,土山湾印书馆,1923年。

⑧　姚准:《圣女若纳达尔克传》,问渠译,土山湾印书馆,1928年,第95页。

练习之";乃至被俘的命运,上帝也已经预先昭示。①其他天主教徒笔下的贞德形象与姚准所作的大同小异,上帝的分量重于家园、亲人、自己,贞德的一切活动都是为蒙上帝召唤、为上帝而战。

与天主教传不同,新教因其改革程度的差异,对于"圣人"的接受程度不尽相同。前述的理雅各,便对贞德的"神圣性"不感兴趣,另外一些新教徒对贞德的崇敬程度则不输天主教徒——贞德通过"个人"越过教会、直接与"上帝"沟通的行为,无形中与16世纪以后的新教信仰相契合。1934年,萧伯纳的戏剧《圣女贞德》中译本问世。萧伯纳借剧中人的对话,确定了贞德的新教徒身份:法国主教高穹说,"这个女子从来不曾提起教会,而只有上帝和她自己",英军将领瓦尔吕克说,"我应当称她为'反抗主义'"。②缺乏宗教知识的一般中国读者,或许不易察觉"反抗"的含义,新教徒则能自觉感受其中的宗教内涵——萧伯纳使用的原词就是"Protestantism"(新教)。

萧伯纳这部将贞德"新教化"的作品,为读者提供了大量充满文学想象力和宗教感染力的话语资源。1940年,在"孤岛"上海,由新教组织广学会创办的女性刊物《女铎》,分期译载若干位"基督教历史中之伟大妇女"的传记。在介绍贞德时,作者大量引用了萧伯纳的文字,借此一再强调宗教信仰的重要性,认为"属灵的事工"比她的爱国精神、军事战略、女性特质都更加关键。针对学术界通过历史学或心理学研究贞德信仰的方法,作者坚决反对,宣称促成贞德奋起的因素就是"宗教的力量":"她之所以能成就伟大的事业,就是靠着宗教的力量。因为宗教的力量就是促她奋起,以及保持她的勇敢的力量。她生活中的主要力量,就是她认识上帝。"③

最后要说明的是,中国宗教界在处理贞德的形象时,并没有仅仅停留在宣传对上帝/天主的虔诚,而是积极将爱国精神与宗教信仰相结合,在坚持贞德的爱国心是源自基督信仰的基础上,不断强调两者的共通性,动员广大教友"爱教爱国"。九一八事变后,宗教界还努力从五百年前法国的抗英历史中,发掘可供中国抗日斗争利用的精神资源。1936年,以打击"宗教异端"为创刊宗旨的厦门天主教刊物《公教周刊》,在封面刊登贞德举起迎战的画像,并配文字称:"抗战救亡图存之主保,法国圣女若翰纳。"④同年,《通问报》描写的贞德,始终保持浓厚的宗教色彩,而作者在最后也像世俗刊物一样,呼吁中国的妇女效法贞德,拯救危亡的国家:

> 目前的中国,恐怕比十五世纪的法国,还要危险,但是中国的妇女,全忘记

---

① 姚准:《圣女若纳达尔克传》,第58、61—62页。

② 萧伯纳:《圣女贞德》,胡仁源译,商务印书馆,1934年,第92页。

③ Townley Lord:《基督教历史中之伟大妇女:法国女贞德》,显超译,《女铎》1940年第29卷第5期,第21—28页。这一系列后汇集为《基督教著名妇女小传》,由广学会刊行,贞德部分并见于罗德博士:《基督教著名妇女小传》,刘美丽译,广学会1947年,第60—72页。

④ 《抗战救亡图存之主保,法国圣女若翰纳》,《公教周刊》1936年第8卷第25期,封面页。

了达克女士的奋斗精神,还是醉生梦死的过伊们舒服的日子。我亲爱的姊妹呀! 我们的末日到了! 醒醒吧! 效法达克女士的精神,救我们这危亡国家![①]

五、余论:作为"人民英雄"的多面贞德

除上述纷繁的身份之外,从"阶级"角度审视贞德也是一股不应忽视的潮流。奥尔良战役五百年纪念时,上海《妇女杂志》赞扬贞德的各方面品质,除"至诚动人""领袖能力""笃好和平""勇敢强毅"之外,还有"平民精神":"法王加冕之日,她与主教对立,可是她并不以此为荣,乡村农女的风格仍不失去。……此种平民化的精神真令人赞许。"[②]与此相反,也有人将贞德视为代表上层社会、脱离民众的"旧英雄"。40年代初,法国左翼作家巴比塞(Henri Barbusse)介绍巴黎公社女英雄路易斯·米歇尔(Louis Michel)的作品《红色的圣女贞德》被译成中文。为了彰显米歇尔的崇高,巴比塞批评贞德"只是代表了过去时代的民族英雄",她迷信宗教、拥护皇权、不为平民阶级说话。[③]

在近代中国,上述分析思路还只是一股支流。新中国成立后,在唯物史观的指导下,运用阶级分析法讨论历史问题成为常见行为。苏联《世界通史》中有"贞德领导的爱国运动"一节,在"人民群众是历史的创造者"的思想指导下,贞德被定性为代表底层人民的阶级英雄。它首先介绍贞德生活的时代背景,以及法国民众支持王权的态度(国王对外抵抗英国的侵略,对内制止封建贵族的斗争),称"淳朴的农村姑娘贞德就是人民群众爱国情绪的体现者";注重描绘贞德时刻保持"人民性"的行为,比如国王给她贵族的称号、丰富的赏赐,但贞德谢绝赏赐,希望可以豁免故乡居民的赋税,"她的一生是为了人民的利益,而且与人民有着血肉的关系";贞德(人民)与王权的冲突也被点出:"贞德在人民群众间的巨大威望,对国王周围的人来说,是非常危险的。"[④]

50年代,马克·吐温的《圣女贞德传》也被译为中文。马克·吐温对贞德的积极态度与前人无异:真诚守诺、谦恭纯良、满怀恻隐、光明磊落、矢志不渝、无畏大胆等等。不过,此处"冉达克"的首要身份是"所作的一切代表法国当时人民的利益"的阶级英雄。译者进一步强化了她代表的底层人民与高高在上的统治者的矛盾:法国和英国固然是敌人,但是两国贵族在遏制农民起义的问题上,却是"阶级友人",贞德的存在,首先是令法国贵族领主恐惧,其次才是让英国侵略者仇恨,她与英国之间,既有民族

① 曹逸女士:《法国巾帼英雄·若安达克的生平》,《通问报:耶稣教家庭新闻》1936 年第 1709 期,第 16—17 页。

② 镜元:《法国女杰贞德五百周年纪念》,《妇女杂志》1929 年第 15 卷第 11 期,第 1—4 页。

③ 巴比塞:《红色的圣女贞德》,楚之译,《述林》1941 年第 2 期,第 2 页。

④ 苏联科学院编:《世界通史》第 3 卷(下册),三联书店 1961 年,第 915—918 页。

矛盾,也有阶级矛盾。①换言之,贞德作为"起义者"的性质甚至比"爱国者"更加凸出。1960年,田汉到山西文水县拜谒刘胡兰墓,留下了"法国有贞德,苏联有丹娘,我有刘胡兰,千古流芬芳"的诗句。②从贞德与丹娘(即卓娅)、刘胡兰并列可以看出,田汉已经将这位他熟悉的伟大女性,视为与中苏两国"党的女儿""人民英雄"相同性质的人物。

总的来说,以贞德为代表的西方杰出女性,扩大了近代中国人对于"模范女性"的认知视野,为女性历史的书写提供了新的知识资源。而中文世界在接受和使用这一域外历史资源时,也顺应着形势或者群体的需要,表现出了强烈的自主选择性:性别维度的"女性",国家维度的"爱国者",宗教维度的"信徒",阶级维度的"平民",不同时代、不同作者基于各自的宣传目的,从中选取一种或多种,构成了丰富多元的贞德形象。

作者简介:

陈兴,男,中国人民大学历史学院硕士研究生,主要从事中国近现代史研究,专业方向为中国近代思想文化史、中外文化交流史等。

附图　近代中文世界内出现的部分贞德画像

图1　《法国古代爱国英雄若纳达克女烈士》,
《图画时报》1929年第539期

图2　《世界第一女杰贞德像》,
《竞业旬报》1908年第28期

---

① 《译者后记》,马克·吐温:《冉·达克:圣女贞德》,朱复译,新文艺出版社,1958年,第467页。

② 田汉:《谒党的女儿刘胡兰墓》(1960年12月),屠岸、方育德编:《田汉全集》第12卷,花山文艺出版社2000年,第276—278页。

图 3 《救亡女杰贞德》,《新民丛报》　　　图 4 《抗战救亡图存之主保,法国圣女若翰纳》,
　　　1906 年第 4 卷第 2 期　　　　　　　　　《公教周刊》1936 年第 8 卷第 25 期

恽代英五四前后的女性观考察

余富团

摘　要：恽代英的女性观，大体上可以分为五四前、后两个阶段。五四前，为朴素自由主义女性观，主要包括：提倡恋爱、结婚、离婚绝对自由；打破男女尊卑，女子要独立生活；打破封建的旧家庭，夫妇共同参与家庭教育；科学保护女性健康；反对封建纲常礼教对女性的压抑等。五四后，为马克思主义女性观，主要包括：翻译马克思主义经典著作，阐发马克思主义女性观；以经济平等为视角，提倡儿童公育；呼吁妇女解放运动；指导和鼓动青年男女投身妇女解放运动。恽代英五四前的朴素自由主义女性观，细腻、深邃、激进；五四后的马克思主义女性观，理论性强，既充满理想又富于实践。恽代英从朴素自由主义女性观到马克思主义女性观，是中国近代马克思主义女性观萌芽的缩影。

关键词：恽代英；马克思主义女性观；朴素自由主义女性观；历史源流

恽代英，1895 年 8 月出生于湖北武昌一个书香"世家"。1913 年，恽代英的母亲去世，年仅 43 岁。1918 年，与恽代英仅有三载婚姻的妻子沈葆秀，因难产去世。产下之新生婴儿也于数日后夭折。先后去世的三个人，都是恽代英心目中非常重要的人。这些现象在当时社会比较普遍，刺激着恽代英对妇女、儿童问题给予了高度关注。恽代英的女性观大体上可以分为五四前、后两个阶段。五四前，恽代英较早开始关注并发表对女性问题的见解，建立起朴素自由主义女性观。五四后，恽代英率先运用马克思主义分析、解答和实践女性问题，成为近代中国具有马克思主义女性观的先驱之一。

学术界对于五四前、后女性问题给予了关注，如夏晓虹、刘慧英等。各种妇女运动史著作，各地编纂的地方妇女志，也对于五四前、后女性问题的历史变迁做了较为系统的梳理。总体而言，关于五四前后女性问题的研究，还较多局限于妇女问题本身。本文以恽代英作为个案，对《恽代英全集》特别是其中关于其个人的日记、著作等作文本考察,进一步挖掘五四前后女性问题与时代的碰撞,试图从更宽广的历史视域,来探讨女性问题背后的思想本质问题。

一、五四前的朴素自由主义女性观

晚清民初,伴随着开眼看世界和西学东渐,女性主义传入到中国。在向西方学习的过程中,国人逐渐意识到妇女作为一个群体的"独立"的存在。随后,清王朝覆灭,中华民国代起,放开女禁,开放女学,先进的中国人开始进一步意识到"女权"的存在。恽代英五四前的朴素自由主义女性观,主要表现在围绕男女恋爱、结婚、离婚自由问题,女子生活问题,儿童公育问题,以及家庭问题发表主张和见解。

第一,提出恋爱、结婚、离婚绝对自由观。恽代英先后于1916年8月发表《科学家之结婚观》(载《体育杂志》第19期),1917年7月发表《结婚问题之研究》(载《东方杂志》第14卷7号),1920年9月发表《美国人对于早婚的意见》(载《东方杂志》第17卷16号、17)等文章。恽代英认为,"结婚者,乃根本于生物学之普通原理"。[1]同时指出,"离婚之事,应与结婚同属人类之自由"。[2]作者捍卫"恋爱应该自由,男女间一切束缚应一并解放"观点。[3]1919年5月19日在《致胡适》的信中写道,"实则自由结婚加自由离婚,去恋爱自由不远矣"。[4]

第二,提出应打破男女尊卑现象,女子要独立生活。恽代英指出,"男女同为人类,不可强分尊卑,即肢体有所不同,性质有所不同,能力有所不同,亦止能见其各有所适,未见男子所适者必优,女子所适者必劣也"。因此,要从五个方面去实现女子独立生活,即:"女子不可不有独立生活之能力,女子以独立生活为最上""女生选择职业,须选择性所近,而社会不甚生非议者""男子应尊重女子之人权及财权""女子为独立生活,家政应由男女共同料理之""女子不为独立生活,男子应以其升入若干分之一,为女子财产"。[5]

第三,提出应打破封建的旧家庭,夫妇共同参与家庭教育。1916年11月、1917年4月著《家庭教育论》,提出,父之严"可以为母教之补助,且父亦非必徒严而已""父母同为家庭之教育人"。[6]文章还提出,"欲实行家庭教育,不可不先破坏吾家庭旧制,使如西人之小家庭始可"。[7]

第四,提出应科学保护女性健康。从恽代英日记看,其妻沈葆秀的死除了和当

---

① 恽代英:《恽代英全集(第一卷)》,人民出版社,2014年,第68页。
② 恽代英:《恽代英全集(第一卷)》,第66页。
③ 恽代英:《恽代英全集(第一卷)》,第122页。
④ 恽代英:《恽代英全集(第一卷)》,第24页。
⑤ 恽代英:《恽代英全集(第一卷)》,第347—353页。
⑥ 恽代英:《恽代英全集(第一卷)》,第76页。
⑦ 恽代英:《恽代英全集(第一卷)》,第80页。

时医疗条件有限有关外,可能还与分娩、临产不讲卫生和科学,甚至是迷信有关。因此,他曾试图著文《临产之大教训》《生产之大教训》等以警告世人。不久,1918 年 3月、4 月、5 月、6 月分别辑译美国体育杂志《儿童问题之解决》(二)至(五)发表在《妇女杂志》4 卷 3—6 号上,1918 年 10 月发表《卫生之婴儿哺乳法》(载《东方杂志》第 16卷第 3 号)。1919 年他又著《聪明之女郎》提出,女子之聪明与保持健康的身心是一致的,"妇女对于人生问题,亦应有过问之权利,且亦应有不可不过问之责任""肉体之可爱与精神之美"同样重要。①

第五,反对封建纲常礼教对女性的压抑。1919 年 12 月恽代英先后发表《枕头上的感想》《驳不孝有三无后为大》(二文均载于《端风》年刊第 2 期"家庭问题号")。《枕头上的感想》这篇小说隐喻指出,即便遇到了好的丈夫,女子仍然处于不平等的地位,依然会有家庭的各种束缚,妯娌关系、翁姑关系的复杂,遗产继承、重男轻女、早婚是为了抱孙子、男子三妻四妾等封建宗法制度的压抑。总之,在旧社会,"女子简直受的不是人的待遇"。②在《驳不孝有三无后为大》中,恽代英驳斥了理学先生的无后、不孝两个问题:无后便没有香烟血食,无后人类会灭种。文中批判这种要女人一定生儿子的"冤孽障",导致"女子就不是一个人,不生儿子的女子,更发是枉吃了一生粮食的畜生""受这种畜生的待遇"。③

事实上,晚清民初以来,女性问题作为启蒙与反传统的中心话语之一,从来就没有离开过人们的视野。问题在于,在彼时的中国,女性问题应该得到关注是一种毋庸置疑的正确,但历史的惯性与现实的阻力又让女性的几个基本问题——妇女人格独立、男女平等、恋爱和结婚自由等始终游移不前,直至五四新文化运动中后期马克思主义登上历史舞台。恽代英五四前的朴素自由主义女性观来源于时代对于这一主题的关注,其大体的框架也不出其右。但仔细分析开来又会发现,恽代英五四前的朴素自由主义女性观,以其深邃的思考,既表现出了力图突破已有框架,在论域的宽度和思想的深度方面进行着超越时代的探索,又推动了女性主义的发展。

首先,敏感地关注到了妇女人格独立问题。近代中国直至五四新文化运动中后期,1920 年李佩兰在《妇女杂志(上海)》发表《解放后的妇女人格》观和 1921 年程宛扬在《妇女杂志(上海)》发表《男女人格平等论》④,才真正开始探讨妇女的独立人格问题。有研究指出,五四前对女国民的界定,事实上基本不出"国民之母"的窠臼,背后折射的是女性"特殊的生物学功能产生的角色期待,也是他们在民族危机中强国

---

① 恽代英:《恽代英全集(第一卷)》,第 96 页。
② 恽代英:《恽代英全集(第一卷)》,第 130—135 页。
③ 恽代英:《恽代英全集(第三卷)》,人民出版社,2014 年,第 136—139 页。
④ 李佩兰:《解放后的妇女人格》,《妇女杂志(上海)》1920 年第 6 卷第 5 期;程宛扬:《男女人格平等论》《妇女杂志(上海)》1921 年第 7 卷第 8 期。

保种的政治意图"。①

我们梳理恽代英这一时期的思想著作发现,他的女性观已经是建立在人生观基础之上,且有了某种关于人格思考的雏形。1917年3月他著《我之人生观》,提出:

> 盖父母之生子女皆无意识,偶然之结果,人类虽无道德上之责任,固有道德上之权利也,求幸福求最大之幸福,乃人类权利,非人类责任也,实践各种道德行为,乃至为求较大之幸福而牺牲较小之幸福之行为,亦人类之权利,非人类之责任也。②

他甚而提出,人类之结婚生殖"乃出于吾人性欲(Sexual Instinct)相引之自然结果",因此,"结婚之主权仍应属于结婚之男女自身"。③这就在如何看待人类包括女性作为独立个体的问题上迈出了一大步。

换言之,男女作为个体应该是独立的。姑且不论其受到自由主义思想的影响,这种人格独立的思想,从反对封建社会压抑个体、人性的角度,应该说是有很积极的意义。他后来进一步指出,"把人类与禽兽作比,把直觉派所拟的道德的尊严,从根本上扫除"④,这就找到了驳斥孟子所说"不孝有三,无后为大"的依据,"人类对于祖宗神明子孙乃至社会全体,初无所谓责任。……更无所谓生殖之责任"。这也就破除了女子作为生产的机器,特别是在重男轻女的社会惯例中,"妇女之未产一男者,如终身负一大罪,踢天踏地,无可自容"的思想基础。同时,也从根本上把男女之权还于"男女自身"。⑤从启蒙的意义上讲,这就打破了中国封建社会强加于妇女身上的根本枷锁。

其次,关于女权和男女平等问题的细腻分析。前已指出,晚清至辛亥建国之前,女权、女子人格以及女子与国家的关系讨论、男女平等,为知识界所关注。而辛亥后至1915年新文化运动发生,女性主义较为平淡。有论者指出,晚清民初至五四新文化运动前,无论是作为激进派代表的《新青年》,还是作为妇女专门性刊物的《妇女杂志》,或是当时其他刊物上发表的相关文章,都离不开动员妇女为民族国家做奉献而尽母亲和妻子之天职这样一种"套路"。直至1918年才提出所谓"五四式"的妇女解放口号"我是我自己的"。而且,对《新青年》而言,这样的声音也只是小众的,且很快

---

① 胡笛:《晚清"国民之母"话语及其女性想象》,《湖南大学学报》(社会科学版)2014年第4期,第93—97页。
② 恽代英:《恽代英全集(第一卷)》,第169、171—172页。
③ 恽代英:《恽代英全集(第一卷)》,第310—311页。
④ 恽代英:《恽代英全集(第一卷)》,第330—333页。
⑤ 恽代英:《恽代英全集(第一卷)》,第310—311页。

停滞和消失。①

事实上，我们注意到，恽代英早在 1917 年就曾著文《论女权》和《女子自立论》。《论女权》有六千余字，他在日记中给出了《论女权》的大纲：

> 一，女权与女性。二，女性与女子事业。三，女子参政问题。四，男子与女子。②

后来，他在《女子生活问题》(1917 年 10 月)一文中，从多方面分析了男女不平等的原因及解决的方法。他批判了女子须倚赖男子以为生活、假重男轻女谬解压抑女子、女子可以为男子生活之助与完全依赖之生活相混视等错误观点，指出男女在生活上的不平等，"男子之谬妄居其半，女子之无能力居其半"。更为重要的是，他看到了男子"为正义计，为幸福计，皆有尊重女子之人权及财权之必要"。他提出应该打破传统"男主外女主内"的传统观念，"家政应由男女共同料理之"。文中还提出，当女子在"妊娠、分娩、乳哺、疾病"等不能独立生活的时候，"男子当以其收入若干分之一(例如五分之一)，为女子财产，即女子所有，而不与家庭公共财产或男子之私财产相混淆者，是也"。他强调：

> 男女之应各有其财权与人权，乃当然不可争之事。文中还提到，凡不离婚者，必为本不须离婚人，则方可谓之幸福。如必须离婚，而绝对不许其离婚，此则为一种伪道德之牺牲品而已。故曰，宁任其离婚可也。③

这些观点不可谓不犀利。

他在小说《枕头上的感想》则以隐喻的方式道出了家庭内男女不平等的种种现象和本质，以及导致家庭内男女不平等的根本原因：封建纲常礼教，包括封建的宗法家庭制度和礼教。封建家庭宗法制的本质，是男权制下家庭内部的权利分配，以及由此延伸出的三从四德等级制度。封建家庭礼教的本质则是男权制下家庭内部等级秩序的标志和人际关系的准则。因此，女性即便是遇到了好的丈夫，依然受到家庭内各种利益分配、人际关系的制约和束缚。他在《驳不孝有三无后为大》一文，更是从伦理的角度，批判了封建社会下男尊女卑的现实。在恽代英看来，这八个字的来源就是孔孟所定下的所谓的"圣人之道"，被后世"理学夫子捏着鼻子哄眼睛"所利

---

① 刘慧英：《从〈新青年〉到〈妇女杂志〉——五四时期男性知识分子所关注的妇女问题》，《中国文化研究》2008 年第 1 卷，第 118—126 页。
② 恽代英：《恽代英全集(第一卷)》，第 376—377 页。
③ 恽代英：《恽代英全集(第一卷)》，第 347—353 页。

用和扩大,就是"孟老夫子造的好孽"。

第三,关于恋爱和结婚、离婚自由问题的深刻批判。晚清至民国以前,知识界对恋爱和结婚、离婚自由问题有关注,民初至五四前反倒较少讨论,且观点清淡。1915年以前的报刊杂志关于"恋爱""离婚"主题的讨论仅有数十条,且多讥讽之词。直到新文化运动期间,该问题仍未引起知识界足够的讨论。1916年有《中华妇女界》发表咏香《男女结婚之研究》,认为男女结婚应注重"精神的调和",而不能将"金钱财宝为唯一之目的",且"首宜注意者,即为健康"。①1917年《新青年》才有发表(美国)高曼著、震瀛译的《结婚与恋爱》,1918年陈独秀的一篇通讯《自由恋爱》。不过需要指出的是,知识界提倡恋爱和结婚、离婚自由的文章仍然数目不多。甚至,《东方杂志》1917年第14卷第17期还刊登了伧父杜亚泉的一篇文章《文明结婚》,认为应该采纳一些中国古代的婚礼制度"以期完备"彼时的婚礼②,这就开了历史的倒车。

但此时的恽代英,即深刻地认识到,恋爱和结婚、离婚也是建立在"人类为自身之幸福而为善"之上的。③他后来在1919年的日记中进一步阐释:

> 道德的情感,便是实利的道德观念,便为美的道德观念。道德的意志,除了同情的冲动的一部分外,便是反复实践,由习惯成为遗传的本能,与知的情的道德相结合。④

建立在这样的人生观基础上,似乎触摸到了"物质"或"经济"的因素。他在1917年的日记中就记载,"限制生殖,或将来渐趋于独身,必由经济关系所致。如男女皆能独立,此问题不难解决。要之以道德限制生殖,或尚有说。如以道德提倡生殖,完全不必需要也"。⑤在这篇日记中,也正是因为他注意到了伧父的《文明结婚》一文。

恽代英著文《结婚问题之研究》批评了伧父的结婚主权应属之父母。恽代英认为结婚主权应属于结婚之男女自身"理由极简单"。不过为了纠正当时可能存在的一些弊端,他指出,"女子如能于经济方面完全独立,而男子之智识道德又极高尚,则纯由恋爱而结婚亦无不可"。在不能做到理想情况下,"当使凡欲结婚之男女,皆具有关于结婚之正确知识",甚至设"结婚学"为"必修学科",或加设"研究结婚学之速成学校"。⑥这都表明他对结婚经济独立因素的考虑。

---

① 咏香:《男女结婚之研究》,《中华妇女界》1916年第2卷第1期。
② 伧父:《文明结婚》,《东方杂志》1917年第14卷第17期。
③ 恽代英:《恽代英全集(第一卷)》,第164—175页。
④ 恽代英:《恽代英全集(第三卷)》,第330—331页。
⑤ 恽代英:《恽代英全集(第一卷)》,第500页。
⑥ 恽代英:《恽代英全集(第一卷)》,第309—313页。

在恽代英看来,结婚之不良结果,主要由"金钱关系,此关系最重要""性情""门第""品格""容饰"等造成。他在《科学家之结婚观》一文中,更看到自由结婚和自由离婚"真理之价值"。他特别透过自由结婚看到,"盖离婚之事,既不能避免,乃徒借一切不合伦理之道德或法律以劫制之,使家庭之中,徒多怨戾之气;男女之性灵,均不得安慰;子女亦受其影响,至败其品性"。他还从中看到"性情"对于结婚的重要性,"性情之相同,境遇之相同,此乃超越一切情爱以上之权利也"。他甚至提出,"短期之别离,可以刷新夫妇间感情,扫除家庭间之怨气",足以体现他观察婚姻等问题的细腻。①

他后来进一步提出"世界的组织,非废私产,废金钱,不能得圆满的解决"。他批评罗素的只知"限制""私有的冲动阻碍创造的冲动"。恽代英指出,罗素反对无政府主义,因为罗素以为"绝对废除政权,便没有可以干涉私有冲动的了"。他的关于婚姻问题的观点是"自由结婚,自由离婚两件事,合起来便等于恋爱自由"。他指出,"人类的生活,在结婚上面要显出怎样比禽兽有理性,我真看不见哪一处配得上'理性'两个字"。因此,他进而提出:

> 经济的压迫,是愿守寡的女子不能守寡的原因。邪说的挟制,是愿守贞的男子不能守贞的原故。②

1919年12月25日在《废除婚姻的讨论》一文中,他捍卫自己的"恋爱应该自由,男女间一切束缚应一并解放"观点,批评"爱情因有两男对于一女,两女对于一男的时候,会发生嫉妒冲突",甚至"恋爱让它自由发展,人类会到淫乱的田地"的观点。③

总之,通过这一部分考察可以看出,恽代英五四前的朴素自由主义女性观,既超越了《妇女杂志》等专门女性报刊杂志对女性问题关注的细腻程度,也超越了非专门女性报刊杂志或综合类报刊杂志在讨论女性问题上的激进程度,有其自己独立的思考。他的朴素自由主义女性观细腻、深邃、激进,我们将之放在同时代更宽广的历史背景中去看,似乎更能把握到特定历史背景下的特殊意蕴。

二、五四后的马克思主义女性观

五四新文化运动兴起后,反封建和女权运动走向统一,男女平等、女性独立、恋爱自由等女性"解放"话题逐步进入人们的论域。特别是,到了五四新文化运动中后

---

① 恽代英:《恽代英全集(第一卷)》,第63—70页。
② 恽代英:《恽代英全集(第三卷)》,第330—333页。
③ 恽代英:《恽代英全集(第三卷)》,第122页。

期,马克思主义广泛传入中国,早期的马克思主义者包括恽代英,拿起马克思主义理论武器,分析女性问题、指导妇女解放运动。他们从经济的视角分析资本主义下的父权制,揭露资本主义对无产阶级特别是女性的剥削和压迫;批判封建旧家庭内男权对女性的压制,鼓动男女青年恋爱自由、脱离旧家庭,参加革命运动;倡导妇女解放作为全人类解放的一部分,马克思主义女性观开始在中国萌芽、传播。恽代英五四后的马克思主义女性观,主要包括翻译马克思主义的经典著作,围绕儿童公育、妇女解放运动、青年恋爱与结婚、离婚等问题展开讨论。

第一,指出私有制是资本主义剥削女性的本质,只有社会主义才能实现真正的男女平等。1920 年 10 月,恽代英节译恩格斯的《家庭、私有制和国家的起源》成《英哲尔士论家庭的起源》(载《东方杂志》第 17 卷第 19 号)。文章在考察了人类社会由史前史至今的各种婚制,指出一夫一妻"是由于胜过自原人自然的共产之私产制所生,并非调和男女,乃男子压抑女子的结果。所以这是第一个的阶级仇恨。一夫一妻制虽在历史上似乎是一大进步,然就他奴隶女子,建设私产方面说,……虽谓为一大退步亦可"。[①]1921 年 1 月,恽代英受陈独秀的委托翻译了考茨基的《阶级争斗》一书,作为新青年丛书第八种出版。该书共分五章,深入分析了小生产制的经过、劳动阶级、资本阶级、未来的共同生活、阶级争斗,揭示了"社会的改变,不仅是劳动家的解放,乃是全人类的解放"。文中特别指出,只有将来的社会主义才能实现真正的男女平等,妇女"将是男子的自由同伴""这才是历史上第一次真看见的一夫一妻制"。[②]1921 年 12 月,恽代英还摘译了拉法格的《由野蛮至文明时期财产的演变》成《拉法格论古代共产制》(载上海《民国日报》副刊《觉悟》)。

第二,强调女子要经济平等,儿童要公育。恽代英于 1920 年 4 月、6 月先后两次发文《驳杨效春君"非儿童公育"》(载《解放与改造》第 2 卷第 15 期)《再驳杨效春君"非儿童公育"》(载《时事新报》副刊《学灯》),8 月撰文《大家为"儿童公育"努力》(载《民国日报》副刊《觉悟》),运用马克思主义分析儿童公育与解放妇女。恽代英指出,"我们要真教女子不作牛马机械,不是不作工,倒是要女子在经济上平等",而"要解除她家庭的系累""要打破家庭""要儿童公育"。[③]

第三,呼吁只有打倒资本主义,才能实现真正的妇女解放。1923 年 10 月 10 日,恽代英发表《妇女解放运动的由来和其影响》(载《民国日报》副刊《妇女周刊》国庆日增刊),提出既要提倡男女平等,女子不作男子的羁轭,又要反对资本主义的剥削制度。恽代英特别看到了经济势力的压迫而引起宗法家庭的崩坏,"这使妇女解放运

---

① 恽代英:《恽代英全集(第四卷)》,人民出版社,2014 年,第 226 页。
② 恽代英:《恽代英全集(第四卷)》,第 312—442 页。
③ 恽代英:《恽代英全集(第四卷)》,第 73—100 页。

动,与其他的解放运动,很自然地容易盛昌起来"①。1925 年 3 月进一步撰文《妇女运动》,呼吁妇女解放运动应该是"全妇女的解放""只有打倒私有资本主义,一方面发达产业,使一切家事,无论是洗濯,烹饪,抚育,看护,都变成社会化的事业,使妇女脱离家事奴隶的命运;一方面又保证一切男女都可以有平等的工作生活的权利,使他们不至于陷为工钱奴隶,或甚至于为工钱奴隶而不可得。只有到那时候,才说得上真正的妇女解放运动"。②他还于 1925 年 3 月 11 日,在上海景平女校演讲,"首述古来妇女进化之程序及男女平等之重要,述妇女应具革命思想,革命精神,团结同志,反抗一切外界之压迫,听从[众]感极表示满意"。③

第四,倡导青年男女要积极投身妇女解放运动。1924 年 1 月发表《青年的恋爱问题》,指出"对于青年的恋爱问题,主张在理论上,应当听其顺本性发展",但是"今日的世界"确是"不合理的世界",因此,要"先把压迫中国人的人打倒,再把一切压迫人的人打倒""中国要成为一个独立的、自主的、社会主义的中国"。④他在《马克思主义者与恋爱问题》一文中指出,"经济制度未完全改造以前,是没有美满的恋爱生活可言的"。⑤因此,对于青年男女,一方面要改造旧家庭,一方面要改造自己的妻子。同时,恽代英强调,对于旧的风俗也应该勇于去打破。在《让迷恋旧风俗礼教的人去牺牲他们自己吧!》回信中指出,"总是有人要为旧风俗礼教所牺牲的,还是让那些迷恋旧风俗礼教的人去牺牲他们自己罢!"⑥

1919 年五四运动爆发,工人阶级开始登上历史舞台,马克思主义得到广泛传播。1921 年中国共产党成立,开始领导中国革命踏上新的征程。至此,经过五四新文化运动的洗礼,中国的知识界和思想界发生了翻天覆地的变化。知识界和思想界前期所关心和讨论的有关女性问题,也开始踏着新的节拍前进。恽代英这一阶段形成马克思主义女性观的过程中,也呈现出了新的特点。

第一,翻译马克思主义经典著作,重点考察女性问题。1920 年 10 月,恽代英翻译恩格斯的《家庭、私有制和国家的起源》。文章在考察人类社会由史前史至今的各种婚制后指出:

> 一夫一妻制并不立于自然的爱情上面,乃以经济状况为他的基础。换句话说,这是由于胜过原人自然的共产之私产制所生,并非调和男女,乃男子压抑女

---

① 恽代英:《恽代英全集(第五卷)》,第 90—94 页。
② 恽代英:《恽代英全集(第七卷)》,第 54—56 页。
③ 李良明、钟德涛:《恽代英年谱》,华中师范大学出版社,2006 年,第 266 页。
④ 恽代英:《恽代英全集(第六卷)》,第 92—99 页。
⑤ 恽代英:《恽代英全集(第七卷)》,第 192—193 页。
⑥ 恽代英:《恽代英全集(第八卷)》,第 351—352 页。

子的结果。所以这是第一个的阶级仇恨。一夫一妻制虽在历史上似乎是一大进步，然就他奴隶女子，建设私产方面说，从那时到现在都系以一部分屈服于灾祸为一部分的幸福，虽谓为一大退步亦可，以此为不顺其自然，且不公平的制度；结果男子宿娼，女子蓄奸，一夫一妻制徒有其名而已。①

1921年1月，恽代英受陈独秀的委托翻译了考茨基的《阶级争斗》一书。该书共分五章，揭示了工人与生产工具分离变为"无产的劳动者"过程，以及资本家生产的必要条件本质；国民大多数成为劳动阶级，若想救自己，除非救他全部阶级；分析了资本家阶级越来越隐秘的剥削本质；告诉人们"社会主义的共同生活，道德的伟大，物质的幸福，所照耀于最光荣的社会的，是历史上空前绝后的事"；指出"社会的改变，不仅是劳动家的解放，乃是全人类的解放"，只有"社会主义的胜利，是我们全社会发达的利益"。文中还特别揭示了"妇女参加实业活动，意思便是工人家庭生活的全部毁灭""并非他从家务中的解放，只不过把新负担加在旧负担上面"。因此，从本质上讲，要打破家庭的，"不是社会主义者，反是资本家"，而"社会主义者原只主张纯洁的恋爱，只以恋爱为结婚根基"。他揭露资本主义剥削和压迫妇女的根源，"在资本制度下，卖淫成了社会的台柱子""公妻是剥夺劳动者的一个方法，这不是社会主义，恰恰是社会主义的反面"。文中还特别指出，只有将来的社会主义，才能实现真正的男女平等，不像今天一样"只是有家务奴隶变成赚工钱的奴隶"，妇女"将是男子的自由同伴，不仅是从家庭奴隶方面解放了，亦从资本主义的奴隶方面得了解放""这才是历史上第一次真看见的一夫一妻制"。②

第二，以马克思主义女性主义观指导解释现实社会。早在1920年6月11日、16—21日恽代英发表《再驳杨效春君"非儿童公育"》一文，驳斥杨效春先"承认有家庭，然后有社会"，以及儿童公育"是违反为母的心理的事"等论点。他运用恩格斯《家庭、私有制和国家的起源》中的马克思主义学说，揭露资本主义的剥削本质，特别是导致的对女性的种种不公。他指出，"家庭乃至夫妇制度，都是随私产而发达"，这些"恰与杨君所以为有家庭才会有社会的相反"。恽代英强调，"社会的结合，原由于人类为生存而聚集"，也就是"社会本能"。父系社会取代母系社会，"则多以为此间男子为自己的利益，曾有一度革命，以夺取女子经济方面的地位"。他还揭露了资本主义下一夫一妻制对妇女的剥削和压抑。文中指出，至于"现有的一夫一妇制的婚姻，并非调和夫妇，乃男子压抑女子的结果"。不过，"一夫一妻制的效力，只及于女子不及于男女的，亦得了经济的解放""因他在道德方面，经济方面，组织女子无条件

① 恽代英：《恽代英全集（第四卷）》，第225—226页。
② 恽代英：《恽代英全集（第八卷）》，第406—407页。

服从于爱他的男子"。因此,恽代英否定家庭是"理想的社会的起点"。甚至"理想的社会,每有待于没有家庭的人,多多努力"。他批判家庭对于女性的束缚,家庭并非"父母因有儿女越发相需相爱""因相需而相爱的,不是一种表面的欺诈么?"在恽代英看来,让女子产后在家照顾儿童,其实就是"做工不受报酬,不做工却受惩罚",便是"机械牛马"。当时的大多数妇女,"终日勤劬,不但没有工资,反栽为贤母良妻的天职,没有人感激她,若是不做工,便要骂她做懒婆娘了,甚至于殴责辱骂了"。恽代英总结到,"然而我们要真教女子不作牛马机械,不是不作工,倒是要女子在经济上平等",而"要解除她家庭的系累""要打破家庭""要儿童公育"。①

他一方面提倡结婚应该顺其自然。他批判迟婚是"违反自然的,不应该的"。只有"想表示与禽兽不同的人类,闹出强奸私通等笑话来"。但在当时,"断言决定不可以如此"。因为,当时的中国还受到帝国主义的剥削压迫,受到资本家的剥削压迫,受到官僚地主的压迫,一般青年还要解决吃饭问题,要"先把压迫中国人的人打到,再把一切压迫人的人打到",要"绝对没有吃饭问题,然后可以自由发展你们男女恋爱的本性"。②

在妇女解放的问题上,他既基于马克思主义认为要有崇高的目标,但同时还要考虑到当时中国的现实情况。1925年7月18日,他在《中国青年》第82期上发表《改造妻子问题》和《马克思主义者与恋爱问题》。前者主张"我们要宣传一切的人使赞助革命,以根本打破现在这种违反人性的社会制度,而消弭一切由此种社会制度所产生的罪恶痛苦"。后者认为"经济制度未完全改造以前,是没有美满的恋爱生活可言的"。

可以看出,这些文献,主要在于以马克思主义经济基础的决定作用,来指导和分析儿童公育、恋爱自由、早婚等问题。更为重要的是,他从中找到了鼓动青年去寻求全人类解放的动力源泉。

第三,以马克思主义女性观关怀现实妇女解放运动。1923年10月10日,恽代英在《国民日报》副刊《妇女周报》上发表《妇女解放运动的由来和其影响》。文章提倡妇女解放运动,提出既要提倡男女平等,女子不作男子的羁轭,又要反对资本主义的剥削制度。文章首先分析了人们一般鼓吹妇女解放运动的原因有三:因中西习俗的接触而促成人权观念的觉醒,因伦理观念的改变而唤起妇女解放的要求,因经济势力的压迫而引起宗法家庭的崩坏。在恽代英看来,"第三种原因最为主要"。因为,"青年男女都发生了独立生计问题,父既不能自信能养其子,夫亦不自信能养其妻。于是宗法家庭因经济主权的分散,而家主的威权亦因之而堕落,这使妇女解放

---

① 恽代英:《恽代英全集(第四卷)》,第73—100页。
② 恽代英:《恽代英全集(第六卷)》,第92—99页。

运动,与其他的解放运动,很自然地容易盛昌起来"。因此,"最要紧是大家协力改良经济组织,只有这才是合理的、最终的解决,不然,那便只能发生两种可能的结果,第一种是得了一个恋爱者却失去了一个社会,第二种是女子脱离了男子的羁轭,却又把雇主的羁轭戴了起来。我们想罢! 这种妇女解放运动,便可以踌躇满意[志]了么!"

他在 1925 年 3 月 7 日《妇女运动》一文中进一步指出,"妇女解放要以全人类的解放为前提。我们所希望的是全妇女的解放,是妇女的真正解放,我们反对那些妇女解放运动中的个人主义者与投机主义者,正如我们反对一切个人主义者与投机主义者一样",不能"误认妇女解放运动是要求一个更好的卖身的方式,是希望用自己的口才,狡猾与运气,为自己造一个较好的生活"。"不打破现在的家庭""不打破现在社会的经济制度",不可能实现妇女全体、真正的解放。因此,"只有真正觉悟的妇女才能做的工作,亦只有使妇女运动能引导妇女去做这样的工作,才可以说是有意义"。①恽代英更进一步提出,青年面对父母的"逼婚","把一般青年联络于代表你们自己利益的革命团体之下,谋改革命中国的政治",这样,"读书问题,生活问题,结婚问题,才可以完全解决"。②

恽代英还指出,在当时由于中国尚未独立,因此相对于改造家庭,首要需要解决的是改造社会。他在给立木来信关于《改造妻子问题》的回信中指出,"你的妻子亦不过是我们所应当宣传的人中间一个人而已,而且对她的宣传事业,在革命运动上面还没有对一般学生农工群众的宣传重要,所以你便不能改造她,并不见得你便不应努力改造社会"。③恽代英在《被压迫青年的问题》的回信中再次强调,"我们的第一件事是去唤醒一般同样受经济压迫的人,把所有受压迫的人都联合起来这是我们招兵练兵的工作,是我们要向全部经济制度下总攻击以前所必需要做的"。④

三、结　语

从前述考察可以看出,恽代英五四前的朴素自由主义女性观和五四后的马克思主义女性观,均产生于处在新陈代谢和转折中的近代中国。他的朴素自由主义女性观和马克思主义女性观有其深刻的时代烙印。事实上,在 20 世纪 20 年代,中国早期的马克思主义者,已经开始了马克思主义的妇女解放运动尝试。从这个意义上讲,中国的女性主义和马克思主义女性观在国际马克思主义女性主义中的地位和特殊性,也应该做进一步的研究和考察。因此,我们想强调:

第一,加强对于女性主义和马克思主义女性主义起源的本土审视。如果我们从

① 恽代英:《恽代英全集(第七卷)》,第 53—56 页。
② 恽代英:《恽代英全集(第七卷)》,第 109 页。
③ 恽代英:《恽代英全集(第七卷)》,第 191 页。
④ 恽代英:《恽代英全集(第七卷)》,第 220 页。

更广阔的中国近现代思想史背景,甚至近代世界史的背景进行审视的话,虽然中国近代的女性主义和马克思主义女性观与西学东渐分不开,但是应当看到,其产生的特殊背景意蕴。中国古代以来封建宗法制度下对妇女的压迫、压抑,极其严苛,到了近代中国更是达到顶点。鲁迅在其小说《呐喊》中有诸多详细、鞭辟入里的描述。像恽代英一样,当时有不少激进的青年有着对下层劳动妇女的体悟,典型如施存统1919 年的《非孝》风波及《浙江新潮》事件等等。对旧思想的"反动"本就暗流涌动,所以,女性主义和马克思主义女性观借助五四新文化运动在中国起源、萌芽也就是自然而言的事了。与此同时,虽然我们一般界定马克思主义女性主义作为一种系统的理论,产生于 20 世纪六七十年代。但事实上,在 20 世纪 20 年代,中国早期的马克思主义者,已经确是在做着马克思主义妇女解放运动也无可否认。从这个意义上讲,中国的马克思主义妇女运动在国际马克思主义女性主义中的地位和特殊性,也应该做进一步的研究和考察。

第二,当下如何在中国进一步深化发展马克思主义女性主义。近代中国在共产党的领导下,通过新民主主义革命,实现了包括所有妇女在内中国人民的根本解放。女性的权利、地位,在经过新中国至今七十余年的发展,也愈加巩固和进步并显出勃勃生机。然而与此同时,社会分化的加剧使得阶层因素在性别问题中扮演着越来越重要的角色,站在阶级/阶层立场上观察、分析、批判性别不平等问题的马克思主义女性主义,是当前中国社会的急需。此外,如何批判吸收西方马克思主义女性主义的理论和实践经验,重新审视和评估马克思主义女性主义的最终目标、本质,在此基础上思考中国的女性主义该如何进一步发展,我们还有更多的路要走。

作者简介:

余富团,男,华东师范大学讲师,研究方向为中共党史党建、中国近现代思想史。

从抗婚案看封芝琴的
意识觉醒及反思*

李 勇

摘 要:封芝琴走上抗婚之路归因于她的意识觉醒。在共产党引领婚姻变革、强调婚姻自由的法律制度出台以及妇女解放运动的基础上,封芝琴逐渐认识到封建婚姻礼教对妇女的不友好,进而拥有了抗婚的勇气和依据。随着文艺叙事的展开和马锡五审判方式的成功,封芝琴抗婚案得到广传。封芝琴不仅是当时妇女争取婚姻自由的榜样,其事迹通过转化为评剧和电影《刘巧儿》,还成为助力新中国《婚姻法》宣传的重要力量。由于社会情境的特殊性,抗婚案反映出来的封芝琴的意识觉醒有其局限性。封芝琴的意识觉醒不仅因政治伦理的主导而不彻底,作为反抗的初期尝试,她的意识觉醒亦有保守性。

关键词:封芝琴抗婚案;意识觉醒;婚姻自由;政治伦理

在妇女趋于沉默的传统社会,基于内外力共同作用形成意识觉醒几乎是不可能的。随着时代的推移,情况逐渐改变。一些先驱女性在艰难的社会环境中扛起妇女解放的大旗。从吕碧城、董竹君、秋瑾,到邓颖超、蔡畅、康克清,她们无一不在凭借自己的方式和力量打破束缚在万千妇女身上的枷锁。与这些带着传奇色彩且大名鼎鼎的女权先驱不同,本文讲述的是生活在西北边陲的农村妇女封芝琴的故事。封芝琴为人熟知并非出于她的丰功伟绩,而是源自一起在那时那地颇具英雄主义色彩的抗婚案。

既有关于封芝琴抗婚案的不少研究,主要是基于将该案作为马锡五审判方式的

---

* 本文系中国人权研究会 2020 年度部级课题"中国消除对妇女歧视四十年:认识、实践与前瞻"(批准号 CSHRS2020-23YB)的阶段性研究成果。

典型案例①和作为文学叙事的典型示例②展开的，鲜有专门基于女性视角的探讨。考虑到封芝琴抗婚案是一个极具性别色彩的案件，且对边区乃至新中国妇女解放产生了重要影响，本文将基于美国女权主义法学领军者凯瑟琳·A.麦金农（Catharine A. MacKinnon）在探讨妇女解放问题时提出的基本方法——"意识觉醒"③来分析封芝琴抗婚案，以揭示催生该案的诸多因素及其对后世的积极影响与不足之处。

一、封芝琴抗婚案梗概

封芝琴抗婚案是20世纪40年代初发生在陕甘宁边区陇东分区的一起原本很普通，但后来享誉中国的婚姻纠纷案件。封芝琴，小名封捧儿，1925年5月15日④出生于华池县城壕川转嘴子村，出生前便被父亲封彦贵指腹为婚。1928年，也即封芝琴未满3岁时，封彦贵便把她许给张金才的儿子张柏，两家系远房亲戚。张家向封彦贵支付10块银元的彩礼，两家正式定下婚约。在当时的陕北农村，订婚虽非结婚的最终程序，却是必经程序。这为封芝琴抗婚的故事埋下伏笔。

（一）封芝琴抗包办婚姻

到20世纪40年代，陕甘宁边区彩礼涨幅较大。⑤封芝琴的父亲封彦贵要求张柏家增加彩礼，未获应允。为减少财产损失，1942年6月，封彦贵说服封芝琴向华池县司法处呈递解除封张二人婚约的申请。根据《修正陕甘宁边区婚姻暂行条例》有关已订婚男女正式结婚前可单方向政府申请解除婚约的规定，县司法处解除了封芝琴与张柏的婚约。

对封彦贵来说，他以婚姻自由为名游说女儿同意解除婚约的目的是谋取更多钱财。从封芝琴的角度讲，她接受了移风易俗的思想，非常向往共产党倡导的婚姻自由。故她本人也主张，自己与张柏素未谋面，怎能结婚呢？既然婚姻自由在边区已得到确认，跟谁结婚就成为了自己的选择。可见，在共产党倡导的婚姻自由和边区

---

① 比如，李晓倩：《马锡五：法曹英贤"马青天"》，《共产党员·上》2021年第2期，第54页；刘星：《马锡五审判方式的"可能"的运行逻辑：法律与文学》，《清华法学》2014年第4期，第82—102页；缪平均：《马锡五：抗战时期边区民主司法战线上的模范》，《文史春秋》2016年第2期，第56—58页，等。

② 比如，贺桂梅：《人民文艺中的婚姻家庭叙事与妇女解放的历史经验》，《妇女研究论丛》2020年第3期，第5—21页；马亚琳：《〈刘巧儿〉的文本演变与主题演进》，《广西社会科学》2014年第8期，第169—173页；周尝棕、简船：《新凤霞和她的艺术道路》，《文艺研究》1981年第3期，等。

③ 凯瑟琳·A.麦金农：《迈向女性主义的国家理论》，曲广娣译，中国政法大学出版社，2007年，第119页。

④ 一般认为封芝琴生于1924年。但封芝琴在给张希坡的回信中提到，她的生日是"农历五月十五日，属牛的"。后来张希坡直接与封芝琴通电话确认，回答仍如此。按当时的牛年推算，应为1925年，本文采用这一说法。参见韩伟：《刘巧儿的历史言说与真实》，《寻根》2018年第1期，第109页。

⑤ 到20世纪40年代中期，延安和陇东等地的彩礼高达100—150万法币，最低也要3 000法币。参见丛小平：《左润诉王银锁：20世纪40年代陕甘宁边区的妇女、婚姻与国家建构》，《开放时代》2009年第10期，第71页。

政府社会改造的影响下,封芝琴已在一定程度上破除传统婚姻理念。这对反抗压迫妇女的封建包办婚姻,以实现封芝琴自身的婚姻自由具有重要意义。

(二)封芝琴抗买卖婚姻

此后,封彦贵把封芝琴重新许配给高家,她坚决不同意。随即,封彦贵又与城壕川南源的张宪芝家定下婚约,将封芝琴许配给张宪芝的儿子,获得48块银元、2 400元法币的彩礼钱。事实上,早在1943年,封芝琴到四叔家吃喜宴,张柏恰巧也在,两人在第三人的介绍下正式见面,双方都感觉不错,已互生爱慕之心。故在父亲将其许配给他人后,封芝琴哭闹不止,表示非张柏不嫁。张家父子知道后,随即状告封彦贵。由于买卖婚是边区政府明令禁止的婚姻形式,华池县司法处撤销了封芝琴同张宪芝家的婚约。这激怒了封彦贵,他不顾妻女反对,将封芝琴卖给庆阳新堡区的富绅朱寿昌,收取20块银元、8 000法币、4匹哔叽布作为彩礼。封芝琴誓死不从。

无奈之下,封芝琴带话给张柏家。一是表明自己除张柏不嫁他人的坚定态度,二是让张柏家赶紧想办法,以使二人能够早日缔结连理。情急之下,张柏之父张金才纠集二十多人,趁封彦贵外出赶庙会上门抢亲,当夜便举行仪式(当时华池农村地区流行抢亲习俗)。试想之,在社会管理相对规范的陕甘宁边区,若无封芝琴的明确表态,张家再怎么也不敢公然抢亲。次日,封彦贵将张金才等人诉至县司法处。县司法处认定抢亲行为违背《陕甘宁边区婚姻条例》,故将张金才及其他参与抢亲的人抓至县里。在未经详细审查的情况下,宣布封张二人的婚姻无效并处张金才六个月的有期徒刑。另外,张柏被羁押,封芝琴被要求呆在张柏姑母处等候处理。

(三)封芝琴抗县司法处断案不公

封芝琴不服华池县司法处的判决。为追求婚姻自由,她奋起反抗之。张柏被关后,封芝琴到庆阳找县长第五汉杰,讲述自己抗婚的经过,希望县政府为其讨回公道。然而,第五汉杰却认为,封芝琴和张柏的婚姻属买卖婚,她同意这桩婚事是错误的,遂将其关押起来。解除关押后,封芝琴徒步数十公里来到时任陇东分区专员的马锡五家,以买卖婚姻为由状告父亲封彦贵,以断案不公为由状告华池县司法处。[①]马锡五听完封芝琴的讲述后,意识到该案是边区典型的婚姻纠纷,便决定亲自审理。

马锡五展开深入调查,了解实情和舆情,并派员与封芝琴沟通,她始终坚持同张柏结婚是两情相悦。最终,马锡五纠正了华池县司法处的判决,具体如下:1.封芝琴和张柏属自愿结婚,二人的婚姻有效;2.封彦贵买卖婚姻的行为违法,科以劳役;3.张金才抢亲的行为破坏社会风气,处以徒刑;4.朱寿昌买妻属品行不端,没收彩礼。至

---

① 另有说法是,封芝琴碰到马锡五在华池巡视工作,故拦路告状。参见韩伟:《刘巧儿的历史言说与真实》,《寻根》2018年第1期,第108页。

此,封芝琴和张柏有情人终成眷属,二人的婚姻最终得到法律的保护。①

二、催生封芝琴意识觉醒的因素

多年后,封芝琴仍表示,"我是反对包办买卖婚姻的。我主张自由恋爱,主张婚姻自主,如果收彩礼、要钱、把人当作东西买卖,人就变成了商品。把人当作商品,那人还有什么自由呢?"②即便在今天,这种思想也难说不先进。问题在于,作为 20 世纪 30 年代生长于西北偏远地区的普通农妇,封芝琴为何敢打破婚姻礼教的坚固牢笼,奋力追求婚姻自由?回溯至当时的社会情境中,可窥见催生封芝琴意识觉醒的主要因素。

(一)共产党引领婚姻变革激发封芝琴抗婚

红军长征到达陕甘宁地区后,发现这里的妇女家庭地位低下,更谈不上婚姻自由。鉴于妇女是重要的革命力量,共产党开始主导展开婚姻变革,推行婚姻自由成为了共产党在边区展开妇女工作的核心。彼时的边区盛行"包办、伙婚、重婚、早婚、买卖等封建婚姻",③尤其是包办婚姻,在当时的农村地区被认为是天经地义的。在此类婚姻中,妇女被视作可供买卖的财产,婚前连结婚对象都难见到。共产党若试图实现婚姻自由,就须摧毁封建父权制的顽固堡垒。在性别问题上,共产党提出了"男女平等、婚姻自由"的主张。这使边区妇女看到曙光,她们非常认同共产党在这方面的努力。

封芝琴出生于共产党成立初期,成长于共产党推进婚姻变革的过程中。在渐达婚龄时,红军又转战陕甘宁边区。若说早年封芝琴听闻共产党反对封建婚姻礼教的基本立场,更多是通过间接的革命宣传,那么,共产党转战陕甘宁边区后,封芝琴对此有了更直观和真切的体验。

一方面,共产党有关婚姻自由的宣传和倡导,促使封芝琴认识到封建婚姻礼教对妇女的压迫是错误的。边区妇女受此压迫已久,但一直以来,这都被认为是理所当然的。故很多妇女即便深受其苦,也难认识到这种婚姻礼教的错误性。正如贝蒂·弗里丹(Betty Friedan)撰写的先锋之作《女性的奥秘》道明了困扰美国中产阶级女性的"无名问题"④,共产党对婚姻礼教的变革亦激发了封芝琴的意识觉醒。另一

---

① 参见陕西师范大学教育研究所编:《陕甘宁边区教育资料:社会教育部分(上册)》,教育科学出版社,1981 年,第 147 页。

② 段知行:《今日"刘巧儿"——访"刘巧儿"的生活原型,共产党员封芝琴》,《党的建设》1989 年第 3 期,第 25 页。

③ 周锦涛:《抗战时期陕甘宁边区农村的女性解放》,《河北大学学报》(哲学社会科学版)2011 年第 6 期,第 45 页。

④ 贝蒂·弗里丹:《女性的奥秘》,程锡麟等译,四川人民出版社,1988 年,第 1—25 页。

方面,对共产党的信任,赋予封芝琴抗婚的依据和勇气。个人认识到某种错误,不代表他有能力、条件和勇气反抗这种错误,封芝琴亦如此。在谈及如何敢抗婚时,封芝琴回忆道:"我跑去找马专员,他当时正和李春霖两个吃饭着哩,我把事情告诉了他,我说毛主席和周总理说下(婚姻自由)那个话着呢,要不我也不敢来寻你"。①在这里,党的领导人毛泽东和周恩来的主张成为她抗婚的勇气和依据。

(二) 婚姻立法的进步是封芝琴抗婚的规范基础

陕甘宁边区政府在初步稳定政权后,便开始了婚姻立法工作,进而出台许多与之相关的法律法规,其中最重要的是 1939 年《陕甘宁边区婚姻条例》(下称《婚姻条例》)的颁布。

《婚姻条例》明确规定了禁止强迫、买卖和包办婚姻,婚姻关系的缔结应当基于本人的意愿,结婚需要双方自愿等内容。条文虽采用性别中立的措辞,但考虑到妇女在婚姻中长期受剥削和压迫的事实,规定上述内容乃倾向于运用法律的形式来消除妇女在婚姻方面面临的诸多不自由。《婚姻条例》的颁布和实施促进边区妇女的意识觉醒,她们的婚姻观开始改变,自由婚姻逐渐流行起来。②婚姻自由同样反映在离婚条件的设定上,也即协议离婚不成的,夫妻任何一方均可以诉讼离婚。"《婚姻条例》强调婚姻应建立在'感情'和'自由意志'的基础上,确实表现出了此时共产党在妇女政策上的激进主义倾向。"③实现妇女的个性解放和婚姻自由,是这一立法的初衷。

婚姻立法的推进为封芝琴抗婚奠定了规范基础。在第一次抗婚期间,封芝琴依据的是《陕甘宁边区政府关于严禁买卖婚姻具体办法的命令》中有关婚姻案件的受理方式、《婚姻条例》中有关禁止包办、买卖、强迫婚姻、《修正陕甘宁边区婚姻暂行条例》中关于订婚男女可以单方向政府申请解除婚约的规定。马锡五接手该案以后,最终判决张柏和封芝琴之间的婚姻有效,凭借的正是《婚姻条例》确立的婚姻自由原则,认为二人结婚实属两情相悦。④司法裁判以法律为基础,纵使共产党的婚姻政策如何先进,如果不以立法的方式固定下来,封芝琴也很难有状告父亲封彦贵和县司法处、主张同张柏的婚姻有效的法律依据。在此情形下,无论马锡五审判方式再灵活,轰动当时、闻名后世的封芝琴抗婚案也难有机会出现。

(三) 边区妇女解放运动助推封芝琴抗婚

除共产党引领婚姻变革和婚姻立法的进步等外部因素,抗婚案的发生还需要内

---

① 马晓玲:《"巧儿"留下的最后念想》,《中国档案》2017 年第 4 期,第 80 页。

② 参见张秀丽、李梅:《试论抗战时期陕甘宁边区妇女思想观念的解放》,《延安大学学报》(社会科学版) 2004 年第 3 期,第 59 页。

③ 丛小平:《左润诉王银锁:20 世纪 40 年代陕甘宁边区的妇女、婚姻与国家建构》,《开放时代》2009 年第 10 期,第 63 页。

④ 参见程刚:《20 世纪中国八大名案之刘巧儿戏外有戏》,https://news.sina.com.cn/c/164329.html, 2022 年 8 月 8 日访问。

部因素的作用。也即,封芝琴不仅需要认识到封建婚姻礼教对妇女的剥削和压迫,还应当形成反抗这些婚姻礼教的内心确认。在这方面,妇女解放运动的兴起和推广是促使封芝琴抗婚内部因素产生的重要条件。"陕甘宁边区的妇女运动在中国妇女运动史上,占据最光辉的一页。"①妇女个性解放、争取婚姻自由、接受新式教育、放足等,是此阶段妇女运动的主要内容。1937 年,陕甘宁边区第一次妇女代表大会得以召开,大会选举成立了边区妇联。在这之下,形成了全面的妇联组织网络。②边区各级妇联领导下的妇女运动所涉内容广泛,本文主要对与本案直接相关的内容作以介绍。

首先,开展放足运动。反缠足陋习是妇联工作的重要部分,妇联充分利用各种途径,展开广泛动员,呼吁妇女放足,并教她们裁剪圆头鞋样。其次,引导开展素质和文化教育,以提升妇女的总体素质和文化水平。1937 年伊始,边区政府大办冬学,妇联是推动冬学的成员之一。各级妇联通过开展社会教育,教授农村妇女识字和写字,在此过程中宣传共产党的施政纲领、保育治家以及妇幼卫生保健等常识,女子扫盲的社会教育还延伸到工厂中。③复次,宣传《婚姻条例》是此时妇女解放运动的重要内容。1940 年,边区妇联决议案要求广大妇女干部认真学习《婚姻条例》,站在坚决支持《婚姻条例》的立场上,就对婚姻自由存在误解的民众展开悉心的教育。④最后,拥军支前。1938 年,边区妇女自卫军人数已过万,参与者多为 18 到 30 岁的未缠足妇女。妇女自卫军在积极参与生产之余,需要接受军事训练,主要承担放哨、锄奸、送信等警戒任务,有时还帮助军队修筑工事、运输物资。⑤

此时正值青春年少的封芝琴必然会受影响,从而加入到声势浩大的妇女解放运动中。孩童时,封芝琴就撇开裹脚布,积极响应共产党反缠足陋习的号召。不同于那时那地严格的劳动性别分工,封芝琴很早就走出窑洞,投身到社会和革命运动中。参与社会教育使封芝琴学会日常用字,这让她能读懂《婚姻条例》,加上婚姻自由的宣传,婚姻自由理念得以在她心中生根发芽。为回应共产党提出的妇女支前号召,不到十六岁封芝琴便已参与到妇救会及其他支援前线的行动中。政治参与⑥是边区妇女解放运动的重要内容,封芝琴也参与其中。由于出色的表现,此时的封芝琴已当选为所在村的妇女代表。总之,由于参与妇女运动及由此带来的同社会的广泛接触,封芝琴的思想逐渐发生了转变。她拥护边区政府的政策法规,向往边区政府婚

---

① 任中和:《陕甘宁边区的妇女解放运动》,《陕西档案》1995 年第 4 期,第 26 页。

② 参见任中和:《陕甘宁边区的妇女解放运动》,《陕西档案》1995 年第 4 期,第 26 页。

③④ 参见严引仙:《陕甘宁边区的妇女运动——写在新中国成立 60 周年之际》,《陕西档案》2009 年第 5 期,第 51 页。

⑤ 参见严引仙:《陕甘宁边区的妇女运动——写在新中国成立 60 周年之际》,《陕西档案》2009 年第 5 期,第 52 页。

⑥ 考虑到革命和抗战时期的特殊政治和社会环境,这里的政治参与与现行法律中的参政权有一定的出入。

姻制度描绘的婚姻自由图景,这为她反抗封建婚姻礼教奠定了坚实的思想基础。①

三、封芝琴抗婚案促进更多女性意识觉醒

在特定的时空背景下,作为打破封建婚姻礼教的先锋者,封芝琴抗婚案的出现具有重要意义。这之后,封芝琴成为标杆性的角色,激励了更多妇女打破封建婚姻礼教的束缚,奋力地追求个性的解放,以及属于自己的爱情、婚姻和幸福。

(一) 为何能唤醒更多女性意识觉醒?

从大历史的角度看,封芝琴只是一个微不足道的农村妇女,封芝琴抗婚案亦只是一起普通的婚姻纠纷。为何这样一起案件足以轰动陕甘宁边区,乃至全中国? 在共产党彼时提出的较激进的婚姻政策下,敢于挑战封建婚姻礼教的妇女绝不只封芝琴一人,②为何只有她成为妇女争取婚姻自由的符号? 事实上,封芝琴抗婚案之所以能够对当时乃至此后的中国社会产生如此广泛和深远的影响,主要出于两方面因素的耦合作用。

一方面,文艺与政治的结合促进封芝琴抗婚案的广传。在革命时代,文艺服务于政治,戏剧运动亦如此。1943 年,中央文化工作委员会制定了戏剧运动"为战争、生产、教育服务"③的总方针。当时的文艺工作者饱含革命热情,封芝琴的事迹引起了他们的注意,抗婚案的文艺叙事依此展开。1945 年,延安保安处剧团上演新剧《刘巧儿》,后经多次改编,戏剧版的封芝琴抗婚案在边区广泛传播开来。保安剧团也很乐意下乡巡演,即便当时的演出条件简陋,但考虑到,"戏曲是中国传统社会最主要的公共娱乐活动之一,几乎充塞到了中国乡村社会的每个角落",④所以一听说要演戏,哪怕路途遥远,人们都会前来观看。⑤后来,因为观众越来越多,《刘巧儿》开始在延安的新市场以售票的形式演出。⑥年轻妇女在看戏的过程中,婚姻自由的种子就已经种在她们的心中。在影视形象"刘巧儿"的熏陶下,更多妇女选择突破婚姻礼教的束缚,追求婚姻自由。自此,封芝琴与刘巧儿一起被广泛传播开来。

另一方面,封芝琴抗婚案与倍受赞许的马锡五审判方式共荣。换言之,封芝琴抗婚案催生了马锡五审判方式,马锡五审判方式获得褒奖反过来使封芝琴抗婚案得

① 参见严引仙:《陕甘宁边区的妇女运动——写在新中国成立 60 周年之际》,《陕西档案》2009 年第 5 期,第 51 页。
② 陕甘宁边区高等法院档案显示,1944 年,陕甘宁边区各县法庭处理了 23 例解除婚约引起纠纷的案件。1945 年上半年,类似纠纷增至 56 例,均是由女方提出的,包括多起"一女多许"的案件。
③ 秦林芳:《论解放区前期的"艺人改造"》,《文艺研究》2022 年第 5 期,第 86 页。
④ 孙波等:《大历史中的小人物:刘巧儿"故事"的文化审视》,《陇东学院学报》2015 年第 2 期,第 12 页。
⑤ 参见杨伟宏、马慧芳:《抗战时期陕甘宁边区婚姻法规的实施与成效》,《中国高校社会科学》2017 年第 1 期,第 120 页。
⑥ 参见郝在今:《评剧〈刘巧儿〉与三位女性的传奇经历》,《党史博览》2005 年第 2 期,第 27 页。

到更多关注。从正面看,封芝琴抗婚案成就了马锡五审判方式。该案中,马锡五融合法理和情理的判决,受到普遍欢迎。对司法制度的发展而言,马锡五审判方式具有里程碑意义,它是共产党司法制度取代国民党旧司法制度的标志。在后世司法实践中,由于减少了诉讼成本并提高司法可信度,这种审判方式多被褒奖,并应用于当下的司法改革。概言之,无论司法实践还是学术研究,马锡五审判方式都受到极大赞扬。从反面看,马锡五审判方式在后世司法实践中的推广、在司法话语中的长存,及在学术层面不断受重视,同样成就了封芝琴抗婚案。但凡涉及马锡五审判方式的地方,都无法绕开该案。在此过程中,封芝琴抗婚案与马锡五审判方式一道为后世所熟知和颂扬。

(二) 树立了争取婚姻自由之新女性的典范

得益于以戏剧《刘巧儿》为核心的文艺宣传和对马锡五审判方式的推崇,敢于打破封建婚姻礼教、争取婚姻自由的封芝琴抗婚事迹在陕甘宁边区逐渐流传开来。封芝琴被形塑为新女性形象,对倡导边区妇女的婚姻自由、推动妇女解放运动的发展产生了重大的影响。

相较之城市地区和南方农村,陕甘宁边区更像一块文化荒地,这为封建婚姻礼教的延续提供了土壤。很长时间以来,童养婚、转房婚、包办婚、买卖婚等诸多落后,甚或畸形的婚姻形式,都在这里存在并实际运行。广大青年妇女深受其害,许多妇女依旧像商品一样被唯利是图的父母买卖。①在这种极具压迫性的婚姻礼教之下,不少妇女只能在各样的婚姻悲剧中草草过完一生。因为无法离婚而自杀或被丈夫杀害的案件层出不穷。在延安县,一名妇女经包办嫁给他人,婚后受尽丈夫和夫家成员虐待。她到边区政府主张离婚被拒后,恐遭丈夫毒打,故无奈在回家途中自杀。

可见,于封芝琴生长的环境中,在共产党的推动下,婚姻自由虽已出场,但在现实情况和民众心中,传统婚姻礼教依旧有不可撼动的地位。在此背景下,封芝琴未向封建婚姻礼教屈服,也未踏上悲观的自绝之路;相反,她毅然举起反对包办和买卖婚姻的大旗,以英雄主义的姿态反抗封建婚姻礼教,身体力行地诠释了《婚姻条例》倡导的婚姻自由。封芝琴在反对包办和买卖婚姻、寻求婚姻自由方面表现出来之较高程度的意识觉醒,影响和教育了千万妇女。②封芝琴亦因此成为,"在父辈主导建立的家庭关系、复杂的乡村社会格局以及传统伦理秩序规约中,顽强地发出自己的声音,争取婚姻自由的妇女代表和妇女解放运动获得胜利之象征的农村新女性形象"。③

---

① 参见杨伟宏、马慧芳:《抗战时期陕甘宁边区婚姻法规的实施与成效》,《中国高校社会科学》2017 年第 1 期,第 123 页。

② 参见段知行:《今日"刘巧儿"——访"刘巧儿"的生活原型,共产党员封芝琴》,《党的建设》1989 年第 3 期,第 25 页。

③ 贺桂梅:《人民文艺中的婚姻家庭叙事与妇女解放的历史经验》,《妇女研究论丛》2020 年第 3 期,第 14 页。

为争取婚姻自由而敢于同封建婚姻礼教抗争的封芝琴,用实际行动让其他妇女看到,妇女婚姻自由的权利受法律保护,她们亦可像封芝琴那样在法律的保护下追求属于自己的婚姻自由。封芝琴抗婚的事迹唤醒了边区妇女的权利意识。起初,权利一词对普通妇女来说是遥不可及的,或只是一种奢望。封芝琴抗婚案呈现出来的是女性争取自身权利、主张独立和自主的鲜活体验。相应地,封芝琴抗婚案成为解放区妇女依法维权的丰碑,亦为新中国首部《婚姻法》的出台编写了前奏曲。"封芝琴抗婚案对中国妇女摆脱封建社会的父权统治,走向婚姻自由起到了促进作用,成为妇女婚姻自由的象征和推动妇女解放运动的一面旗帜。"①作为主人翁的封芝琴是一个时代妇女争取婚姻自由的符号,对后世的妇女解放产生了深远的影响。②

（三）助力新中国第一部《婚姻法》的宣传

"毛泽东看得很清楚,我们解放了,若试图建设国家、安定社会、保障人权,首先需要从婚姻家庭着手"③,故新中国成立后出台的第一部法律是《婚姻法》。《婚姻法》在明文废除封建婚姻制度的基础上,确认实行婚姻自由、两性权利平等、保护妇女合法权益的新婚姻制度。不过,颁布后的最初一段时间内,该法没有带来预期的效果,封建婚姻礼教的残余仍在发挥作用。一些地区有人公然干涉婚姻自由,甚至引发大量妇女自杀或被杀的恶性案件。面对不断涌现的婚姻悲剧,一场全面普及《婚姻法》的"战斗"悄然拉开序幕。在强硬的措施下,农村地区类似的案件得到了控制。然而,邓颖超不满于眼下的局势,因为封建婚姻观念依旧牢固地存在于农村民众的心中。

在此情形下,《婚姻法》倡导的婚姻自由很难贯彻下去。为此,邓颖超组织妇联召开会议,试图寻找经典案例,助力《婚姻法》在农村地区的宣传和普及。与会代表将目光投向了封芝琴抗婚案,有人提议将该案件再次改编以配合《婚姻法》宣传。邓颖超在会议结束后便将这一提议上报给了中央,并请求文化部予以协助。事实上,新中国成立以后文化部一直在排演体现妇女解放的剧目,广为流传的封芝琴抗婚案无疑是宣传解放区妇女解放政策的最佳题材。在邓颖超等人的推动下,1950 年年底,封芝琴抗婚的事迹经由首都实验评剧团改编为评剧《刘巧儿》。由于戏剧宣传的有限性,1956 年,长春电影厂又在评剧的基础上拍摄成电影《刘巧儿》。该电影在全国公开放映后,深刻地影响了广大青年妇女。作为反抗封建婚姻礼教,争取婚姻自由的典范,"刘巧儿"的形象为推动第一部《婚姻法》的实施和普及发挥了重要作用。④

① 杨建福:《从"刘巧儿案"看陕甘宁边区政府的社会改造运动和婚姻司法制度》,《陇东学院学报》2014年第 6 期,第 9 页。
② 参见孙波等:《大历史中的小人物:刘巧儿"故事"的文化审视》,《陇东学院学报》2015 年第 2 期,第 10 页。
③ 王丽丽:《新中国立法史从哪里起源》,《检察日报》2012 年 8 月 6 日,第 3 版。
④ 参见韩伟:《刘巧儿的历史言说与真实》,《寻根》2018 年第 1 期,第 110 页。

评剧《刘巧儿》的经典唱词——"生死婚姻自己不能当家",描述的是封建婚姻礼教对中国妇女的束缚。新中国成立后,情况得到改观,妇女主张婚姻自由的需求愈发强烈。"巧儿我自幼许配赵家,我和柱儿不认识我怎能嫁他?我的爹在区上已经把亲退,这一回我可要自己找婆家呀!",这句唱词运用了在彼时可谓石破天惊的腔调,直接表达出了新中国妇女追求平等和渴望自由的期许。在评剧和电影《刘巧儿》的影响下,婚姻自由的观念逐渐为公众内化,《婚姻法》实施的效果明显。具体为,在登记结婚的男女中,自由恋爱占比和寡妇再嫁数量均有增加;就婚姻解除而言,女方提出离婚的占比、童养媳解除婚约者亦在攀升。①

四、封芝琴抗婚案之于女性意识觉醒的局限

受制于民主革命、社会主义革命和建设时期的历史现实,封芝琴抗婚案在促进女性意识觉醒方面亦存在局限性。共产党转至陕甘宁边区是大革命失败的无奈之举,加上抗日战争全面爆发,决定了20世纪40年代共产党的中心任务是革命和抗战。故而,哪怕此时再激进的婚姻政策,根本上也只为中心任务服务。另外,社会变革的渐变性规律亦决定了,封芝琴抗婚只是对根深蒂固之封建婚姻礼教的初步、尝试性的反抗,难免带有保守性。

(一)国家建构下的意识觉醒具有外部性

陕甘宁地区经济落后,气候和生态条件都较恶劣。如何展开政治动员,发动包含边区农村妇女在内的广大民众参与革命,是共产党面临的现实难题。中国妇女长期受封建"四权"②的压迫,这在陕甘宁边区表现得更明显。在这里,妇女难有婚姻自由,参与普遍意义上的社会活动受到严格限制。③一方面,此时共产党从婚姻自由着手,提出新的方针政策,将倍受妇女欢迎,有助于建立起她们对共产党的信任;另一方面,面对战争的压力与人手短缺问题,若试图让农村妇女支援前线,就必须让她们走出家庭,打破封建婚姻礼教是前提。就此,"青年女性的婚姻问题不仅关乎她们个人与女性群体的权利,更是共产党重构乡村社会的关节点",④展开革命的重要突

① 参见刘维芳:《1950年〈中华人民共和国婚姻法〉贯彻实施的历史考察》,《中华女子学院学报》2020年第6期,第103—104页;唐士梅:《1950年〈婚姻法〉对汉中婚俗文化的影响》,《文化遗产》2015年第3期,第113—115页;王思梅:《新中国第一部〈婚姻法〉的颁布与实施》,《党的文献》2010年第3期,第23页,等。
② 具体为政权、族权、神权、夫权。参见陈嘉铮、龙德瑜:《论"四权"与中国古代农民战争的关系》,《学术月刊》1960年第12期,第12页。
③ 参见张秀丽、李辉:《试论抗战时期陕甘宁边区妇女思想观念的解放》,《延安大学学报》(社会科学版)2004年第3期,第58页。
④ 贺桂梅:《人民文艺中的婚姻家庭叙事与妇女解放的历史经验》,《妇女研究论丛》2020年第3期,第10页。

破口。

1939年颁布的《陕甘宁边区婚姻条例》蕴含如下假定:确立婚姻自由原则符合妇女利益,可促使妇女为追求有感情的婚姻和自由而加入革命和抗战。特别在抗战时期,共产党希望发挥妇女的作用以助力民族解放。依此,共产党对妇女的动员极具政治伦理色彩。典型的是1943年通过的《关于各抗日根据地目前妇女工作方针的决定》,充分"体现了共产党在处理党、妇女解放、男性农民的关系时,开始从中国国情出发,调整此前激进的婚姻政策"。①这是共产党为取得抗战胜利,对封建父权势力作出的必要让步,其在一定程度上是以牺牲妇女婚姻自由为代价的。总之,"共产党的婚姻制度改革并不以解放女性为唯一目标,而是将女性问题与婚姻制度革命、乡村社会关系改造、人民战争动员、发展经济生产等共同视为总体性的人民政治实践的组成部分"。②

共产党转至陕甘宁边区时,封芝琴已经十岁。在她人生观和世界观形成的重要阶段,共产党的方针政策产生了重要的影响。待到稍大一点时,封芝琴便为支持革命和战争积极参与到形式各样的支前活动中。在此过程中,封芝琴的意识觉醒逐渐形成。也正由于形成于革命和抗战的大背景下,封芝琴的意识觉醒难免带有浓厚的时代印记。

一方面,从封芝琴提到的敢于抗婚的理由中,可以发现,封芝琴在怀疑并反抗县司法处决定的同时,充分相信共产党,她奋力地追求婚姻自由仅是因为毛泽东、周恩来等党的领导人号召民众这样做。虽然"他/它让我这样做"是我这样做的理由,但这种理由多有外部性。这在特定时空背景下虽可促成某种行为的发生,问题是,这很可能造成个人主体性的缺位。封芝琴的意识觉醒亦如此,她作为独立之人拥有的对自身平等、权利和自由的看法让位于共产党及其领导人。另一方面,受制于革命和抗战的中心目的,封芝琴意识觉醒的对象亦有严格的限定性。意识觉醒涵盖的范围很广泛,它涉及妇女在政治、经济、文化、社会等各方面观点和看法的转变,但通过回顾封芝琴的一生可见,她的意识觉醒集中在婚恋自由上。在顺利同张柏结婚后,她的人生轨迹和边区其他农村妇女并无太大差异。

(二) 封芝琴意识觉醒中的保守性

人类社会发展的经验启发我们,社会文化和思想观念的改变不是一蹴而就的。封芝琴抗婚的举动同彼时陕甘宁边区农村社会的格格不入,决定了她的意识觉醒存在保守性。

① 周蕾:《妇女运动新方向的确立》,《山西师大学报》(社会科学版)2015年第4期,第14页。
② 贺桂梅:《人民文艺中的婚姻家庭叙事与妇女解放的历史经验》,《妇女研究论丛》2020年第3期,第8页。

一方面,在第一次抗婚中,封芝琴的做法并非全然符合婚姻自由的要求。这次抗婚不是封芝琴提出的,她同意解除婚约只是父亲以"婚姻自由"为名说服的结果。向政府请求解除婚约是父亲操办的,封芝琴未有实质性地参与。而此时封芝琴已17岁,亦加入到边区妇女运动中。故从起因看,封芝琴没有反抗这段婚姻的意愿。若非后来父亲为谋利而将之反复许配,激怒封芝琴,她或许会按婚约嫁给张柏,不会走上抗婚之路。封彦贵教唆封芝琴同意解除婚约,旨在得到更多经济利益。在这里,"婚姻自由"俨然成为了悔婚的托辞。这是男性农民利用女儿的婚姻自由谋取利益的典型表现,与封芝琴的婚姻自由无直接关联。就此,封芝琴非唯一。"从可见的案例看,通常是父亲陪同女儿到当地政府,以'婚姻自由'和废除'包办'为由解除婚约。此后,父亲再为女儿另寻能支付更多彩礼的婆家。"①从此意义上讲,封芝琴同意父亲提出解除婚约的请求,非但未摆脱父权的束缚,反而强化了父权的势力。

另一方面,最终与封芝琴结婚的是她最早的许配对象张柏。婚姻自由与恋爱自由紧密相关。封芝琴在未同张柏有更多接触的情况下做出同意结婚的意思表示,哪怕最弱意义上的恋爱自由也未得到充分体现。后来,封张"合谋"缔结连理时选择的是抢亲旧俗,并非根据边区婚姻法设定的程序、以婚姻自由为要旨而结婚。②封芝琴在向马锡五陈述时提到之愿意嫁给张柏的理由是老实、忠厚、劳动好,更多只是物质性的考量。在封芝琴婚姻缔结的主观要素——自愿中,为通常意义上的恋爱自由所必须的情感因素很少。封芝琴最终选择同张柏结婚,一是反感父亲将自己反复许配的行为,其间摇曳着"从一而终"的影子。这很可能是马锡五判决封张二人婚姻有效后,公众认为合情理的内在原因。二是作为深受婚姻礼教影响的农村妇女,无论有意还是无意,封芝琴心灵深处或都潜藏些许对"父母之命、媒妁之言"的认同。她拒绝嫁入经济条件较好的朱家,未基于自由恋爱与其他男性结婚,而坚决主张同张柏的婚姻有效,亦在一定程度上表明封芝琴未彻底摆脱封建婚姻礼教的影响。③

结　语

封芝琴抗婚案是时代的产物,也是反映特定时期妇女生存面貌的多棱镜。呈现出来的是20世纪40到50年代,农村妇女在争取婚姻自由与革命实践彼此勾连和融合的历史形态。④在革命年代,妇女被卷入政治浪潮。她们在完成民族独立和人

---

① 丛小平:《左润诉王银锁:20世纪40年代陕甘宁边区的妇女、婚姻与国家建构》,《开放时代》2009年第10期,第72页。

② 参见孙波等:《大历史中的小人物:刘巧儿"故事"的文化审视》,《陇东学院学报》2015年第2期,第12页。

③ 参见韩伟:《刘巧儿的历史言说与真实》,《寻根》2018年第1期,第111页。

④ 参见贺桂梅:《人民文艺中的婚姻家庭叙事与妇女解放的历史经验》,《妇女研究论丛》2020年第3期,第8页。

民解放使命的同时,形成了自我意识觉醒。这使她们敢于突破现状,追求恋爱和婚姻自由。在这里,共产党妇女解放道路的优越性得到了最直观的体现。然而,受制于革命和解放的前置性目标,这些妇女在实现意识觉醒、追求自身的独立和解放方面仍很有限。在政治伦理主导下的共产党妇女工作中,妇女很难实现源于自身并涉及政治、经济、社会生活各方面的意识觉醒。妇女解放目标达成的渐进性,注定了无论是单个妇女还是妇女整体的解放在短期内都无法实现。

作者简介:

李勇,女,贵州大学法学院校聘副教授,硕士生导师,主要从事女性主义法学研究,专业方向为法理学。

战时中央大学与金陵大学理工科女生研究(1938—1945)

顾获飞

摘 要:抗战全面爆发之后,近代科学教育的重镇——国立中央大学与私立金陵大学随即迁往大后方。两所大学的理工科女生们努力克服动荡与流离带来的困难和挑战,甚至成为未来中国科学界的中坚力量。战时高等教育扩张的大环境与她们身处的校内小环境并非完全一致,性别和阶层带来的门槛困扰甚至阻拦着她们的学业,然而凭借同辈的鼓励、个人意志的支撑以及校园各类学生组织的帮助,她们不断消减战争的震荡和冲击,形成了科学梦想的国家化表述,也为战时知识女性报国提供了另一种思路。

关键词:女子高等教育;理工科女生;金陵大学;中央大学;抗日战争

国立中央大学与私立金陵大学是民国首都的两所久负盛名的高等学府,从这里走出了大量知识精英,为中国的文化建设做出了卓越的贡献。20 世纪 20 到 30 年代同样也是中国科学体制化、职业化的关键期,学者逐渐能够摆脱"华夷"的政治考量,在较为稳定的共同体内部展开"为科学而科学"的学术研究。①根据中央大学、金陵大学的科系设置,理学院包括了数学、物理、化学、生物、地质、地理、心理诸系,工学院包括土木工程、机械工程、电机工程、水利工程、化学工程、航空工程、建筑工程诸系。从 20 世纪 30 年代开始,这些理工科系开始招收女生。

国难当头,女生们怀抱着科学救国的理想,吊诡的是,舆论界却津津乐道于建构暧昧的"女学生"形象,抗战爆发前江浙一带的报纸大量地炮制"校花"新闻,使之成

---

① 相关研究参见钟学敏、段治文:《20 世纪二三十年代中国科学家群体研究》,《西华大学学报》(哲学社会科学版)2006 年第 3 期,第 44—46 页。

为新的大众美女模范。①抗战爆发后,关于女学生的种种罗曼蒂克式的想象逐渐弥散在民族救亡的社会气氛中。从南京到成都和重庆,从优越安定的校园环境到破败混乱的战时临时安置地,她们的求学之路变得异常坎坷。②

1938 年 4 月,国民党临时全国代表大会颁布了《抗战建国纲领》,推行战时课程,特别注重科学之研究,提高学生服务社会的意识。③到 1941 年,教育部不满文法商教育等科学生数量远超理工农医等科学生,要求专科以上学校应努力弥补自然科学人才的不足,应对国防与生产的迫切需求。④在文本演绎的"全民抗战"观念背后,"理工科女生"似乎成为受益者,实际情况究竟如何? 如果引入性别、阶级、地域的因素,抗战时期高等教育是否符合线性进步叙事框架? 抗战造成的高等教育内迁,对校园内部的性别生态起到了何等作用? 中国第二历史档案馆保存了较为完整的中央大学(档号:648)、金陵大学(档号:649)与教育部(档号:5)档案,借助于这批档案,本文以国立中央大学与私立金陵大学 1938 到 1945 届理学院与工学院女生为中心展开研究,包括中央大学 129 名女生(另有 26 人未毕业),金陵大学 24 名女生(另有 16 人未毕业)。因此,笔者首先探讨战争造成下江人享受隐形的教育优势,其次探讨战争对下江移民家庭经济状况毁灭性的影响,部分抑制了她们的文化优势,最后从科学培养系统内部观察女生学术研究的博弈与成就,结合量化与个案研究,以此揭示战争对个体命运的复杂影响,给予"女性科学家"更具体鲜活的时代形象。

一、下江文化优势的再生产

抗日战争促成了中国高等教育史上的一次壮举。大量高等院校西迁,客观上

---

① 刘慧英编:《遭遇解放:1890—1930 年代的中国女性》,中央编译出版社,2005 年,第 132 页。

② 近代女子高等教育研究从 20 世纪 80 年代开始兴起。主要有卢燕贞:《中国近代女子教育史》(台北:文史哲出版社 1988 年)、黄新宪:《中国近现代女子教育》(福州:福建教育出版社 1992 年)、乔素玲:《教育与女性:近代中国女子教育与知识女性觉醒(1840-1921)》(天津:天津古籍出版社 2005 年)等。相关论文主要以教会女子大学为例,说明教会女校打开女子高等教育的缺口。如曾芳苗:《民国教会女子教育金陵女子文理学院的个案研究(1915-1951)》(台湾"中央大学"历史研究所硕士论文,1996 年)、王奇生:《教会大学与中国女子高等教育》(《近代中国妇女史研究》1996 年第 4 期)。另一方面,一批科学技术史方向硕博论文专研近代科学家的研究,如张培富:《中国近代化学体制化的社会史考察——近代留学生对化学体制化的贡献》(山西大学博士论文,2006 年);毕晋锋:《近代留学生与中国科学院院士群体》(山西大学硕士论文,2005 年);田闯:《中国科学技术精英研究——基于〈中国科学技术专家传略〉的统计分析》(中国科学院大学博士论文,2014 年)等,从量化的角度进行细致的群体研究。然而,近代理工科女生的研究,还未出现学术性的专文,相关历史人物散见于女留学生与女教师的论文之中。因此,笔者主要借鉴国际学界对女性科学家事业发展的研究框架,进行历史学的探索与分析(参见 Yu Xie and Kimerlee A. Shauman, *Women in Science: Career Processes and Outcomes*, Cambridge, MA: Harvard University Press, 2003。)。

③ 卢燕贞:《中国近代女子教育史》,文史哲出版社,1988 年,第 139 页。

④ 《教育部训令(高字第 40504 号)》,《中央大学校刊》1941 年 11 月 7 日,第 1 版,中大档案 648-2596,中国第二历史档案馆藏。

缓解了中国社会长期以来教育布局东西失衡的问题。根据《抗战建国纲要》，教育部重新分配了大后方的大学布局。"到抗战终止之年，国立大学由战前十四所增至二十二所，国立独立学院由九所增至十七所……国立大学研究所，由十二所增至二十六所。不唯数量比战前有所增加，而质素亦多有改进。"①根据程谪凡的统计，到抗日战争结束时，女生占总数的百分比从战前的11%跃升到19%。②战争似乎拓宽了女性接受高等教育的可能性，观察中央大学1934—1941年间入学的理工科女生，历年女生招生规模总体保持相对稳定，从中大迁校之后，川渝一带新生的绝对数量出现明显增长，甚至一度与江浙沪皖一带学生平齐。然而受到多重因素影响，总体来看，后者依然占据数量级优势。为了进一步凸显区域的文化意义，本节使用时语"下江人"表述。③

表1　中央大学理学院与工学院女生籍贯统计（1934—1941）

入学年份	江浙沪皖	京津冀	闽广赣	川渝	湘鄂	鲁晋豫等其他地区	总计
1934	7	0	3	0	3		13
1935	13	1	1	1	0	0	16
1936	16	0	0	1	1	1	19
1937	12	0	1				13
1938	8	1	0	4	4	3	20
1939	9	0	1	9	9	0	28
1940	9	1	1	8	8	0	28
1941	8	2	3	5	5	0	23
总计	82	5	10	28	30	5	160

资料来源：《国立中央大学转学成绩证明书申请书》《学生成绩单》，1940年—1948年，中大档案648-3535，中国第二历史档案馆藏。

1937年之前，高质量的女子中学教育资源集中在东部沿海，在报考大学时，东部沿海的女学生远远高于内陆省份。中央大学的41名江苏籍毕业生，毕业于南京地区中学的女生有26人，占比63.4%；而毕业于上海地区中学的女生有8人，占比19.5%。

---

① 卢燕贞：《中国近代女子教育史》，第144页。
② 程谪凡：《中国现代女子教育》，中华书局，1936年，第180页。
③ 重庆城市研究中，"下江"不仅是一个地理概念，更是一个文化概念。在近代中国，下江人通常拥有现代化的经济优势，与内陆人形成二元对比。参见张瑾：《权力、冲突与变革：1926-1937年重庆城市现代化研究》，重庆出版社，2003年。

1939 年之后，知识群体的空间转移提升了西部地区的基础教育水平。许多著名教授一度只能在中学甚至小学找到教职。巴县女子中学很快成为当时重庆地区最好的学校之一。

但是，不能简单理解中大与金大新生的"西部化"。"巴县女中好多学生都是下江人，其中很多还是高官子弟。"①除却资料缺失的学生，在 1940 年入学中央大学的22 名学生中，籍贯位于东部、毕业中学位于西部者有 12 人，7 人毕业于重庆南开中学，2 人毕业于中央大学实验学校，她们都是重庆学生口中的"下江人"。②高水平基础教育并未实现真正本地化，下江移民成为这些重点中学的主要生源，与高等教育招生范围起到了互相呼应与联动的影响。

相比之下，迁校前后文科专业（本文以中央大学文学院与师范学院文组女生为样本）女生毕业中学的地域集中情况并不明显，截取 1934 年、1937 年以及 1940 年的数据，下江女生的毕业中学分布在松江、南京、扬州、杭州以及余姚与宁波等地，并未集中在上海、南京这样的中心城市。③可以发现，能否在经济发达的重要城市接受教育，成为女生继续科学之路的重要因素之一。

知名中学的教育水准与升学率给予她们更多的优势，中学时代积累的交际圈也铺垫了她们未来的社交网络。根据《学生生活调查表》"校内外知己好友"一栏的填写情况，化学工程系何星影与生物系马芸晖同毕业于中央大学实验学校，互相将对方填为好友，④而中央大学中南开校友形成的社交圈则更加庞大。⑤完备的学科基础、优渥的师资力量与向内延展的交际圈，构成了战时非正常环境之下文化优势的持续再生产。

抗战迁校后，金陵大学理学院的招生规模大幅减少，每年毕业女生只有 1—2人。主要原因在于，金陵大学女生宿舍长期不敷使用。1942 年，陈裕光在答复女生团体"女生自治会"时坦言，"本校迁川教学，所建女生宿舍范围有限"。⑥女生只能散居城内外，加大了学校管理女生的难度，1943 年下半学期开始，教务处规定"各院可

---

①《朱淑勤口述历史》，李丹柯：《女性、战争与回忆：35 位重庆妇女的抗战讲述》，重庆出版社，2015 年，第 53 页。

②《国立中央大学新生名册》，1940 年，中大档案 648-3131；《民国三十三年各院系毕业生名册》，1944年，中大档案 648-3844，中国第二历史档案馆藏。

③《国立中央大学新生名册》，1940 年，中大档案 648-3131，中国第二历史档案馆藏。

④《何星影的学生生活调查表》，1941 年，中大档案 648-3306，中国第二历史档案馆藏。何星影，湖南永兴人，1941 年考入中央大学化学工程系；马芸晖，安徽滁县人，1940 年考入中央大学生物系。

⑤《方之恂、蔡德庄的学生生活调查表》，1941 年，中大档案 648-3302；《吴崇筠的学生生活调查表》，1941年，中大档案 648-3305；《吴南强的学生生活调查表》，1941 年，中大档案 648-3306；《彭校拙、刘梦颖的学生生活调查表》，1941 年，中大档案 648-3310，中国第二历史档案馆藏。

⑥《陈裕光复女生自治会信》，1942 年 4 月 2 日，金大档案 649-1543，中国第二历史档案馆藏。

表 2　金陵大学理学院女生籍贯统计(1934—1941)

入学年份	江浙沪皖	京津冀	闽广赣	川渝	湘鄂	鲁晋豫等其他地区	总计
1934	2	0	0	0	0	0	2
1935	3	1	0	1	1	0	6
1936	1	0	0	1	2	1	5
1937	1	0	0	0	1	0	2
1938	3	0	0	0	1	0	4
1939	1	0	0	0	0	0	1
1940	0	0	1	0	0	0	1
1941	2	0	1	0	1	1	5
总计	13	1	2	2	6	2	26

资料来源:《私立金陵大学学生履历表》《学生状况调查表》,1930 年—1949 年,金大档案649-1147 至 649-1412,中国第二历史档案馆藏。

斟酌招收走读女生各四名",以家长居于成都并能遵守金陵大学的种种要求为限。[1]本文分析的金大女生样本中,33％的女生出生于商人家庭,26％的女生父辈从政。严苛的入学条件,对下江与本地学生都设置了更高的门槛。

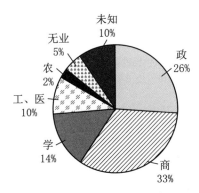

图 1　金大理学院女生之父从业情况表(1934—1941)

资料来源:《私立金陵大学学生履历表》《学生状况调查表》,1930 年—1949 年,金大档案649-1147 至 649-1412,中国第二历史档案馆藏。

从中学时代开始,中央大学理工科女生的课外活动更重政治性。在安徽含山,

---

[1] 《金陵大学校长室致金陵大学女生指导委员会函》(教 2 字第 2238 号),1943 年 6 月 22 日,金大档案649-1543,中国第二历史档案馆藏。

上海工学团里的共产党员金子美、金隆森组织一批进步青年,成立"含山各界青年抗战后援会",土木工程系新生庆启蓉负责宣传工作,演出抗日戏剧,教唱抗日歌曲。①形式多样的社会性宣传工作和游艺活动,也是物理系新生蔡彬珍的课余生活。1938年2月,福建省抗敌后援会战地妇女宣传队决定成立播音宣传队,招募中小学校队员,蔡彬珍为宣传股副股长。②"一二九运动"爆发之后,正在南京女中读书的杨纫章积极参加游行集会,只身赴地理系读书以后,她参加过"中苏问题研究会""救亡工作团""救亡歌咏队""嘉陵合唱团"等抗日救亡性质的社团。1940年,杨纫章在壁报上发表《纪念三八国际妇女节的创始人——蔡特金》一文,鼓励同学共同参与妇女解放事业。③

1938年10月武汉沦陷后不久,中大学生自治会邀请周恩来来校演讲,题为《第二期抗战形势》。会后,学联的积极分子吴宝静加入了共产党,介绍人是她的同学——1938年从山东大学转入数学系的黄天华。④在中大期间,化学系孙幼礼参加共青团、学联、救国会等组织,担任党小组长、区委委员。⑤1939年,孙幼礼被大学认定为赤色分子,被迫转入药学专科学校学习。据中央大学训导处的观察,地理系严重敏也积极鼓动女生加入共产党。⑥1939年,中央大学女生在柏溪成立"女同学会",电机工程系杨竹筠担任庶务干事。⑦在1939年修改章程大会上,物理系王韶华入选复兴股干事。⑧

金陵大学理学院的女生则更强调家庭式的女生自治。1931年即出现了"女生自治会"组织。由于女生宿舍紧缺、女生停招,女生自治会经历了短暂的沉寂期。1941年,杨美真女士担任女生指导之后,女生自治会重新登上校园舆论的舞台。⑨物理系

---

① 政协安徽省委员会文史资料研究委员会、安徽省社会科学院历史研究所编:《安徽文史资料·第25辑·第二次国共合作在安徽》,安徽人民出版社,1986年,第96页。庆启蓉,安徽含山人,1937年考入中央大学土木工程系。

② 福建省地方志编纂委员会编:《福建省志·妇女运动志》,社会科学文献出版社,2007年,第296—297页。蔡彬珍,福建闽侯人,1937年考入中央大学物理系。

③ 《女地理学家杨纫章教授》,政协芜湖县文史资料研究委员会编:《芜湖县文史资料·第3辑》1990年,第15—20页。杨纫章,安徽当涂人,1937年考入中央大学地理系。

④ 华彬清、钱树柏主编:《南京大学共产党人1922年9月—1949年4月》南京大学出版社,2002年,第474—475页。吴宝静,安徽桐城人,1935年考入中央大学数学系;黄天华,江西清江人,1938年转入中央大学数学系。

⑤ 华彬清、钱树柏主编:《南京大学共产党人1922年9月—1949年4月》,第485页。

⑥ 《中大教员学生共产党员名单》,1940年,中大档案648-3603,中国第二历史档案馆藏。严重敏,浙江岱山县人,1938年考入中央大学地理系。

⑦ 杨竹筠,四川安乐人,1940年考入中央大学电机工程系。

⑧ 王韶华,河北深泽人,1940年考入中央大学物理系。

⑨ 杨美真,沪江大学文学士、美国本雪尼亚大学文学硕士,曾任北平女青年会总干事及成都妇女赈济工业社主任,20世纪40年代开始担任金陵大学社会服务部城市服务处主任。(《介绍本学期新聘教职员名单》,《金大校刊》1941年11月1日,第6版,金大档案649-335,中国第二历史档案馆藏。)

殷美姑、化学系陈景莱、刘谟瑛和过美华等，踊跃参与女生各项游艺活动的筹办工作，进而参与全校的学生代表会议。

1941年秋季学期，殷美姑不仅管理女生自治会事务，还担任物理学会会长，是理学院学生社团的首位女性负责人。1942年级会成立后，又为候补干事。①1941年年底的交谊会上，殷美姑编排了英文舞台剧 *The Slave With Two Faces*（《两副面孔的奴隶》）。剧中，两位女郎徘徊在树林里，同时找寻 *Life*（生活），*Life*（生活）是一个魔鬼，或被称为 *Slave*（奴隶），"如果你能不怕他，那么你就能操纵他，是他的主人；如果你害怕他，那么就要为他所操纵，被他鞭挞而牺牲"。②她的创作不仅展示了美学意蕴，更蕴含对未来、希望、奋斗等文化意象的显性表达。

1944年，金陵大学要求学生宿舍自治会改组，学生自治会也相应重新选举，刘谟瑛当选为化学系代表，也是所有代表中为数不多的女性代表。随后的学生自治会选举中，刘谟瑛入选理事会，同窗好友过美华接替她担任化学系代表。③1944年年底，1945届毕业生开始筹划建立级会，过美华担任会计，生物系宋锦英担任康乐干事。④同一天，学生自治会改进理事会正式成立，刘谟瑛连任理事席。⑤考入金陵大学之前，她的表姐杨美真开始担任女生指导，鼓励女生们参与假期社会服务。杨美真事业上的成功必然对刘谟瑛产生了积极影响，推动她投身女生自治和社团管理之中。

生源籍贯、毕业中学的集中以及对家庭条件的严格限制，成为了女生报考两校理工科系的考验。基于家庭背景和阶层产生的限制，与宣传的"大学扩招"话语形成矛盾与张力。战争环境似乎进一步强调了家庭背景带来的隐形文化红利，沿海沿江的地理位置加深了女生们对于抗日主体性的认识，为她们的社会参与提供了合适的土壤和时代氛围。中学时代的政治活动，为大学的生活模式奠定了基础，"政治"或者"服务"成为她们社交活动的主题。在迁校前相对和平的年代里，"下江人"接受了更为健全的基础教育，优质的中学教育使她们眼界开阔，处事自信，广泛参与各类社会活动和校园活动，成为走出书斋的知识女性，学生活动也呈现出校本特色。从这

① 《金大校刊之一九四二级毕业专号》，1942年6月29日，第10版，金大档案649-335，中国第二历史档案馆藏。

② 邓静波：《女生交谊的剪影》，《金大校刊》1941年12月15日，第7版，金大档案649-335，中国第二历史档案馆藏。殷美姑，浙江镇海人，1938年考入金陵大学物理系。

③ 《本校学生自治会代理事宣誓就职》，《金大校刊》1944年4月1日，第1版，金大档案649-335，中国第二历史档案馆藏。刘谟瑛，湖南临湘人，1941年考入金陵大学化学系；过美华，江苏无锡人，1941年考入金陵大学化学系。

④ 《学会集锦》，《金大校刊》1944年11月16日，第7版，金大档案649-335，中国第二历史档案馆藏。宋锦英，江苏松江人，1941年考入金陵大学生物系植物组。

⑤ 《学生自治会改选》，《金大校刊》1944年11月16日，第8版，金大档案649-335，中国第二历史档案馆藏。

种意义上说,她们确实可以称为"文化优胜者"。

二、异乡漂泊与学业无定

然而,在文化优势的另一面,是漂泊无定的生活带来的痛苦。抗战爆发以后,中央大学面临严峻的物质短缺问题,学习生活大受影响。长期营养不良、饥寒交迫,学生早已从"文化的士兵"沦为了"文化的乞丐"。对于在陪都苦捱的女生们来说,最重要的开支就是膳食,即使像电机工程系黎玠一样省吃俭用,每年仅支出 260 元,膳食方面也需开支 200 元,占比超过四分之三。①下表整理自中央大学女生《学生生活调查表》,从 1941 年的新生开支统计中可以看出,相比于课业用品费,伙食费是前者的三倍有余。

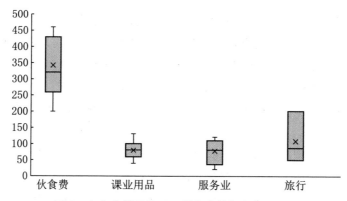

图 2　中央大学部分理工科女生的年支出(1941)

资料来源:《黎玠、蔡德庄的学生生活调查表》,1941 年,中大档案 648-3302;《吴崇筠的学生生活调查表》,1941 年,中大档案 648-3305;《吴南强、何星影的学生生活调查表》,1941 年,中大档案 648-3306,中国第二历史档案馆藏。

为改善学生的生活,教育部部长陈立夫在中央大学内设立了助学贷金生名额,分为公费生、免费生两种。在通货膨胀最为严重的 40 年代,微薄的贷金成为学生们的主要生活来源。以 1940 年为例,每月的贷金生名单基本没有变动。②根据公费审查委员会的统计,1943 年全校贷金申请总人数达到 976 人。③

贷金名额总体上虽未有大规模变动,但对人生地不熟的"下江"女生来说,申请流程更加复杂。第一,复学生与转学生的贷金申请需要得到贷金委员会核准。按照教育部规定,复学生与转学生需要重读一年级,才能按照贷金生看待。④其次,教育

---

① 　黎玠,四川达县人,1941 年考入中央大学电机工程系。
② 　《国立中央大学学生补助膳食贷金名单》,1940 年,中大档案 648-5274,中国第二历史档案馆藏。
③④ 　《第一次公费审查委员会会议》,1943 年 11 月 17 日,中大档案 648-953,中国第二历史档案馆藏。

部时常审查战区生、自费生的贷金资格是否合规。她们不得不打上一场又一场的"文书官司"，随时应对贷金停发造成的困窘局面。

地理系女生田宝善从厦门大学转入中央大学后发现借读生不能即刻申请贷金，而学杂费、制服费全要自行承担。在呈情信中，囊空如洗的她发出"往后长日漫漫，如不给乙丙贷金，生活情何维持？"的哀叹。①

物理系女生孙月浦本就读于山东大学，1938年初，山东大学停办，她转入中央大学学习，然而"唯无领受贷金资格"。孙月浦的家人仍陷于青岛战区，生死未卜，若无领受贷金资格，她几乎没有继续学业的可能。②金旭华与李万英从其他院系转入化学系和土木工程系时，都经过层层审批，最终才得以恢复贷金生资格。③

1941年起，金陵大学也为学生提供甲种贷金、乙种贷金。1942年始，金陵大学开始向战区生发放副食费，从每月35元一直上涨到250元左右。学生也可以通过抄写文件、整理机件、整理校舍等挣得薪金。在放假期间，校社会服务部也组织贷金生进行各种社会服务。④1942年暑假，鉴于战区学生多无家可归，成都学生救济委员会联合各校当局，举办暑期学生服务工作。彭县龙丰场乡村服务队、布后街女青年会、仁寿妇女服务队，均专招女生进行妇女教育卫生工作。⑤

化学工程系孙士娥曾经就读于南京女中，1937年后随家庭迁往成都，在成都温江涌泉寺私立建国中学完成中学学业后，考入金陵大学。⑥前两年，孙士娥仰赖甲种膳食贷金维持生活，共获贷金2250.75元。⑦1941年暑期，孙士娥一直在校负责"抄写"工作。9月3日，升入三年级后，她突然降为乙种贷金生。在焦急与无奈之下，她立即重新填写了一份申请书。

> 生等幼弱，弟妹六人，家父无力给养，故令生辍学累累，幸频得甲种战区学生贷金之救济，俾生能继续学于金大，不意兹次奉部令改为乙种贷金，值此百物高涨之际，甲种贷金尚犹不敷伙食费用，乙种贷金差额更大，实属不能维持。⑧

---

① 《呈教育部高等教育司为田宝善等请求救济由》，1938年12月1日，教育部档案5-3113，中国第二历史档案馆藏。

② 《呈为恳请批准贷金以资救济而维学业事由》，1938年4月27日，教育部档案5-3113，中国第二历史档案馆藏。孙月浦，山东即墨人，1938年转入中央大学物理系。

③ 《高等教育司送中央大学核示学生公费生三项（总字第3430号）》，1944年1月31日，教育部档案5-3117，中国第二历史档案馆藏。金旭华，浙江绍兴人，1941年考入中央大学，后转入化学系；李万英，湖北江陵人，1939年考入中央大学农艺系，后转入土木工程系。

④ 《贷金消息》，《金大校刊》1942年4月1日，第1版，金大档案649-335，中国第二历史档案馆藏。

⑤ 《暑期服务》，《金大校刊》1942年6月25日，第7版，金大档案649-335，中国第二历史档案馆藏。

⑥ 孙士娥，南京人，1939年考入金陵大学化学工程系。

⑦ 《孙士娥的贷金收据和存根》，1943年1月17日，金大档案649-1605，中国第二历史档案馆藏。

⑧ 《孙士娥致金陵大学贷金审查委员会信》，1942年3月16日，金大档案649-1595，中国第二历史档案馆藏。

然而,这份申请并未得到批准,到了 1943 年,行将毕业的孙士娥得到乙种贷金 492 元,而甲种贷金可以达到将近 600 元。[1]

内迁之后,中央大学与金陵大学理工科女生并未迎来所谓"战时科学教育"的春天。受到中学教育以及校内基础设施建设的限制,女生的来源较为集中,甚至出现规模缩小的趋势。因此,在无形的筛选机制之下,"下江人"成为活跃于校园活动的理工科女生的主力军。由于"下江人"基本来自沦陷区,她们的家乡正在遭受战火的蹂躏,与家人的分离、经济上一贫如洗的境地对她们的生活提出了严峻的考验。她们拥有的文化优势,又在动荡不安的战争环境之中受到干扰和削减。

除此之外,战争造成的交通阻断状况时有发生。1943 年 8 月底,数学系凌崇秀计划提前返校参加历史课补考。"奈因西北连日大雨,以致公路亦被冲断多处。"赶到成都后,凌崇秀已经错过了补考期限,学分大受影响。她恳请教务处准予她补考机会,以期顺利毕业。[2]凌崇秀在信中强调,"在此生活艰苦,社会亟需人材之际,得以早日效劳国家,则生本人亦感激至深也"。[3]

1937 年,袁旦庆从南京女中毕业后,考入中央大学电机工程系。跋山涉水到达中大之后,因为本学期缺课过多,她只能选择留级一年。为减轻求学期间的经济压力,她希望能提前复课,补习课程。最终,延期一年毕业。[4]

有时"复课"之路意味着生命的代价。1940 年,程文珍从上海私立允中女中毕业之后,在上海参加了中央大学的招生考试,被化学工程专业录取。因交通阻隔,无奈只能先借读他校。然而她与同学一直没有放弃打探来渝的路径,随后绕路广东,冒险冲过火线,步行两个月,最终到达重庆。[5]

1937 年,中央大学工学院 11 名注册在籍的女生均为下江人,仅王东明一人休学,其余全部到校注册。可以推断,在中大迁校之后,她们必然经历了跋山涉水的艰难旅途。理学院女生的休学比例略高,约有 30.3%,其中申请休学的 10 名女生曾经就读于南京、松江或苏州等地的中学,而另外 16 名下江女生依然出现在新一期的注册名单中,其中半数为三、四年级学生。[6]

---

[1] 《金大暑期留校学生工作介绍名单》,1941 年。

[2] 《凌崇秀致金陵大学教务处朱汇源主任信》,1943 年 9 月 10 日,金大档案 649-1368,中国第二历史档案馆藏。凌崇秀,广东番禺人,1941 年考入金陵大学数学系。

[3] 《凌崇秀致金陵大学教务处信》,1944 年 2 月 23 日,金大档案 649-1368,中国第二历史档案馆藏。

[4] 《袁旦庆致中央大学信》,1938 年,中大档案 648-3532,中国第二历史档案馆藏。袁旦庆,江苏武进人,1937 年考入中央大学电机工程系。

[5] 《呈为学生华伯泉、程文珍由沪来渝中途遇寇衣物尽失据情转呈仰祈 鉴核准予救济由(沙字第 132 号)》,1941 年 9 月 20 日,教育部档案 5-3117,中国第二历史档案馆藏。程文珍,安徽休宁人,1940 年考入中央大学化学工程系。

[6] 《国立中央大学学生姓名录》,1937 年,中大档案 648-3021,中国第二历史档案馆藏。

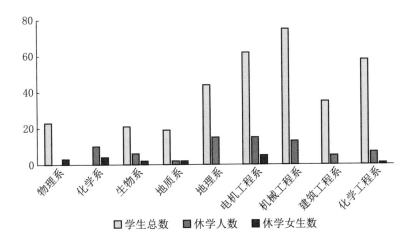

图 3　秋季学期中央大学理学院与工学院女生休学情况统计表（1937）

说明：表内物理系学生休学人数与化学系学生总数数据缺失。

资料来源：《国立中央大学学生姓名录》，1937 年 12 月，中大档案 648-3021，中国第二历史档案馆藏。

综上，战争投射的深层阴影全方位地影响了女生的学业与日常生活。对于下江女生来说，尽管她们拥有更多的机会获得招生标准的青睐，但流离失所和孤身漂泊的无助感，依然造成不可磨灭的精神创伤。她们近距离地感受着生与死的考验。喻娴士曾经创作了一篇伤感的短文《墓地》，描述了自己在河边偶遇一名女性，她正在独自垂泪，怀念自己死去的幼妹青青。"回思她的墓地，只有亲姊拿悲泪凭吊，作伴侣的，只有一抹斜阳，寒烟衰草。"①

三、科学世界的博弈与角逐

美国学界曾借用"科学管道"理论追踪女性在科学教育体系中的流失。②如图 4 所示，按照理想化的培养体系，民国时期一名女性科学家的培养形成了固定的"上升管道"。除上两章所述的家庭、经济因素之外，科学学业本身也不断向她们敲响警钟，形成了双重"后进生"逻辑——女性进入科学领域的时代更晚；而中国同样处于世界科学发展水平的后列。

繁重的课程内容决定了科学教育的培养周期长、成材率较低。中央大学对于先修课程的规定非常严格。如若《高等数学》未能及格，则不可以继续选修《微积分》等课程。另外，每学期不及格学分达共选学分三分之一者不得参加补考，不及格科目

---

① 喻娴士：《墓地》，《耀华校刊》1938 年第 1 期。喻娴士，浙江嵊县人，1940 年考入中央大学数学系。

② 参见 Yu Xie and Kimerlee A. Shauman, *Women in Science: Career Processes and Outcomes*, Cambridge, MA: Harvard University Press, 2003。

达二分之一以上者按退学处理,学期平均分数列入丁等者须留级。①

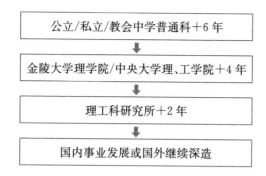

图4　民国时期女性科学家的成长轨迹

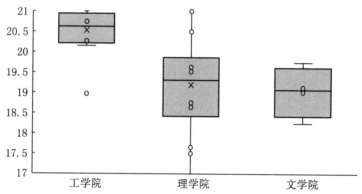

图5　1941届中央大学理学院、工学院、文学院女生每学期修习学分表(1937—1941)

资料来源:《国立中央大学毕业生历年成绩表》,1941年7月,教育部档案5-6172,中国第二历史档案馆藏。

相比之下,工学院女生每学期平均修读学分分数高于20,而理学院女生的平均学分分布在17到20之间,文学院女生的平均修习学分数更集中,在18至19之间,从侧面反映出工科的课业负担更重。教育部三令五申理科院系应与工业界广泛合作,派教授或学生至各兵工署及工厂见习。②因此,在平日课业之外,工学院学生还需完成2学分的实习。

在笔者所见的资料中,金陵大学有11名女生因课业困难申请补考,而补考科目集中于数学、物理、化学等基础性科学,生物系杨佩华与化学工程系郑笃庆参与过两

① 《中央大学学则规定》,[时间不详],中大档案648-3535,中国第二历史档案馆藏。

② 《教育部训令　令知医学化学系应注意毒气防御及制造(高1字第02263号)》,1939年8月,金大档案649-462,中国第二历史档案馆藏。

表3 金陵大学理学院女生课业警告单内容统计表(1934—1945)

姓名	补考科目	年 级	学业评价	备 注
周 端	物理	一年级春学期	学业警告书:"其不专心向学,成绩过劣,须专心向学,勿担任校外或课外工作。"	进入金陵大学时,为试读生。
	物理	一年级秋学期		
徐蕙英	数学、化学	一年级春学期	学业警告书:"努力标准:下学期成绩应努力及格不得有CDF。"	因课业负担过重,曾申请退课。
	物理	三年级秋学期		
张毓瑶	化学	一年级秋学期		
	物理	二年级		
郑笃庆	数学、中文	一年级秋学期	学业警告书:"成绩过劣、所选课程多不能胜任、运用英文能力不足",下学期试读一学期,下学期准予选读12学分,成绩不得有CDF。	收到2份学业警告书,毕业时学分不足。
	数学	二年级		
罗文敏	数学、物理	一年级春学期		进入金大后需要补习英文。
	物理	三年级	学业警告书。	
李 萱	英文	一年级	学业警告书:成绩过劣,不专心向学,缺席或者迟到过多,给予警告,不得缺席,不得担任校外或者课外工作。	进入金大之后需要补习英文。一年级时英文水平不足以完成课程。
寿纪璇	科学	三年级		需要补习中文。
诚庄容	英文、数学、中文	一年级	因水平不够、课程作业过多难以完成,申请退课。学业警告书:不专心向学,成绩过劣,下学期建议选修12学分课程。	进入金大时为试读生,需要补习化学、物理共八学分。毕业时因学分不足延期毕业半年。
杨佩华	数学	二年级春学期		因学分不足,延期半年毕业。
	化学、国文、心理学	三年级		
	数学	四年级		
凌崇秀	历史	四年级		
过美华	化学	四年级		

资料来源:金陵大学档案649-520、649-815、649-816、649-851、649-823、649-933、649-1434、649-1343、649-1347,中国第二历史档案馆藏。

次数学补考。①数学系优秀毕业生张毓瑶,也得过化学与物理 C 等的成绩。②除此之外,英文也成为女生们修读理工科课程的一大挑战,化学系李萱毕业于北平私立翊教女子中学,相对于教会中学毕业的同辈来说,她的英文水平略微不足。进入金陵大学后,因为英文成绩过低,她一度退选了英文课。③

女生在一、二年级低年段遇到学业困难的可能性更大。1935 年入学后,郑笃庆的数学与中文课程都未能通过考核,到 1936 年,她收到了第二份学业警告单,金陵大学教务处认为郑笃庆在一年级的两学期内未能"专心向学"。郑笃庆的父亲郑阳和不得不致函金陵大学,说明郑笃庆本学期本欲修读 17 学分,承诺若月考成绩不佳,即自行退去 5 学分,按照教务处规定修读 12 学分。郑阳和澄清郑笃庆并无学业态度的问题,"其实该生从未做过任何课外或校外事务,请核查之为祷"。④

由于金陵大学对于学生的毕业学分有明确的规定,若一学期只能修读 12 学分,则对日后的课业发展、毕业影响很大,因此,诚庄容也曾向教务处求取"试读一月"的宝贵机会,⑤此后的三年学习生涯中,她的成绩稳定在 3 到 4 分左右。诚庄容将试读机会视为自己"个人自新之路",学业的良否成为衡量个人价值的有效量表,也成为个人意志的证明武器。

事实上,在理工科系选择上,女性也表现出一定的倾向性。从图 6 可见,化学专业的女生比例接近 50%,而选择生物与数学的女生数量接近,物理专业女生比例最低,仅占 11%。工科则相差悬殊,35% 的女生选择建筑工程,其次为电机工程、化学工程,而水利工程与机械工程的比例仅为 2%。

女性以自我兴趣、意志和社会接受程度为基础,尽力发挥自己最大的优势。在分析校内男性与女性在理工科学业的成就时,本文借用"d-statistic"计算方法,即用女性毕业生在大学平均学习总成绩减去男性毕业生的平均总成绩,若该差数为正数,则证明女性在该领域的学习中占据优势,若差数为负,则证明女性在该领域处于劣势,±2、±5 和 ±8 定义为较小、中等和较大差距。⑥可见,在地质系、心理系、建筑工程系、化学工程系等课程学习中,女生都曾表现出中等和较大的学业优势。

① 杨佩华,四川西充人,1935 年考入金陵大学生物系;郑笃庆,南京人,1936 年转入金陵大学化学工程系。

② 《张毓瑶的大学成绩单》,1935 年,金大档案 649-846,中国第二历史档案馆藏。张毓瑶,河北临渝人,1933 年考入金陵大学数学系。

③ 《李萱的缺课警告单及学业警告单》,1936 年 7 月 14 日,金大档案 649-850,中国第二历史档案馆藏。李萱,广东东莞人,1935 年考入金陵大学化学系。

④ 《郑阳和致金陵大学教务处信》,1936 年 9 月 7 日,金大档案 649-833,中国第二历史档案馆藏。

⑤ 《诚庄容致金陵大学教务处信》,1936 年 7 月 31 日,金大档案 649-823,中国第二历史档案馆藏。诚庄容,辽宁辽阳人,1935 年考入金陵大学生物系。

⑥ Yu Xie and Kimerlee A. Shauman, *Women in Science*: *Career Processes and Outcomes*, MA: Harvard University Press, 2003, p. 35.

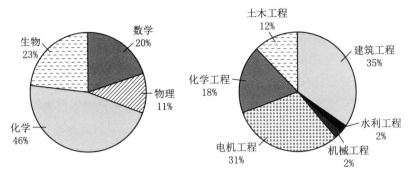

图6 中央大学与金陵大学女生选择理工科专业情况(1934—1941)

说明:为便于数据对比,该统计剔除了中央大学开设而金陵大学理学院未开设之科系,而将金大理学院开设的化学工程系、电机工程系归入工学院的统计范畴中。

资料来源:《国立中央大学学生姓名录》,1934—1945年,中大档案648-3855至648-3866,《金陵大学学生姓名名单》,1934—1945年,金大档案649-1341至649-1370,中国第二历史档案馆藏。

表4 中央大学部分年段男女生学业水平差距(1938—1940)

	数学	物理	化学	地质	心理	电机工程	化学工程	建筑工程	土木工程
1942届	3.34		−2.73	8.73			−7.48	0.89	−1.89
1943届		−4.27			5.4			6.45	
1944届	−0.62		4.01	4.8	4.66	2.99	4.55	1.22	

说明:本表仅比较同时包含女性与男性毕业生的科系。

资料来源:《国立中央大学一九四二年度第二学期毕业生名册》,1942年,中大档案648-3864;《国立中央大学卅三年度第二学期毕业生名册》,1944年,中大档案648-3866;《国立中央大学三十二年度下学期毕业生名册》,1943年,中大档案648-3866,中国第二历史档案馆藏。

三四十年代是中国科学界的开拓期,学科新设和扩招,以及迁校带来的学校兼并,减少了女生与男生学业的差距。中央大学的气象学就是一门年轻的学科,30年代末地理系专门成立了气象组。气象组第一届毕业生一共三位男生、一位女生,三位男生为陶诗言、黄土松、顾震潮,女生为陈其恭,均成为日后闻名遐迩的气象学家。有趣的是,四人都是"半路出家"的转学生。[1]"四人小组"成为他们学习的主要形式,形成气象学学习共同体。而物理系王韶华与王庭华在王恒守教授的指导之下,潜心研究"铁在紫外光下之磁化作用"。[2]在这片学术处女地,"性别"观念淡化,授课内容和抗战紧密衔接。[3]

---

[1] 李娟娟:《风云雨雪,光风霁月:陶诗言传》,江苏人民出版社,2013年,第35页。

[2] 《物理学系学术空气甚为浓厚 师生合作埋首研究》,《中大校刊》1944年4月1日,第5版,中大档案648-2593,中国第二历史档案馆藏。王庭华,南京人,1940年考入中央大学物理系。

[3] 《教育部训令 令知医学化学系应注意毒气防御及制造(高1字第02263号)》,1939年8月,金大档案649-462,中国第二历史档案馆藏。

以科学爱国、以工业强国,这是当时中央大学训导学生的理念,也成为理工科女生们锤炼意志的精神追求。鼓励学生钻研科学知识,"思想便可以健全,不至受人利用,亦不至于堕落"。在稳定学生思想,发展国家工业的层面上,科学教育可以让学生不至于"情感变幻,信仰不坚",可以培养学生务实与踏实的精神。①化学工程系主任曾经寄语学生:"要耐得高温,要耐得臭!"②而地质系与地理系经常举行野外实习,女生也需要与男生一同在崇山峻岭中展开调查研究。马以思曾经说,"妇女们要自己重视自己,那么社会就一定重视你"。如果"妇女不肯在科学上下死功夫,去做彻底的研究……无论在战时,还是在平时,都摆脱不了附属品的地位"。③1942 年秋,她与同学一同前往川西考察,从峨眉山归来的第二天,她又去张沟研究花岗岩。作为青年地质学家,她不仅拥有精细的工作态度,还有强健的体魄,支持她不知疲倦地进行野外考察。从中央大学毕业后,她考进了中央地质调查所,担任练习生。

1939 年金陵大学理学院女生毕业时,文学院毕业生张必慧专门写作《群英外传》一篇,描绘理学院三位女生在校时的表现。

> 张毓瑶:沉默凝重,仪态万方,本是数学大家,自然心细如发,行动合规,誉为品学兼优,诚是当而无愧。
>
> 陈景莱:是一九三五年会考的冠军,是本年度理学院 golden key 的得主,是运动健将,是音乐大家,总而言之,统而言之,是一九三九级的明星!金陵大学的光荣!
>
> 郑笃庆:实验室中不可久待?久待则有不可思议之危险。君如不信,试观研究工化之郑府笃庆小姐,不已摇身一变而为毒气乎?然而此毒气非那毒气可比,不但与人无害,而且和蔼可亲,笃实诚朴,如又不信,请往女大院一观可也。④

从张必慧的描述中,张毓瑶、陈景莱与郑笃庆俨然是理学院的"明星"。在科学救国的语境下,"明星"的评选标准发生了悄然的异化,陈景莱的表现尤为出色,不仅在女性群体中获得了相当的威望,在公开的学业竞争中,她也是无可争议的"优胜

---

① 《青年思想应以科学为基础》,《金大校刊》1941 年 3 月 27 日,第 2 版,金大档案 649-328,中国第二历史档案馆藏。

② 《化工的队伍》,《中大学生纪念册》,1947 年,中大档案 648-3880,中国第二历史档案馆藏。

③ 杨伯英:《献身贵州的地学女杰——我国最早的回族女地质学家马以思》,第 56—57 页。

④ 张必慧:《群英外传》,《金大校刊之一九三九级毕业专号》1939 年 7 月 15 日,第 4 版,金大档案 649-335,中国第二历史档案馆藏。

者"。根据金陵大学的积分规则，1938 年第一学期，陈景莱成绩为 1，第二学期为 1.5，名列全校第一。①1939 年本科毕业之后，陈景莱跟随化学部主任戴安邦教授，研究照相底片制造。一年之后，化学系研制的感光片能于普通光度下，感光至二十五分之一秒，亦能制造幻灯片，大大减少了大后方教育基础设施建设的成本。②

毕业时，陈景莱与张必慧同时成为了中国斐陶斐励学会（Phitauphi）会员。斐陶斐励学会是中国教会大学系统的精英俱乐部，成立于 1922 年，目的在于"奖励学生努力研究学术，忠心服务社会"。因此，凡成绩优异、品行敦睦的学生，方可由校方推选为该会会员。自理学院成立以来，陈景莱是唯一入选斐陶斐励学会的女生。日后中国科学院院士、金陵大学校友庄巧生，也是斐陶斐会成员之一。③

清寒优秀补助费资格也是对女大学生学业成就的官方认可。该奖金为上海商业储蓄银行出资设立，为一部分"清优"战区学生资助生活，每年资助国币 400 元。根据 1940 年到 1944 年的情况，该项目从全国遴选 350 名学生，中央大学每年推荐 24 名学生报送教育部。1940 年，中央大学理学院选拔出 3 名学生，杨纫章名列其中。从 3 人的学业成绩、体格成绩可以看出，杨纫章的成绩在全系学生中名列前茅。在 1942 年的清寒补助金评选中，马以思是本批理学院中唯一的女生。1944 年，工学院遴选出 6 名男生，理学院有 3 名学生，其中女生 1 人，为心理系学生蔡绮宽，补助金额也上升到 2 000 元。④1941 年教育部举办第一届毕业生学业竞试，评出甲乙两种决选生，分别嘉奖 300 元与 200 元书券。中央大学推荐了十一篇毕业论文，其中电机工程系孙月英的论文《*Seminar Subjects on Study of Diode Detectors*》受到了教育部嘉奖，而生物系马秀权的论文也获得中大提名。⑤

加入中国科学社也是她们日后活跃于科学界的一大证明。1942 年，中国科学社在成都与重庆吸收了大批高校教职员，中央大学医学院助教濮璥、邱琼云被吸收入

① 《上期各院举行成绩最优良之学生》，《金大校刊》1939 年 11 月 25 日，第 2 版，金大档案 649-335，中国第二历史档案馆藏。

② 《抗战以来理学院师生研究成绩之一般》，《金大校刊》1940 年 11 月 10 日，第 1 版，金大档案 649-335，中国第二历史档案馆藏。

③ 《中国斐陶斐励学会》，《金大校刊》1943 年 12 月 1 日，第 2 版，金大档案 649-335，中国第二历史档案馆藏。

④ 《函送本校学生申请清寒优秀补助费一览表及证件希查收审核由（国立中央大学公函 1582 号）》，1940 年 11 月 23 日，中大档案 648-4997，中国第二历史档案馆藏；《国立中央大学代送受补助金学生一览表》，1942 年 4 月，中大档案 648-4997，中国第二历史档案馆藏。蔡绮宽，广东番禺人，1941 年考入中央大学心理系。

⑤ 《教育部训令国立中央大学　令发还第一届学业竞试两类初选生章冠环等十一名毕业论文（高字第31735 号）》，1941 年 8 月 14 日，教育部档案 5-5819，中国第二历史档案馆藏。孙月英，江苏江宁人，1936 年考入中央大学电机工程系；马秀权，浙江平阳人，1936 年考入中央大学生物系。

会。①1944 年是中国科学社史上纳新最多的一年,蔡淑莲、诚庄容荣列新会员。②1952 年,仅三十多岁的中央大学生物系毕业女生王镇圭获准入会,这在科学社的会员年龄审核中极不寻常。③从人员构成上来看,中国科学社以科学研究与科学教育为己任,属于学术同人团体,在高校内部形成精英化的社会交往圈。女性加入中国科学社,象征着她们的学术贡献与学术能力已经获得了权威认可。国难时期,在男女同校的一流大学里接受与男子一样的科学教育,她们完成了从"校花"到"女科学家"的女性典型模范转变。

结　语

抗战军兴,国家高等教育目标也随之产生了根本变化。抗战建国的口号落实到教育上,推动了国家理工科的扩招与振兴。怀揣救国理想,紧张、严肃的学习生活构成了大学的主调。二三十年代风行一时的"校花"评选活动,也逐渐销声匿迹,不再成为舆论界消闲的主要谈资。但是,理工科女生的生存境遇,并未获得整体的好转,在地域与阶级的几重作用之下,女性科学家的诞生面临着更加深重的危机。

一方面,战前的生源向东部沿海大城市集中,随着知识分子的内迁,生源的集中程度由片及点,几所由下江师资力量构成的重点中学,成为向上输送高等教育人才的主要基地。从教师到学生,"下江"的标记带来他们隐形的文化优势,而这一优势又以家庭为单位,形成了较为封闭内化的社交网络。

阶级、地域基础上形成教育不平等的文化逻辑,受到战争因素的加固。然而,战争对于社会稳定性的巨大冲击,又在某种程度上消解自身带来的文化壁垒。交通的极大不便和家庭生活来源的断裂,让女生继续学业变成难以企及的梦想。向西远征,也成为大量中大、金大学生的共同记忆,这是入学的第一重生理考验。

科学培育本身的严苛要求,更加剧了理工科女生的求学困境。但是,受到"姐妹情谊"和各类女性学生组织的鼓舞,她们能够在个人兴趣与社会期待之间达成平衡,最终发挥自己的专长与智慧,实现个人的价值与梦想。科学救国话语之下的女性参与,蕴含着时代的特殊要求,展现了新旧交替之下另一种女性形象。

但是,她们同样无法摆脱科学隐含的性别歧视,不断向上、向外重复着"女性也能"的逻辑。从未来的职业选择上,她们的晋升空间也不容乐观,在中学教师、大学

---

① 濮璃,四川宜宾人,1935 年考入中央大学生物系;邱琼云,福建晋江人,1936 年由金陵大学工业化学系转入中央大学化学工程系。

② 蔡淑莲,福建仙游人,1943 年考入金陵大学理科研究所化学部。

③ 《附录:历年入社社员名录》,张剑:《赛先生在中国——中国科学社研究》,上海科学技术出版社,2018年,第 807 页。王镇圭,江苏常熟人,1936 年考入中央大学生物系。

助教之外,这一批接受过西方化高等教育的知识女性,究竟能在多大程度上实现个人的科学价值,消减民族国家话语对命运的捆绑,依然是一个值得不断回思的难题。

作者简介:

顾荻飞,女,复旦大学历史学系硕士生,主要研究方向为中国近代妇女史、教育史。

论坛/Forum

妇女运动语境下女权主义思潮多元变化和纵深拓展

——从平等到正义：三大理论转型和新思想涌动（下篇一）（1980—1999）

杜芳琴

摘 要：20世纪80至90年代，欧美女权主义三大理论经历了从平等到正义的转型，女权主义思潮在多元化背景下得以进行批判和建构。20世纪80年代，自由主义女权主义者对自由主义者的不正义进行批判。苏珊·奥金对正义、性别与家庭三者进行了分析，她对所谓"传统""追随美德""自然天性""回归传统"和"共识论"等保守倒退观点进行批判；同时还对家庭/公共领域的"二分法"进行了挑战和理论建树。卡罗尔·帕特曼扎根于社会契约，分析父权制"压制"的"性契约"，并发现新正义论。马克思主义/社会主义女权主义者南希·哈索克女权主义立场论，从历史唯物主义出发进行分析，形成探究妇女所受压迫真实结构的基础。艾利斯·杨的正义与差异政治，以"支配"和"压迫"为中心，在支配的分配范式从权利和义务、机会、权力与分配话语到行动的去中心化；艾利斯·杨的"压迫"的五张面孔包括"经济剥削、社会边缘化、无权力、文化帝国主义以及暴力"，体现了艾利斯·杨把支配和压迫相结合，并试图改变新正义。激进女权主义的新观点，盖尔·鲁宾的"关于性的思考"，重点用五种性意识形态体系来建构"美好的、正常的、自然的、受祝福的"性和"邪恶的、反常的、不自然的、受诅咒的"性二元对立；还将性价值划分三个等级——"好的"性、中间"有争议领域"的性和"坏的"性的"三分法"。这两点将性欲望、性政治、性与生育混在一起形成全方位的性歧视。

关键词：正义；支配；压迫；二分法；立场论；性契约；性政治

引 言

20世纪80年代，三次世界妇女大会分别在欧、非、亚三洲召开，推动了国际妇女运动和性别平等,成为空前的人类大事件。1979 年 12 月 18 日,联合国大会通过了《消除对妇女一切形式歧视公约》(简称《公约》)。1980 年,第二次世界妇女大会在丹麦首都哥本哈根召开,各国政府签约生效。《公约》规定,不得有任何包括男女的区别,保证男女平等享有经济、社会、文化、公民和政治权利达成共识;对妇女歧视首次进行定义:"基于性别而作的任何区别、排斥和限制,其影响或目的均足从妨碍或否认妇女不论已婚未婚在男女平等的基础上认识、享有或行使在政治、经济、社会、文化、公民或任何其他方面的人权和基本自由。"1985 年,在非洲肯尼亚首都内罗毕召开的第三次世界妇女大会,延续了墨西哥大会的平等、发展与和平的总目标,并以就业、保健和教育为次主题。特别是在教育方面,突出提到妇女研究和学科发展的议题。内罗毕世界妇女大会上,第三世界妇女、NGO、学界的参与空前踊跃。1995 年,在北京召开的第四次世界妇女大会的主题"以行动谋求平等、发展与和平",在联合国、GO、NGO 的努力下,达成了重要成果——"北京宣言"和"行动纲领",并于 9 月15 日通过。大会所关注的 12 个重大领域,提高妇女地位和实现男女平等人权问题和社会正义的条件:贫困;教育和培训;保健和有关服务;对妇女的暴力;武装或其他同类冲突;经济结构政策的生产活动和取得资源机会;男女在分享权力和决策;各级机制促进妇女地位提高;促进和保护妇女人权;对妇女刻板定型传播媒体;自然资源和保护环境;歧视女童并侵犯女童权利等。从 1975 年到 1995 年,四次世界妇女大会形成美洲、欧洲、非洲和亚洲洲际间妇女交流的有效平台,尤其是第四次世界妇女大会的"北京宣言"和"行动纲领",不但为全球的性别平等制定了蓝图、目标和议程,而且进行监测评估,落实每五年从联合国到国家和妇女组织,"赋权妇女""妇女的权利是人权等观念不断影响和深入,平等、发展与和平进一步成为全球妇女运动的核心议题"并成为行动纲领。①

在上述世界妇女运动背景下,这 20 年来从欧美三大理论转型和新理论勃兴,从平等到正义,成为女权主义思潮多元变化的新导向:(1)在"三大论"转型中,自由主义女权主义日趋保守的时代,女权主义哲学家对传统的自由主义进行哲学思想揭示根源,新的自由主义女权主义政治哲学家对家庭性别正义缺席进行批判;社会主义女权主义者从对二元制父权和二元理论辩论到对性别非正义理论匡正;激进女权主义酷儿理论的激进的性政治学框架,扩展到更多的性、生育、暴力等诸方面的研究进展和局限。(2)女权主义理论新流派,由"三大论"扩展为从"三个世界"的共同性与差异性的纵深发展开拓议题,表现在女权主义理论新流派呈现,不再是欧美声音的独大;前后出现了三个世界,其中第三世界女权主义、生态女权主义和后现代女权主义新流派,尤其是第三世界女权主义的崛起,凸显第三世界和第一世界发达国家妇

---

① 李英桃:《中国妇女、和平与安全——历史进程与当代实践》,社会科学文献出版社,2021 年,第 76 页。

女,既有共同的性别议题,更有不同背景下的具体议程和行动策略的差异性。再如生态女权主义者特别是社会主义生态女权主义在亚洲、拉美洲和非洲妇女对自然、生存的未来关注,而后现代主义女权主义对后现代主义进行批判,并从理论阐述了不同的差异和共同的目标的女权主义的正义体现。

一、从平等到正义:三大理论转型和新思想涌动

父权制的批判思想建树的知识生产来自学院女权主义和行动女权主义,学院女权主义者志在知识生产和传承实践,行动女权主义者更侧重改变现实社会世界的父权制度以建树女权主义学者和实践专家。正如玛丽琳·波克塞(Marilyn J. Boxer)所说,"被认为'自由主义'和'社会主义'女权主义观点","激进主义女权主义"的"三大理论很快在女权主义思想领域占据了统治地位,创造了早期而持久的从不同角度解释妇女地位的理论系统"。笔者对该阶段 20 年间涌现的女权主义行动者和理论家已梳理;而对该阶段女权主义哲学家、历史学家等较少关注。进入 80 年代,更多的学者从多学科和跨学科,发现了事移境迁的新变化、新问题和新理论。其中安·弗格森(Ann Ferguson)归纳了三大流派的新动态:(1)马克思主义女权主义者南希·哈索克(Nancy Hartsock)坚持历史唯物主义立场论和认识论;社会主义女权主义者艾利斯·杨(Iris Marion Young)试图发展一个新的女权主义的正义概念。(2)自由主义女权主义者政治哲学家苏珊·奥金,对罗尔斯的"家庭不正义"的缺失进行批判,同时对在右翼抬头"反拨"的背景下,男性自由主义哲学家倒退回归传统尤其在家庭领域的非正义进行系列批判;卡罗尔·佩特曼的"性契约"理论,……以及"在 70 年代末和 80 年代的'转变话语'和'重估女性'的理论策略"。[①](3)激进女权主义领域转向,从个体的性欲望到社会的性政治,以及对性和生育做了更深入的个体经验,并对社会控制和理论改变的行动。[②]

这时期潜在着更大复杂语境,如左翼社会运动遇到阻障,右翼抬头女权主义遭遇"反拨";法国解构主义的宏大叙事,更加快左翼运动摇摇欲坠的危机。这时候女权主义者也在扩展视野,围绕政治目标进行对话,不管是争取资本主义社会下的机会均等的自由派,还是要求发展独立分离的激进派,都在开始重新定位寻找出路。如激进女权主义在转型中,里奇和盖尔·鲁宾(Gayle Rubin)等继续引领性政治的激进批判;尤其是进入世界妇女运动新语境,为跨界女权主义者的研究和再生产场域,提供了空间和机遇,超越欧美国家的局限,跨越南北东西分界进行国际对话,走出西

---

① 王政、杜芳琴:《社会性别研究选译》,生活·读书·新知三联书店,1998 年,第 410—411 页。

② Ann Ferguson, "Sex War: The Debate Between Radical and Liberation Feminists", *Signs: Journal of Women in Culture and Social*, Vol.10, No.1(Aut., 1984), pp.108—109.

方既有理论的"死角",开拓第三世界女权主义和后现代女权主义的新路。在这里还有个小故事,安·弗格森引用英国马克思主义者朱丽叶·米切尔(Juliet Mitchell)于1984年发表的著述——《妇女:最漫长的革命》,引用毛泽东的《矛盾论》(1937)的观点,用毛泽东关于"无知"与"有知"的矛盾关系论述来解决"矛盾",并阐述男女之间的性别关系是社会矛盾,而不是建立在自然和生理基础上的。她解释道:"强调男女之间的社会矛盾关系,要比认为两性之间的静止的生理对立有说服力。我们提出解决两性之间矛盾的社会关系,并不是要男人变成女人,或反之。我们不提倡生理中性人,而是希望男性与女性的既定社会意义通过统一其中的冲突来改变……"①由此可见,中西南北之间的性别关系的共性和差异的解决,相融的理论和方法策略的成为可能性。

二、自由主义女权主义思想和政治哲学"正义"之声

(一) 贾格尔对自由主义女权主义的哲学批判

女权主义哲学家艾莉森·贾格尔(Alison Jaggar)的《女权主义政治与人的本质》一书中,从自由主义政治思潮看人性概念,人因具有理性能力与其他生物区别开来,他们或强调其道德或审慎来界定理性:当理性被界定为道德的理性原则的能力时,个人自主的价值得到强调;相反当理性被界定为决定得到某种欲望目的,最好的手段——自我实现就得到强调。自由主义一致同意信奉"权利高于善",自由主义的基本善,一些自由主义女权主义者迫不及待采纳"男性"的价值,她们构想的自我是一个理性的、自主的代理即"男性"的自我。她们所坚持的标准是二元论,精神活动和功能在某种程度上比肉体活动和功能要高级,所以家务生育角色化时间由妇女肉体承担,不论男女是否是女权主义者都愿意把精神当作真理来接受。贾格尔进一步对自由主义女权主义政治上的唯我论和怀疑论表示质疑,她认为,完全依赖于抽象和个人的自我概念,优越于其他概念的特殊地位。②如以白人为中心,著名的黑人学者和行动家安吉拉·戴维斯曾说,许多黑人妇女就是恨不得能把自己的问题和那些"无名的问题"进行交换,会热情接受白人中产阶级城市郊外的生活。

(二) 苏珊·奥金:批判家庭性别和正义的思想与建构

(1) 背景:自由主义女权主义平等理论倒退和新正义思想创新

20世纪60—70年代的美国,自由主义女权主义认为自由、平等和个人权利是自由女权主义伦理价值基本诉求,以贝蒂·弗里丹(Betty Friedan)为代表的自由主义

---

① Juliet Mitchell, *Women: The Longest Revolution*, Pantheon Books, 1984.

② 罗斯玛丽·帕特南·童:《女性主义思潮导论》,艾晓明等译,华东师范大学出版社,2002年,第48—50页。另参见 Alison M.Jaggar, *Feminist Politics and Human Nature*, MD: Rowman & Littlefield, 1983。

女权主义日趋保守。进入 80 年代,平等对现实中的止步不前甚至倒退。自由主义女权主义政治学家苏珊·穆勒·奥金(Susan Moller Okin)意识到当代主要正义理论在有关性别和正义的研究差强人意。在她的《西方政治思想中的妇女》一书出版后,认为不但要阐释正义、性别与家庭,而且要把三者结合在一起并影响更多人。十年后,她的新书《正义、社会性别与家庭》,实现她三者整合的夙愿。①她明确提出:当下政治和法律制度在对性别不正义这一议题普遍存在。

> 这些议题身处父权体制之内,植根于传统的"个人"就是男性户主的假定之中。……性别歧视、性骚扰、堕胎、怀孕女职工、育婴假、子女养育和代孕母亲……特别是有关家庭正义议题,从子女监护权、离婚条款到性侵犯对妻子的伤害……社会性别议题引发的"正义危机"已经明朗化。②

正义理论中应用于两性关系或者家庭内两性关系的原则,经常心照不宣地被排除在正义理论之外。"20 世纪所有最具影响力的罗尔斯的正义理论,不但没有预设家庭生活部分,而且把家庭内颇为流行的性别分工完全忽略了,他只是沿着权力、责任和优先权的分配这一路径加以构建。"③奥金重点批评罗尔斯的理论缺乏公平正义的性别视角而陷入性别中立误区。奥金还认为,迄今为止的性别伪中立,在家庭领域既被假定又被忽略同时并存,是传统惯例的延承,如亚里士多德用人类(anthropos)一词来讨论"人类善",不仅排斥了女性,也使女性屈从于男性;康德甚至写下"论证所有这样的理性存在物"不包括女性在内的论题。奥金经过近十五年观察,揭示政治思想史这种"加上女性搅和稀泥"(Add women and stir)方法的虚伪性。④奥金除了批评当代政治理论假设的性别中立的语言和概念,如约翰·罗尔斯(John Rawls)的《正义论》的"原初状态"和"无知之幕"的价值中立外,更针对一些伪女权主义者的大男子主义方式宣扬"正义""权利"道德和关爱美德。⑤奥金在她的书中,侧重对具有代表性的大男子主义宣扬非性别正义各种言论和谬误,并攻击罗尔斯正义论。他们主张重建传统、追随"美德"和"自然天性"等观点和舆论进行抨击,奥金成为 80 年代将家庭纳入性别和正义的理论建构,同时批判右转的男性主义的急先锋。如她批判迈克尔·桑德尔(Michael Sandel)的"美德"和艾伦·布鲁姆(Allan Bloom)

---

① Susan Moller Okin, *Justice, Gender, and the Family*, Basic Books, 1989.中译版参见苏珊·穆勒·奥金:《正义、社会性别与家庭》,王新宇译,中国政法大学出版社,2017 年。
② 苏珊·穆勒·奥金:《正义、社会性别与家庭》,王新宇译,第 7 页。
③ 苏珊·穆勒·奥金:《正义、社会性别与家庭》,王新宇译,第 9 页。
④ 苏珊·穆勒·奥金:《正义、社会性别与家庭》,王新宇译,第 12—13 页。
⑤ 苏珊·穆勒·奥金:《正义、社会性别与家庭》,王新宇译,第 18—19 页。

的"天性";阿拉斯代尔·麦金太尔(Alasdair MacIntyre)的"回归传统"和迈克尔·沃尔泽(Michael Walzer)的"共识论""临界线"等。

(2)罗尔斯正义论中"原初状态"和"无知之幕"的家庭与性别视角缺失

奥金首先针对罗尔斯正义基本理念"正义能否与性别共存"观点,是在奥金书中的第五章,罗尔斯辩称规范社会基本结构的正义原则的核心概念,是每一个人理性所能把握的。如他所说的"原初状态"和"无知之幕"的两个基本理论假设,他将"原始状态"具体定义为身处原初状态的"当事人",都是有理性和合作无私的,各主体之间是无利益干涉的;原初状态的正义环境是促使正义美德产生的条件。但是,罗尔斯的"正义论"又假设了遮蔽一切信息的"无知之幕",即对每个人的特征和社会地位的了解,需要在并不知道彼此状况的情境下讨论商谈;因为没有人知道自己是谁,所有的思考都是同一的,任何人的立场都代表所有人的立场,因此正义就会毫无异议地到来。①奥金进一步看罗尔斯的理论,是如何看待女人、性别和家庭的:其一,"普遍正义"偷换为"性别中立"。罗尔斯提及个人、道德人散布为男人、人类、他在争论中也使用"通用的"男性术语——"人类、人、所有其他理性人",偷换了"性别中立"话语。罗尔斯的说法是受康德的"天性行动""自由的平等的理性人"的影响,认为女人是特别不幸的先天道德发育不足的观点,造成了传统的性别歧视盲区。②其二,家庭与正义无关。罗尔斯阐明性别是与道德不相干的,他完全未能解决有关性别体系的正义,起源于家庭内的性别角色而后扩充于我们生活的每一个角落,成为社会的基本结构之一。③但是,隐含在"无知之幕"中,贯穿整部《正义论》的每个人的原初状态中所列明的"无知之幕",包括了"社会中的位置、阶层位置或社会地位……自然资产和能力分配中的运气、智识和力量等等;'他'对善的概念,'他'对生活所作的详细、理性的安排,甚至'他'心理的专有的特征";而"'他的'性别却没有被提及"。是因他"几乎看不见的家庭"和"看不见的性别分析"所致。④尽管如此,奥金对罗尔斯的局限和求变做了综合性的结论,她对罗尔斯正义论有用的可能性和有关无性别社会的适用性同在。于是奥金对罗尔斯理论抱有期望,她认为,尽管罗尔斯"事实上理论中包含了一个内在的悖论,因为他有关性别的假设,他不能把正义原则适用于人类抚育这一领域,一个对成就正义、维持正义至关重要的领域",但是,奥金认为,

> 罗尔斯的方法思路和结论对女权主义潜能是十分重要的。原初状态、性别
> 藏身于无知之幕以及其他个人特征、天赋、环境和目的,对于挑战性别结构都是

---

① 苏珊·穆勒·奥金:《正义、社会性别与家庭》,王新宇译,第125—126页。
② 苏珊·穆勒·奥金:《正义、社会性别与家庭》,王新宇译,第127页。
③ 苏珊·穆勒·奥金:《正义、社会性别与家庭》,王新宇译,第142页。
④ 苏珊·穆勒·奥金:《正义、社会性别与家庭》,王新宇译,第127—128页。

一种强大的观念。一旦我们抛开传统自由主义有关公私二元论、政治领域与非政治领域的生活这类假设，我们就可以把罗尔斯的理论当成一种工具，来思考如何达成性别之间、家庭和社会之间最大范围的正义。①

（3）对大男子主义非性别正义各种言说批判

桑德尔的"家庭无正义"的"美德"和布鲁姆的"天性"，在第二章表达得淋漓尽致。20世纪80年代，作为自由主义与正义的桑德尔和艾伦·布鲁姆是反对家庭正义的代表。桑德尔的《自由主义与正义的局限》一书，认为家庭是关系亲密的群体，是由爱和共同的利益连接起来的，所以家庭价值是更高的美德；布鲁姆的《美国精神的封闭》书中的观点为家庭应在正义之外，坚持认为源于自然本性必须如此。他们二人的著书分别在学术圈和畅销书受到推崇，也正是当时反女权主义思潮的反拨见证。②正义和理想的家庭来自卢梭和休谟，他采用卢梭的观点：女性在其幸福不受损的情况下，可以在家庭内被统治，不参与到政治领域，由其丈夫作为整个家庭的利益代表行使政治权力。他从休谟的观点提出类似的家庭生活的环境，使得正义准备不适宜不适用，一个充满爱的氛围里每个人"关心其家人利益和自己一样的"；正义是无价值的而不必要的。桑德尔接受了休谟和卢梭相似的观点：在家里说爱和共同的利益高于一切，正义的标准跟他们毫无关系。③奥金批判桑德尔承继其祖师爷休谟的家庭观进行论证逻辑，桑德尔无论是鼓吹道德优先性，还是反对家庭中正义作为首要"美德"的论证都是站不住脚的；他的第二个论证缺陷：正义还是家庭必需的"美德"，是他建立在对家庭理想化甚至虚构描述上的想象。④奥金驳斥桑德尔建立在对当代家庭高度理想化的基础上，与事实上20世纪以来的发生的家庭暴力和性侵犯案件；家庭是所重要的场所分配，皆被桑德尔的"慷慨的精神所取代"。奥金引用拉斯金告诫女性延续桑德尔这一观点，他说女性要具有"永远纯粹的善良，天生无误的睿智……不要自我发展，要自我牺牲"。⑤桑德斯的说法太具有反讽性。

艾伦·布鲁姆的《美国精神的封闭》⑥的观点，认为家庭不正义是自然和社会的需要，布鲁姆对于家庭不正义的根据来自卢梭的"自然的法则"，其实就是生物决定

---

① 苏珊·穆勒·奥金：《正义、社会性别与家庭》，王新宇译，第151—152页。
② 迈克尔·J.桑德尔：《自由主义与正义的局限》，万俊人等译，译林出版社，2001年。Michael J. Sandel, *Liberalism and the Limits of Justice*, Cambridge University Press, 1982, p.33.
③ Michael J. Sandel, *Liberalism and the Limits of Justice*, pp.34—35.
④ 苏珊·穆勒·奥金：《正义、社会性别与家庭》，王新宇译，第38页。
⑤ 苏珊·穆勒·奥金：《正义、社会性别与家庭》，王新宇译，第40—41页。
⑥ 详见艾伦·布卢姆：《美国精神的封闭》，战旭英，冯克利译，译林出版社，2007年，第33页。另参见Allan Bloom, *The Closing of the American Mind：Higher Education Has Failed Democracy and Impoverished the Souls of Today's Students*, Simon & Schuster, 1987。

论如何来压迫女性的设计。他认为女性依附性的地位没有选择的余地，是自然赋予的本能。所以规定女性"完全服从男人的批判"是"自然的法则"。布鲁姆提出相同的论点，他敌视女权主义者不是"建立在'天性'的基础上"，而"天性应该是'我们'的判断……生活的标准"；竟公然蔑视女性天生的生物本能。①奥金批评布鲁姆观点是"自然本性"和"天生的"这两个词语，从来没有阐述过这两者的定义用来为他的著作内在的连贯性起到决定性的作用。布鲁姆的"天性""自然本性"，从来没有过严格的定义。布鲁姆在自己作品中，又通过阅读柏拉图的《理想国》，他对柏拉图的"女性精英应该得到与男人平等的待遇"；布鲁姆认为是不可能的。柏拉图在对两性和家庭方面是一种非常重要的关系。布鲁姆又认为，柏拉图是在开玩笑，他认为男女平等是不可能且荒谬的，是违背人性和造成社会灾难的后果，现代性的平等主义也是误入歧途，只有贵族政治的不平等才是正当有效的——这就是布鲁姆极端保守分子的"天性"理念观。②

（4）批判"回归传统""追随美德"和"共识论"

奥金书第三章，是20世纪80年代一个重建传统价值和传统文化的年代。当时在学界中如麦金太尔的《美德之后》（1981）与《谁之正义？何种合理性？》（1988）和沃尔泽的《正义的领域：多元和平等的辩护》（1983）等著作，成为奥金批判的靶子；麦氏和沃尔泽是对家庭的一个论断中推出来家庭的性别建构是不正义的，他们推出来对正义基础和文化共识的不同的概念和策略。③

回归传统，追随美德。麦金太尔在传统语境下阐释理性与正义，他认为坚守传统捍卫传统是必要的。他认为"只有把我们沉浸在传统知识之中，尤其是那些构成西方文化基础的传统，我们才能获得完全的正义"。他对近三个世纪以来的个人自由主义论者提出了尖锐的批评，他在《追随美德》一书中，旨在阐明他认为作为伦理学的古典传统是以亚里士多德为核心，以社会秩序作为具体的语境，这是牢不可破的根基。④他又在《谁之正义？何种合理性？》一书中，意在捍卫之前的三个传统的道德价值遗留的问题，奥金针对他的三个传统逐一进行叙述兼评论：传统之一，首先，是荷马时代亚里士多德对该时代的英雄勇士精神的美德和荣誉给予赞颂，而妇女的美德是用身体吸引男性精英的忠诚。⑤其次，是一个城邦社会的全部生活不只是一

① 艾伦·布卢姆：《美国精神的封闭》，战旭英，冯克利译，第43—45页。
② 艾伦·布卢姆：《美国精神的封闭》，战旭英，冯克利译，第50—51页。
③ Alasdair MacIntyre, *After Virtue*, Notre Dame IN：University of Notre Dame Press，1981；*Whose Justice？Which Rationality？* University of Notre Dame Press，1988. Michael Walzer, *Spheres of Justice：A Defense of Pluralism and Equality*，Basic Books，1983. 见苏珊·穆勒·奥金：《正义、社会性别与家庭》，王新宇译，第10页。
④ Alasdair MacIntyre, *After Virtue*, p.58.
⑤ 苏珊·穆勒·奥金：《正义、社会性别与家庭》，王新宇译，第63页。

种活动的"善",而是一种城邦的"全部的善",是以人们的"好生活"作为标准。奥金补充麦氏忽略了一个事实:城邦是公共领域内部属于男人的城邦,在这个男人之外,所有的女人也是被排除在好生活之外。①传统之二、之三合在一起,奥金为了简洁在将麦氏在《谁之正义》中最终的结论表现出来的逻辑是:托马斯·阿奎那综合了亚里士多德和奥古斯丁为他提供了最好的正义理论和实践理性;但是,发现他在书中的讨论过程中,自始至终错误地论证他的性别中立场。他在书中赞美托马斯有能力综合荷马时期的亚里士多德的哲学和基督教理论的同时,忽略了一个事实——综合地充满了性别歧视和厌女观。②

　　奥金对麦氏研究的托马斯·阿奎那(1225?—1274)、亚里士多德(荷马时代)和奥古斯丁(354—430)的观点进行考证后,认为麦氏对三人均有误读和歪曲,需要逐次评论和纠偏:首先,奥古斯丁在《忏悔录》中的原意是相信男女在精神上是平等的,平等共享神赐的生活。"不但男人可以深思事物永恒的原因,而且女人也可以。"不过,奥古斯丁也认为,单独来看女性的才能就是"协助"男人,女人不是像男人一样的独立存在;奥古斯丁进一步引申为男人是高级理性,而女性是低级理性或更善于感官感受,因为女人的肉体与男人不同,与肉欲、激情相关,夏娃先被诱惑犯罪因而具有了象征意义。奥古斯丁还认为,女人是恰当而天然地从属于男人;在天国里女人和男人是平等的,但是在男人的社会中女人是男人的从属,限定在家庭范围内是恰当的,禁欲或者就是一个优选。奥金理解奥古斯丁的这些观念,因直到1988年,教皇约翰·保罗就重申对女性的限制并得到了确认,认为奥古斯丁以夏娃的原罪论而限定女人是具有正当性的。其次,在阅读阿奎那的《神学大全》时,麦氏从中得到了有关正义和实践理性的阿奎那的最佳凭借,有关于女性的原罪的基督教义是亚里士多德的目的论的生物学的一个综合体。奥金看到,在论及男人的政治世界和家庭生活时,阿奎那比奥古斯丁更强调这一点,所以麦氏对亚里士多德的思想依赖也是显而易见的。阿奎那的核心概念来自亚里士多德,认为女人就是"一个以低劣手段从男性那里得到的身躯",唯一的目的就是生育,因理性残缺,"天然地从属于男人,因为男人具有支配性的判断理性"。这里是阿奎那抄袭亚氏的说法,这也是麦氏最需要的宗教和"哲人"的"护身符"。其后,奥金引用妇女史学者艾琳娜(Arlene)对阿奎那的批判,除上述阿奎那的观点外,借助历史学家艾琳娜的观点评论道:"(女性)为了自己的利益她必须从属于男性,因此,与亚里士多德所教授的一样,低级的人必须接受高级的人所制定的规则。像他的孩子一样,只有扮演好她的婚内角色才

---

① 苏珊·穆勒·奥金:《正义、社会性别与家庭》,王新宇译,第71—73页。
② 苏珊·穆勒·奥金:《正义、社会性别与家庭》,王新宇译,第78—79页。

能从中受益,这也是与她的'低级能力'相适应的。"①奥金借艾琳娜反讽阿奎那和麦氏的一石二鸟的低级"理性"。

"共识论"。作为政治哲学思想家的沃尔泽,在《正义诸领域:为多元主义和平等一辩》书中,②认为"正义原则"应该以每一种文化形成一种"共识性"(Shared Understandings)。奥金在第三章梳理了沃尔泽的"正义原则",寻找质疑正义问题的答案并解决:他首先祭出"共识性(Shared Understandings)"和"临界力(The critical farce)"的理论。让我们跟着奥金先从"正义原则"论断"共识性"理论,去了解沃尔泽认为的"正义原则"的"文化共识",是最基本的平等主义的原则,和他的正义准则——"分离领域",要求对本土的"社会益品"(Social goods)彼此独立以不同的方式来分配,用于对抗不平等和支配关系和分离领域。③奥金认为,当下女权主义批判是一种潜在的有价值的工具,但是,沃尔泽依赖"共识理论"是斩乱麻的钝器。奥金又对沃尔泽的正义原则和正义"共识论"运作的"三步曲"进行分析批判:其一,他的出发点"正义诸领域(Spheres of Justice)",是他会承认去辩护他的论断;其二,他认为道德哲学的最佳方法是通过"意义分享(Shared meaning)"达到共识;其三,如果有分歧,通过"临界距离(Interpretation)"即"分离领域"的结果,只能诉诸于"制度""支配论"的"屈从"。④沃尔泽也承认支配体制内的等级制,"正义将会助力于不平等";然而他必须按照他的正义共识原则含糊不清地断言,社会才能够满足"正义的(内在)标准",这也是沃尔泽的虚伪的悲观前景。⑤

(5) 家庭/公共领域的挑战:重审"私人"与"政治"

第六章是以奥金视角和观点出发,将"正义挑战家庭/公共领域"进行主导性的理论、批判和建构为一体的既破又立系统,她的论题是从领域到领域的正义挑战家庭/公共领域的二分法,奥金的逻辑思考是精彩纷呈的三个部分——理论和概念、"私人的即是政治的"和挑战二分法再思考次第展开。

理论与概念的批判和突破。奥金关于正义领域的转变和挑战,是在建立我们所认为的男性中心的传统上的,其具体表现如"共识"理论以揭示其加强父权制的倾向,发现这些理论是建立在男性主导的假设上的方法论;在当下"二分法"成为解决自由主义思想工具的新方法论的根基。"二分法"是以政治生活及市场为内容的"公共"领域和以家庭生活、个人关系为内容的"私人"家庭领域的区分,女权主义者必须

---

① 苏珊·穆勒·奥金:《正义、社会性别与家庭》,王新宇译,第80—81页。
② Michael Walzer, *Spheres of Justice: A Defense of Pluralism and Equalit*, 1983;迈克尔·沃尔泽:《正义诸领域:为多元主义和平等一辩》,褚松燕译,译林出版社,2009年。
③ 迈克尔·沃尔泽:《正义诸领域:为多元主义和平等一辩》,褚松燕译,第86—87页。
④ 迈克尔·沃尔泽:《正义诸领域:为多元主义和平等一辩》,褚松燕译,第88—89页。
⑤ 迈克尔·沃尔泽:《正义诸领域:为多元主义和平等一辩》,褚松燕译,第88页。

对公共/家庭领域二分法进行彻底的审查和批判,不然,完全的人道主义正义理论就无法建立。如何挑战公共领域和私人领域之间的二分方法论,是女权运动最终要做的事情。奥金认为,从具体论证公私与家庭四个方面进行突破的思想和路径:一是权力被认为是属于典型的政治的,是家庭生活的核心部分;其二,家庭领域本身是由政治决议所创造的,干预家庭生活的想法是没有意义的;第三,因为家庭是成为性别自我的地方,所以家庭是政治的;第四,性别建构的家庭内在劳动分工,增加了妇女所有其他生活领域的实际障碍和心理障碍。①

"私人的即是政治的"的局限。奥金认为"私人的即是政治的",是西方女权主义匹配公共/家庭二分法的核心观点。"家庭"的定义应该包括任何亲密联系和承担义务的群体,女性的双重负担而拒绝屈服于家庭制度,拒绝接受把两性之间的劳动分工当成天生的和不可改变的。女权主义者应把注意力转向政治,在之前家庭被认为是典型的非政治领域,至今女权主义者认同私人范围内的性、家务劳动、育儿和家庭生活是政治的,这是大多数女权主义思想基础的新改变。②

挑战二分法再思考。奥金指出,这不是一个简单或完全的私人的和政治的认定。当今正义理论所采用的或所假设的"私人的"家庭生活和在市场或政治方面的"公共的"生活"二分法"有四个局限:首先,在家庭和个人生活中所发生的一切不能免受动态权力的影响。这被视为属于典型的政治特点,家庭的权力无论是妻子对丈夫、丈夫对妻子,还是父母对孩子(如家庭暴力),这种权力与生俱来的抑或是假设的;③第二,公共/家庭二分法是一个更私人的家庭领域,确实存在,但它的存在所规定的界限和所允许和禁止的行为,都源自政治决定。如婚姻依然是一种特殊的契约,一种预制身份合同;另一方面,国家对家庭生活的规范无处不在;④第三,把非政治家庭领域和公共的或政治的领域明确的"一分为二"无效的原因,在于家庭生活是大部分早期社会化发生的地方;女权主义学者对理解如何成为性别中的家庭领域做出了重大的贡献,如心理咨询、对低收入和单身母亲等困境做出援助;第四,私人与政治的公共和家庭二分法问题是,因大多数家庭劳动的分工,增加了女性在其他领域的心理障碍和实际困难;然而面对泾渭分明的二分法,女性的障碍从家庭到家庭外的生活轻易被改变是困难的。因此,在一个真正人道主义的正义理论中,是不能继续维持这种默认的二分法的,它必将包括我们的所有人的理论。⑤

(三)"性契约"的正义论

自由主义女权主义政治思想家卡罗尔·帕特曼(Carole Pateman)的契约理论假

---

① 苏珊·穆勒·奥金:《正义、社会性别与家庭》,王新宇译,第153—154页。
② 苏珊·穆勒·奥金:《正义、社会性别与家庭》,王新宇译,第173—178页。
③ 苏珊·穆勒·奥金:《正义、社会性别与家庭》,王新宇译,第179页。
④ 苏珊·穆勒·奥金:《正义、社会性别与家庭》,王新宇译,第181页。
⑤ 苏珊·穆勒·奥金:《正义、社会性别与家庭》,王新宇译,第185页。

设了一个深深扎根于所谓的社会契约中的"性契约"来分析父权制。政治理论家们认为,社会契约是文明社会的基础。帕特曼假设了一个深深扎根于所谓的社会契约中的"性契约"来分析男人是如何对妇女实行统治的故事受到父权制"压制"的不正义。[1]按照帕特曼的观点,原初契约原本包含着两个方面——"社会契约"和"性契约",同时表达自由与从属的两种关系。社会契约通常叙述的是自由,而性契约叙述的是从属,即性的从属。更重要的是,性的契约是社会契约的基础,公民社会中的自由平等的权利,最初正是来自男人对女人的征服与统治。[2]

(1) 契约论与历史性契约内涵

契约论的历史揭示的是公民自由,其实只是男人的自由,它依赖于父权,依赖于男性对女性的统治。正如艾德里安娜·里奇所说,原初契约不仅产生男人的政治统治权,而且产生了维护"男性性权利的法律"。帕特曼认为,要把"性契约"从无知之幕的面纱背后揭示出来,不能遵循传统契约论的思路,把财产作为契约的核心,而是必须对契约的内涵重新做出解释。帕特曼说:"我注重契约,重在把契约作为一种社会联合体的原则,把它看作是创建社会关系的最重要的方法之一。"例如帕特曼用于确立丈夫和妻子的关系,资本家与工人的关系。在契约论中内涵中间契约,反映出来的社会关系,尤其男人和女人关系。尽管社会契约把女性排除在外,但实际上,任何一个社会契约都涉及到女性与契约的关系。女性主义者早就在 150 年前就指出了婚姻契约的特殊性,遗憾的是没有引起后人注意。[3]

(2) 性契约与婚姻

在契约论的历史上,帕特曼指出"原初契约不仅仅是一种社会契约,它也是一种性的契约,并且建构了男人对女人的父权制"。她从性契约的发展历史看出,男人对女人的权利与权力是通过"婚姻契约"实现的,婚姻契约是"性契约"的主要表现形式,女人的从属地位与父权制的确立正是通过两性的婚姻关系完成的。帕特曼的理论——"性的契约",使女性的从属地位在制度上得到了确认,婚姻契约则把这种不平等的地位演变成为形式上的平等关系。但是人们对"性的契约"的兴趣却不约而同保持了某种一致性。帕特曼研究了从早期契约论家到当代契约代表罗尔斯的观点,他们只关注社会契约论,却很少探究更不可能揭示其本来面目,也不可能揭示婚姻与家庭关系中两性是不平等的权利与义务关系。[4]

---

[1] Carole Pateman, *The Disorder of Woman: Democracy, Feminism, and Political Theory*, Stanford University Press, 1989, pp.33—34.

[2] 郭夏娟:《为正义而辩:女性主义与罗尔斯》,人民出版社,2004 年,第 53 页。该书第二章集中在"社会契约的性别缺失",将帕特曼的性契约、罗尔斯的《正义论》和奥金《正义、社会性别和家庭》等学者的著作,进行了综合分析和概括。

[3] 郭夏娟:《为正义而辩:女性主义与罗尔斯》,第 53—54 页。

[4] 郭夏娟:《为正义而辩:女性主义与罗尔斯》,第 55—56 页。

（3）性契约消失：“无知之幕”与“性无知”

奥金是作为女权主义考察罗尔斯原初状态下“无知之幕”的设计，以及“无知之幕”中“关于性别、女性和家庭的从属性问题，不仅要针对他已经明确说出来和没有说出来的观点，而且还要看他隐含着的思想”。①关于“性无知”，罗尔斯的假设是，首先，既然原初状态“各方代表”知道一般的心理事实和知识，那就不能不知道自己的性别。奥金认为，原始状态中人们必须取一种独特的女性立场进行思考。其次，如果用罗尔斯的方法对他的结论进行再推论，就可以看到揭开“无知之幕”之情况后，能够发现现实社会所有的制度都是带有性别特征的，即使以公正平等为目的的正义原则本身也渗透着父权制的特性。再次，“性无知”的假设最终必将损害女性的尊严和权利。最后，“性无知”的假设不可能证明自身的合理性，原因就在于它不能解释现实制度中的两性不平等问题，也无法最终改变女性的屈从地位。从“无知之幕”的假设看来，罗尔斯把“性”看成是“偶然的”和“道德上任意的”因素。女权主义者认为，罗尔斯并没有证明这种假设的合理性。②至此，罗尔斯对性契约的观点，设想出来的性无知只能是理论家一厢情愿的美好愿望。奥金的结论是，罗尔斯的假设缺乏现实性，他要求我们从现实的公平中间思考实现视角转换，但是，现实社会处处充满性别不平等，进一步压抑了“性的契约”隐藏性的特征，性别不公正变成了“无名”问题也就不再为正义论所关注的。③

二、马克思主义/社会主义女权主义的对资本主义的批判

（一）马克思主义女权主义立场论

波克塞对政治理论家南希·哈索克首次提出了女权主义立场论，包括了广泛的观点女权主义理论和方法；还采用了马克思主义关于阶级建立在物质生活关系基础上的观点，提出一个非常有影响的历史唯物主义女权主义立场理论，该理论建立在基于性别的劳动分工基础上。④该论文主题精髓分作三个方面：

（1）立场论的范畴

哈索克认为女权主义立场论范畴是由马克思的立场中的五个观点构成的：首先，物质生活构建认识的观点指出了交换、生产二元对立模式在认识论上的影响。显然，在区分交换与使用的基础上引起了二元论，于是产生了一系列对立的、等级的

---

① 郭夏娟：《为正义而辩：女性主义与罗尔斯》，第74页。

② 郭夏娟：《为正义而辩：女性主义与罗尔斯》，第77—80页。

③ 郭夏娟：《为正义而辩：女性主义与罗尔斯》，第80—81页。

④ Nancy Hartsock，"The Feminist Standpoint：Developing the Ground for a Specifically Feminist Historical Materialism"，in Sandra Harding and Merrill Hintikka, eds., *Discovering Reality：Feminist Perspectives on Epistemology Metaphisics*，*Methodology and Philosophy of Science*，Reidel/Kluwer，1983.

二元对立——思想/身体、理想/物质、社会/自然、自我/他人,这些二元对立都仿效了相对于交换贬低使用的作法。第二,马克思主义者对交换与生产的论述表明,产生于交换的认识论不仅倒置生产过程中的现实,而且本身是片面的和错误的。这种倒置体现于交换中的认识论及其表达的社会关系,反转二元主义中的"正确"次序:使用优先而非交换。第三,表明人们认识到了社会现实的力量,指出统治集团的视野不但可能是歪曲的,而且还通过将社会定义为一个整体使他们歪曲的视野变得真理。在马克思的分析中,社会现实力量体现于对意识形态的控制,如工人对交换参与,工人和资本家都参与了商品买卖,那么共同参与不得不产生影响。第四,认识论是获致的而不是明摆的,是协商的而不是当下(immediate)的。因为统治集团控制着精神和物质的生产方式,理想和物品的生产,所以被压迫者如果建立了一个立场,那就表明这些受压迫者已取得了科学知识(分析),并开始了这些知识指导着的政治斗争。最后,因为提供了可以揭露生活与思想中的颠倒、不人道人类关系的基础,立场可以是摆脱现有关系的基础。在马克思理论的历史环境中,利用资本主义创造的巨大可能性,生产者的视野会超越现实束缚。因此,无产阶级是有可能创造无阶级社会的唯一阶级,即将社会本身创造为一个无财产的生产者。

(2) 立场论的认识论

郭夏娟对南希·哈索克的《女权主义立场》一文进行梳理和评论。她首先引用南希·赫希曼(Nancy Hirschman)的观点,立场论方法是人类认识史的一项特殊成就,旨在审视父权制社会的知识体系。从女权主义的立场出发,以了解"认识论本身就是特殊社会关系的产物"。赫希曼继续说:"正如和所说的,如果人们的经验是不同的,那么根据立场论的观念,那些在母亲单方抚养下成长的男人和女人,其认识论的取向肯定存在差异。"郭又引用南希·哈索克对立场论和认识论的关系如下:"一种立场就是一种视角……立场论的观点是指,不同的人可以根据他们的经验和背景,形成不同的知识构架。……既然认识论是以一种负责而又矛盾的方式发展的,并且总是来自母亲的生活经验,那么'立场'就可能以一种反映经验的特殊方式建构特定的认识论。"郭夏娟赞成哈索克称之为"女权主义的"而不是"女性的",因女权主义的立场方法来自女性的特殊经历,具有女性的性别特征。这种方法论在各种科学理论中受到质疑,而立场论者认为,女性的实际活动既延续了人类种族,也为知识的发展提供丰富的源泉。这些知识包括了人际关系、人与自然的关系、个人与政治的关系等。尽管男性理论家把女性的角色行为和认知方式贬低为"本能的""直觉的""情绪化的",进而把女性从正义领域排除出去,但事实上女性在自身发展的历史上,一直为言论权、认知权和自主身份而斗争,她们对政治活动与理论建构做出了重要贡献。①

①　郭夏娟:《为正义而辩:女性主义与罗尔斯》,第14—16页。

（3）结语：现实与未来

南希·哈索克首先分析真实结构，是始于劳动性别分工，是人类真实的物质活动，通过分析能形成探究妇女所受压迫之真实结构的基础；这一分析将揭示妇女参与和反抗其从属地位的方式，妇女和男人的生活都是由占主导地位的性别和统治阶级之经验的社会关系构建。接着，深入揭露与行动。发现真实却隐匿的社会关系需要理论和政治行动，女权主义理论家必须坚持将女权主义的理论化建立于妇女物质活动的基础上，因为要从妇女物质生活中构建新的社会生活领域就必须进行政治斗争；其结果是包括男女双方活动的政治经济学的发展成果，也是在妇女行动的基础上重新定义社会和重新将社会构建为一个整体的步骤之一。后续，重新建构将妇女活动推广到社会整体，将使人类第一次有可能构建真正人性的社会，人们会认识到妇女生命活动的确形成了女权主义唯物主义的基础，女权主义唯物主义可以为批判、反对阳具崇拜的意识形态和制度提供支点。最后，南希·哈索克认识到资本主义与父权制关系，她清楚地看到，"尽管阶级社会看起来是妇女所受压迫的来源和原因，但阶级社会更是压迫妇女的后果"。因此，"在阶级社会发展的最后一个顶峰，阶级社会一方面是压迫妇女的结果；但另一方面也是妇女参与和摆脱自身所受压迫的媒介"。进入了 90 年代，笔者又看到南希·哈索克从马克思主义女权主义继续批判后现代主义、后女权主义等，进入后现代女权主义的新流派，她的批判又有了新议题和新境界。（见"后现代女权主义"新流派）

（二）正义与差异政治：哲学思考中的制度非正义

笔者曾在 60—70 年代对艾利斯·杨的马克思主义/社会主义女权主义思想进行梳理和评说。进入 80 年代，杨的《关于正义与差异政治》一书于 1990 年问世出版①，该书是她在政治哲学思考正义与差异问题，建立了一个必备的思想框架受到笔者的关注。杨在"引言"中讨论正义概念时，她认为，应把"支配"和"压迫"作为出发点，这样才能清晰呈现社会正义所忽视的议题。比如，政治决策、劳动分工、文化等等，各种正义理论都联系着社会本体论。对于正义话语的思考、分析、论证并不是追求一套体系化理论，而是要理清概念和论题的意义，描述与解释各种社会关系并对理想与原则进行澄清与捍卫。在本书第一章，作者首先辨析了在追求社会正义时的分配范式当代正义理论。杨认为，分配问题确实重要，而正义却远远超越它的范围；如果要指出分配只限于物质利益并认定决策，那么社会分工和文化也是正义问题的重要组成部分，"压迫"和"支配"才是应该成为首要核心概念贯穿于每一章节。但是她最注重的是第一章"支配的分配范式"和第二章"'压迫'的五个面孔和可衡量'五种标准'的改变"，体现了杨高瞻远瞩把支配和压迫界定为两种核心价值并试图

---

① 艾丽斯·M.杨：《正义与差异政治》，李诚予，刘靖子译，中国政法大学出版社，2017 年。

改变支配和压迫的马克思主义女权主义的新正义。

(1) 支配的分配范式

杨开宗明义首先表明,在主张支配下"取代分配范式",实现她给该分配范式进行定义和评论。在她看来,分配范式有两个问题:第一,倾向于对社会正义的思考集中的有形之物(物品、资源、收入和财富)或社会地位(尤其是工作岗位)的分配上,这里可能忽略了社会结构和制度语境决定了分配的模式。第二,如将分配的概念拓展到非物质的社会物品时,往往很容易将其视为静态事物而非社会关系和过程的运作;因此,杨试图在更广泛的语境讨论正义问题,把行动关于行动的决策以及发展和实现潜能的方式因素都纳入到其中。[1]笔者在第一章按照杨的逻辑重点,以"取代分配范式"进行三个面向分析,其中的分配范式的制度语境、分配的观点和话语实践及支配与压迫的非正义次第展开。

分配范式的制度语境。杨对分配范式方面的主流已预设并遮蔽了制度语境非常清醒。她说,关于社会正义的绝大部分理论的关注是物质资源收入获得奖赏与特权地位的分配语境:首先,关注的是财富和收入是否得到公平的分配,其次是对高收入的特权地位的分配模式是否公平。杨又针对目前主流的关注财富收入与职位的分配理论,她对总体的批评是除了忽略甚至倾向于遮蔽的遗憾。[2]杨认为,制度语境的理论只是在一个制度的语境中分配才得以发生。她还说,不能仅仅从生产方式角度出发,而应该从更宽泛的意义上来理解制度语境——包含在国家、家庭、公民社会以及工作场所中所有的结构和实践,指引着实践的规范和准则,以及构成社会交往中介的语言和符号。杨认为这些是对正义和非正义的判断密切相关,从而决定了人们参与决策的能力和发展及实现其自身潜在的能力。[3]杨乐观地看到,在制度语境的分配正义理论中,完全可以超越财富、收入和资源分配等问题,这在应用于社会组织的问题上,的确如对反驳的坚持者的理论家,指出明确地将分配正义的范畴扩展到了非物质资源的问题中可行性。

分配的观点和话语实践。杨在观察思考中,将观点和实践分为三个重点。其一,权利和义务分配。杨曾引用罗尔斯的观点,说正义关注的是"权利和义务"的分配。显然,更多的人会如是观。人们说分配是占有物质资料、资源或收入的权利。杨认为实际上物品是非权利,权利不是财产而是关系的非物品;权利更多地关涉到行为而非占有,它更多地指向社会关系,这正是社会关系的推动或约束人们的行动。[4]其二,机会分配。简单而言,机会分配包括了"机会的分配",杨认为机会是"实

---

[1] 艾丽斯·M.杨:《正义与差异政治》,第16—17页。

[2] 艾丽斯·M.杨:《正义与差异政治》,第20页。

[3] 艾丽斯·M.杨:《正义与差异政治》,第27页。

[4] 艾丽斯·M.杨:《正义与差异政治》,第28—29页。

现"的一个条件,它通常涉及社会规则和社会关系的结构,以及个体的自我观念和技艺。所谓的"机会"并不是可分配的,而是一个"实现"的概念,它更关心的是行为而非占有;具备条件那么他/她就拥有"机会"。还有,有拥有的"自尊"的社会才称得上的正义社会。其三,权力与分配话语和行动。杨首先将权力视为占有物或个人占有资源,但资源不等同于权力本身,权力是由其行使者与他者的关系所构成的,在这关系中,权力的行使者表示意愿并获得他者的顺从;其次,权力的分配方式是一种原子化的倾向,其关注的焦点是拥有权力的主动者以及其有权者所作用的对象,他们仍然会将权力看成一种上下关系,行动者之间拥有支配/屈从制度的权力;再次,从分配的角度将权力理解为某种可以买卖、交换和分配之物,将导致对支配这一结构现象视而不见,这里的"支配",从分配的角度来看拥有权力的人是如何建构起权力而实现权力的再生产;最后,杨的理解从分配的角度来解读权力,容易让我们把支配的系统理解权力像财富那样掌握在少数人手中的体系,那么这就是需要对权力进行一种再分配即是将权力的分散和去中心化。①

支配与压迫的非正义。杨认为,由于权力、权利、机会和自尊的分配范式,以往表现得如此不尽人意,因此,我们不能主要以财富、收入或其他物质材料的分配范式来理解正义并对正义进行理论化。首先,应该明确将分配的概念限制在物质材料,如物品、自然资源,金钱。尽管还有别的非分配的问题,本书的主要的观点是集中关注在决策、劳动分工和文化等问题上,这是比较关键的一环。②后者,杨在支配和压迫得出了压迫存在一个系统性的制度背景过程中,直接或借助组织某些人在社会认可的环境中学习和运用令人满意的广泛的技能,并在他者能够清醒的情况下表达自身的经历、感情和对社会生活的看法的能力。尽管这样还包含着物质上的剥夺或者是分配范式不公平——杨认为她在第二章将表明的——也同样涉及分配之外的因素。③

(2) 作为压迫的"五张面孔"与"五个标准"

"压迫"的理论概念与阐释。压迫概念来自60年代马克思主义者阶级、种族、性别、年龄和同性恋的歧视。在80年代社会主义者、女权主义者和反种族主义者形成共识的受压迫群体展开多元化的压迫的洞见。杨清晰地勾勒出压迫所具有的五张面孔——"经济的剥削、社会的边缘化、无权力、文化帝国主义以及暴力"的压迫系统结构,展示明显的社会理论断裂的事实和阐释。④杨指出"五张面孔"适用于群体的语境中,杨又提出涵盖全面而又内涵丰富的对压迫的分析,并采纳多元主义路径来

---

① 艾丽斯·M.杨:《正义与差异政治》,第28—29页。
② 艾丽斯·M.杨:《正义与差异政治》,第38页。
③ 艾丽斯·M.杨:《正义与差异政治》,第44页。
④ 艾丽斯·M.杨:《正义与差异政治》,第46—47页。

理解权力概念。在理论上,她深信压迫并非一种单一的和统一的现象,需要不断论证和实践。她的"五个标准",就是衡量工具的效果,其中包括行为、地位关系、分配状况、文本和其他的文化产品进行评估加以使用,该标准能够作为工具来衡量群体受压迫是否真实并判断是如何被压迫的。

"压迫"作为社会理论断裂的"五张面孔"。 杨指出:第一,"经济剥削"。马克思主义剥削理论的核心是澄清缺乏法律和规范上法定的阶级区分的情况下,阶级结构才能够存在,到当代阶级的支配经济剥削还存在,这就需要回答剥削理论问题。杨还说,女性所受的压迫并不仅仅来自于地位、权利和财富上的不平等,还有性别剥削两个方面——将物质劳动的成果和养育及性的能量转移到男性手中。① 第二,社会的边缘化。越来越多的下层阶级被永远束缚在社会边缘的生活之中,其中绝大部分都具有鲜明的种族特征的边缘化,被排除在社会生活的有效参与之外,并且由此遭受严重的物质短缺,甚至于有灭族的威胁。边缘带来的物资匮乏,尤其在美国福利分配并没有消除大量边缘人的痛苦和贫困。② 第三,无权力。马克思主义的阶级观点揭露了剥削结构,一些人权力和财富源自于从他人的劳动中榨取利润。③ 无权力者的缺乏,表现在缺少权威、地位以及专业人士所拥有的自我意识;因缺少这三个方面导致了非专业人士受到无权力的压迫。其表现在,专业人士需要受过大学教育,专业人士的权威,包括所管理的工人和附属人员,而非专业人士则缺乏自主性,常常要服从专业人士的权威,而被剥夺的、没权力的就失去体面生活。④ 第四,文化帝国主义。剥削、边缘化和无权力,都指向了劳动的社会分工所塑造的一种权力压迫的关系。文化帝国主义指的是一种体验:社会主导性的意义体系,既对一个群体视而不见、又以刻板印象贴标签,将其视为"他者"。受压迫群体自身对社会生活的体验和解释,往往是难于促进主流文化。同时,主流文化却将自身的经验和解释强加给这些受压迫者。⑤ 第五,暴力。暴力使许多群众忍受着系统性的压迫,包括个体侵犯,群体暴力,特别是针对妇女和有色人种、同性恋以及其他参与的强奸、殴打、杀害、骚扰等等这种暴力行为。⑥ 暴力作为不正义的形式,是分配范式的正义所难以充分把握的,所以需要改变文化想象、刻板形象、支配关系的日常生产和日常生活中的这种恶劣姿态。⑦

"五个标准"的运用。 在杨的压迫的五张面孔包括剥削、边缘化、无权力、文化帝

---

① 艾丽斯·M.杨:《正义与差异政治》,第57—60页。
② 艾丽斯·M.杨:《正义与差异政治》,第63—64页。
③ 艾丽斯·M.杨:《正义与差异政治》,第66页。
④ 艾丽斯·M.杨:《正义与差异政治》,第68—69页。
⑤ 艾丽斯·M.杨:《正义与差异政治》,第70—72页。
⑥ 艾丽斯·M.杨:《正义与差异政治》,第73页。
⑦ 艾丽斯·M.杨:《正义与差异政治》,第77—78页。

国主义和暴力如何避免,她一直在思考是否能设立一个压迫的标准。杨认为标准应是客观的,使某些人认为自己所说的群体是被压迫的,而事实上并非如此。这些标准提供能够令人信服揭示其被压迫的处境一样。每一项标准都是可操作的,都能通过对可观察的行为、地位关系、分配状态、文本和其他文化产品的评估来加以适用。杨说,自己没幻想评估能够做到价值中立,无论如何这些标准能够作为工具来衡量如,"这个群体是受压迫的"是否真实并判断一个群体到底是如何被压迫;她还说,这五个标准可以操作,衡量工具的效果,其中包括行为、地位关系、分配状况、文本和其他的文化产品进行评估加以使用,该标准能够作为工具来衡量群体受压迫是否真实并判断如何被压迫的。①

三、激进女权主义的新观点:性欲望、性政治、性与生育

进入 20 世纪 80 年代,激进女权主义领域已经转向,进入了新的观点和实践,从个体的性欲望到社会的性政治,以及对性和生育做了更深入的个体经验并对社会控制和理论改变的行动。

(一)性欲望

作为社会主义女权主义者的弗格森,对激进主义女权主义者的"性欲望"进行了深入研究,她对性欲的认知观点有四个方面:第一,异性恋和其他一些性实践都是以压迫为特征的。父权制资产阶级的性欲给予性少数群体打上耻辱烙印,压制每个人的性欲和性快感,以此保持多数人的"纯粹"和对少数人的控制。第二,人们把少数性群体视为可耻的,从而限制所有人自由的理论分析、法律限制或道德评判,女权主义者都应该坚决拒绝。第三,作为女权主义者要收回女性对自己性欲的控制,要求在实践给以快感和满足行为的权力。最后,理想的性关系建立在充分同意的、平等的伴侣之间,可以通过协商选择任何性行为方式最大限度地给予彼此性快感及满足。弗格森总结说,"性是肉体的情欲快感和生殖器性感的交换,它也是社会图谋控制一股强大的力量,而社会控制手段就是把所谓好的、正常的、合法的、健康的性实践与所谓坏的、不正常的、非法的、不健康的性实践区别开来"。②激进女权主义者盖尔·鲁宾关于性欲,同样强调性的压抑是建立在性本质主义教条基础上,性是先于社会生活出现的一种自然力量,必须被控制,这所谓的这个威胁是文明强加于人类的一种社会结构。鲁宾又指出,尽管这些社会的倾向已把所有的性一般看成是坏的、危险的、毁灭的和消极的,是某些类型的,性又是被认为是特别坏的。她认为,这

---

① 艾丽斯·M.杨:《正义与差异政治》,第77—78页。

② Ann Ferguson, "Sex War: The Debate Between Radical and Liberation Feminists", *Signs: Journal of Women in Culture and Social*, Vol.10, No.1(Aut., 1984), pp.108—109. 中译参见罗斯玛丽·帕特南·童:《女性主义思潮导论》,艾晓明等译,华东师范大学出版社,2002 年。

两者全都是对妇女的一种误导。所以说好的性和不好的性。①弗格森认为，激进女权主义者考察性欲的观点都缺乏历史性，因此她们不能从历史看问题。弗格森认为，人类的性欲并没有一种普遍的"功能"，无论是把它想象为感情的亲密还是肉体的快感；毋宁说"性欲是一种肉体能量，它的对象、意义以及对社会价值都是历史建构出来的"。②在弗格森的评价中，鲁宾的观点是从性政治出发的，她强调，性的压抑是建立在性本质主义教条基础上的。

（二）性政治

鲁宾在她的《关于性的思考：性政治学激进的理论笔记》一文，所表述的思想成为她关于性政治的理论体系的前卫观点。鲁宾说，性政治学就是本质主义在性话语中表达的性行为和一般趋势的分类；除了性的本质主义之外，至少还有五种其他的意识形态体系，这五个关于性的理论体系：一是对性的否定态度；二是对性的错误的度量；三是对性活动价值的等级划分；四是性危险的多米诺理论；五是两性性差异概念的缺席。鲁宾又发现，在第三"对性活动价值的等级划分"和第四"性危险的多米诺理论"中，她发现性价值的等级制是互联互通的。鲁宾用一个图表来展示性价值体系的一般形式——"美好的""正常的""自然的"和"受祝福"状态。图中分内环和外环，表示等级性的内环是"好的、正常的、合法的、健康的"性实践，并与所谓"坏的、不正常的、非法的、不健康的"性实践区别开来。具体而言，内环与外环的对应如下：

内环		外环	
美好的、正常的、自然的、受祝福的性		**邪恶的、反常的、不自然的、受诅咒的性**	
异性恋的	熟人之间的	同性恋的	陌生人之间的
婚内的	同代人之间的	非婚的	跨代的
一夫一妻的	私密的	滥交的	
生殖性的，无淫秽品的		非生殖性的	有污秽品的
非商业性的，仅有身体的		商业性的	使用工具的
配偶的，香草型的（寻常的）		独自一人或群体的	虐恋的③

鲁宾又描绘了性等级制度的另一个方面，性危险的多米诺理论，把性秩序和性混乱混淆划分出来。在"好的"性和"坏的"性之间，还有"有争议"的领域状态，以便那些行为可以得到允许跨界的越界线。

---

① 罗斯玛丽·帕特南·童：《女性主义思潮导论》，艾晓明等译，第90—92页。
② 罗斯玛丽·帕特南·童：《女性主义思潮导论》，艾晓明等译，第125页。
③ 葛尔·罗宾等著：《酷儿理论——西方90年代性思潮》，李银河译，时事出版社，2000年，第32页。

"好的"性	有争议的领域	"坏的"性
正常的、自然的、健康的、神圣的	非婚异性恋伴侣	反常的、不自然的
异性恋	滥交的异性恋	有病的、有罪的、出格的
婚内的	手淫	
一夫一妻的	稳固性男女同性恋伴侣	
生殖性的	泡酒吧的女同性恋者	
在家里的	浴池或公园滥交男同性恋	
		异装者
		异性者
		恋物者
		虐恋者
		商业性的
		跨代的
"最好的"		"最坏的"①

(三) 性与生育

阿德里安娜·里奇的著作《女人所生》(*Of Woman Born*)中指出,男人认识到除非男人能够控制妇女为这个世界带来或不带来生命的这种权力,否则,父权制就难以持续。因此,里奇的结论是,为了维持他们在社会中的权力位置,男人把"生育"过程把持在自己手里,男人夺取了生育权力和发生冲突。里奇说,在一定程度上被剥夺了对人妊娠的这种控制是她不能控制的,因为自己怀孕感觉妇女是不能控制的,这是自己的一种经验。里奇在文中写道:"我在 26 岁的时候初次怀孕,真实的身体和真实的精神就分离了,这个制度只允许我以某些观念、某些期待来对待做母亲这件事……到处弥漫的观念是怀孕的女人就是因满足而安详的女人,或者简单的说是一个等待分娩的女人。"从年轻时的里奇得出来结论是:如果妇女从权威那里重新夺回自己对妊娠的控制,他们就不再非得被动地坐待医生接生了。②里奇注重的是父权制权威采用医学研究控制女性的生产力、生育力权利的方式。在这里是妇女可以执掌生育和养育孩子的控制权,妇女就绝不应该在解放的名义下放弃女性生物规律的必然产物。里奇在书中写道:"……父权思想把妇女的生物规律限制在它自己狭窄的阐释里。由于这些影响,女权主义的设想也回避了女性的生物规律。我相信,女权主义将会转变看法,把我们的肉身存在看作力量的源泉,而不是注定的命

---

① 葛尔·罗宾等著:《酷儿理论——西方 90 年代性思潮》,第 33 页。
② 罗斯玛丽·帕特南·童:《女性主义思潮导论》,艾晓明等译,第 107—108 页。

运。为了过上完整的人的生活,不仅要控制我们的身体,还必须感触我们的肉身存在的完整和共鸣,感触我们和自然秩序的亲密关系,以及我们智力的肉体基础。"①这就是充满激情的里奇的性与生育的女权主义者的理解和行动。

弗格森强调妇女的性和生育欲望、需要、行为和身份,在很大的程度上是她们所处的历史时空产物,承认强调和论据的正确性:其一,对异性恋和同性恋的妇女来说,两者都必须在本质上是愉悦的或是危险的。其二,自然生育和人工生育,两者是并非在本质上是赋予权力或剥夺权力的,但还有很多的可能性,在未来的世界存在,在这样的社会,人们将采用哪一种性和生育实践;对生育既要看到它的令人解放,也看到它对人的束缚。过去的这些方法的特征模棱两可"非此即彼"的方法论,这种二元方法应该改变为"亦此亦彼",不至于把时间都挥霍在男性主导和女性屈从的毁灭的游戏上,体现一位社会主义女权主义者的理性与正义的坚持。②

结　语

(一) 回顾

1950 至 1979 年,世界妇女运动第二波妇女运动兴起和欧美三大理论的父权制批判,探究女权主义如何对父权制批判改变妇女生存状况、推动性别平等思想运动,在欧美女权主义理论的三大流派——自由主义女权主义、马克思主义/社会主义女权主义和美国本土激进女权主义进行知识生产和运动实践,创造女权主义理论和行动经验,在分歧和共识中推进女权主义运动的理论和思想史。首先,自由主义女权主义在 20 世纪 60 年代,波伏娃《第二性》引导自由女权主义改良受到批判;1970 年代末,自由主义女权主义思想新声,政治哲学家苏珊·奥金的《西方政治思想中的妇女》一书,被视为政治学领域性别研究的基石。同时,马克思主义—社会主义女权主义在英国,女权主义者朱丽叶·米切尔的《妇女:最漫长的革命》一文,承继马、恩传统并批判资本主义和家庭父权的四个分析框架;海地·哈特曼的《女权主义和马克思主义的不幸福婚姻》;艾利斯·杨的《超越不幸的婚姻》,旨在破解并超越哈特曼"不幸福婚姻"的二元理论。在杨的结论中,她认为二元理论不能修补马克思主义和女权主义不幸福婚姻,只有独特结构的运动和历史的社会制度才能决定女权主义和马克思主义的两种理论的结合。其后,激进女权主义者曾围绕性政治进行革命和探究:凯特·米利特(Kate Millett)的《性政治》一书,将"性"进行政治化,认为性政治是男女性关系"妇女受压迫的根源"。舒拉米斯·费尔斯通的《性的辩证法》,认为女性从属男性关键在于男女生育角色,妇女解放需要"生物学意义上的革命"。盖尔·鲁

---

① 罗斯玛丽·帕特南·童:《女性主义思潮导论》,艾晓明等译,第 117 页。

② 罗斯玛丽·帕特南·童:《女性主义思潮导论》,艾晓明等译,第 127—128 页。

宾的《女人交易》，从性/社会性别(Sex/Gender)视角提出"性/社会性别制度"概念和分析框架，成为激进女权主义流派的理论奠基。

(二) 连续

进入 20 世纪 80—90 年代，欧美三大理论转型和新理论勃兴，从平等到正义成为女权主义思潮多元变化的新转型，进行批判和新建树：(1)批判自由主义者的不正义并建构性别新正义。自由主义女权主义政治哲学家奥金的《正义、社会性别与家庭》(1989)一书，阐释正义、性别与家庭三者结合进行全面分析和批判。她对约翰·罗尔斯的《正义论》的"原初状态"和"无知之幕"的价值中立提出批评；而对自由主义大男子主义学者宣扬非性别正义的各种言论和谬误。奥金对于他们主张重建"传统"，追随"美德""自然天性""回归传统"和"共识论"等保守主义和性别歧视主义的不正义进行严正批判；她同时还对家庭/公共领域的"二分法"进行挑战和研究新理论建树，重审"私人"与"政治"视角和观点，将"正义挑战家庭/公共领域"进行主导性的理论、批判，并建构为一体的新正义理论。自由主义女权主义者卡罗尔·帕特曼的正义论理论《性契约》(1989)一书，假设了一个深深扎根于所谓的社会契约中来分析父权制"压制"的"性契约"。她将原初契约的两个方面——"社会契约"和"性契约"，同时表达自由与从属的两种关系：前者通常叙述的是自由，而性契约是性从属；更重要的是性契约是社会契约的基础，公民社会中的自由平等的权利最初正是来自男人对女人的征服与统治。(2)马克思主义/社会主义女权主义的"立场论"和"正义与差别政治"。南希·哈索克的《女权主义立场论》(1983)一文，提出基于性别的劳动分工基础上历史唯物主义女权主义立场理论，通过分析能形成探究妇女所受压迫真实结构的基础，将揭示妇女参与和反抗其从属地位的方式，妇女和男人的生活都是由占主导地位的性别和统治阶级之经验的社会关系构建。她认识到资本主义与父权制关系，"尽管阶级社会看起来是妇女所受压迫的来源和原因，但阶级社会更是压迫妇女的后果"；"但另一方面也是妇女参与和摆脱自身所受压迫的媒介"。艾利斯·杨的《正义与差异政治：哲学思考中的制度非正义》(1990)，从"支配"和"压迫"作为出发点，以"取代分配范式"进行辨析社会正义的分配范式的当代正义理论。杨从支配的分配范式语境出发，她首先关注财富和收入是否得到公平的分配，其次是对高收入的特权地位的分配模式是否公平；在分配的观点和话语实践杨从权利和义务分配、机会分配、权力与分配话语和行动到最后需要对权力进行一种再分配即将权力的分散和去中心化。杨对"压迫"结构的五个面孔——"经济的剥削、社会的边缘化、无权力、文化帝国主义以及暴力"的压迫系统和可衡量"五张面孔"的"五种标准"，试行压迫的标准是客观的、可操作的、可观察的进行评估作为工具来衡量，体现了杨把支配和压迫界定为两种核心价值并试图改变支配和压迫的新正义。(3)激进女权主义的新观点：性欲望、性政治、性与生育。20 世纪 80 年代，酷儿理论的激进的性政治学框架,扩展到更多的性、生育、暴力等诸方面。盖尔·鲁宾的《关于性的思考:性政治学激进的理论笔记》一文,重点研究在性的本质主义之外还有五种性意识形态体系,分别是"对性的否定态度""对性的错误的度量""对性活动价值的等级划分""性危险的多米诺理论"和"两性性差异概念的缺席",来建构用美好的、正常的、自然的、受祝福的性和邪恶的、反常的、不自然的、受诅咒的性二元对立;她还对性价值的等级制和性危险的多米诺理论的分为三个等级——"好的"性、中间"有争议的领域"的性和"坏的"性的"三分法",从而将性欲望和性政治混合在一起。关于性与生育,阿德里安娜·里奇的著作《女人所生》她的经验和行动,认为完整的人的生活,不仅要控制我们的身体,还必须感触我们的肉身存在的完整和共鸣,感触我们和自然秩序的亲密关系以及奠定我们智力的肉体基础。

(三) 超越与展望

回顾二十世纪 60 至 70 年代,20 年间女权主义三大流派围绕着对父权制的批判,几乎所有的女权主义者在某种意义上是平等主义者,不过只是在平等的理解方面有争议和建树之别。进入 80 年代以后,女权主义三大流派,理论上从平等到正义,成为三大论的新变革,呼吁正义并反对非(不)正义,其中进行不同议题和理论方法有的放矢地对非正义进行批判,并建树自己的正义理论体系和方法论,从而改变现状多领域的新正义。三大流派女权主义者,跨界交流合作拓宽了视野,超越过去把女权主义者作为研究对象,针对过往个案问题或自说自话;在这 20 年间,尤其在 80 年代"反拨"除了对男性权威的非正义的深层批判,还增强了跨界的问题意识,如不同流派人社会主义女权主义哲学家,如贾格尔对自由主义的批判,和安格森对激进女权主义的理论系统做了贡献。如何改变,三大流派女权主义者团结与赋权,在自己和读者认知的交融和潜能并扩展到世界。正因此,理论、方法和行动,既改变自己,又影响了他人、本国和世界的同仁。该文将继续完成 20 世纪 80 至 90 年代的女权主义理论新流派,将既有的"三大论"扩展为"三个世界"的共同性与差异性,前后将出现三个世界的第三世界女权主义、生态女权主义和后现代女权主义新流派新思想新理论新行动新改变。

作者简介:

杜芳琴,女,天津师范大学教授。主要研究方向为中国妇女/性别史和农村妇女与发展研究等。

理论探讨/Discussion

妇女/性别史研究的社会意义再建构

——以《历史书写中的女性话语建构》为中心的学术史考察[*]

畅引婷

摘　要：妇女/性别史研究在当代中国的兴起，呈现的不只是中国妇女在人类历史上复杂的存在状况，同时也隐含着人们对女性形象和女性生存环境的想象或重塑。选自《妇女研究论丛》的《历史书写中的女性话语建构：中国妇女/性别史研究集萃》一书，集中反映了第四次世界妇女大会后 20 年间中国妇女/性别史在研究议题、研究视角、研究方法和史料运用方面的新变化，体现了多学科、跨学科的研究趋势以及对中国特色妇女解放和妇女运动实践的本土化探索。以此为中心进行学术史考察，可以看出以下显著特征：一是将"妇女"作为对象，使历史上的妇女活动被全面发现或看见的同时，引起更多人对妇女及其问题的广泛关注；二是将"研究"作为学科，在历史学和妇女学的双重视域下，改变以男性为中心的知识生产结构；三是将"性别"作为方法，超越男女二元对立的思维方式，为制度和文化层面的变革拓展空间；四是将"女性"作为主体，通过历史书写中女性话语的建构，开辟妇女解放的多元化路径。

关键词：妇女史研究；历史书写；话语建构；意义生成

妇女/性别史研究其实就是一个历史书写和社会意义再建构的过程，当发生在历史上的诸多事件、事象、事实被研究者从尘封的史料记载中再次被打捞出来的时候，随着时代的变迁和社会的变化，同一件事或同一个人在不同的理论框架或价值目标之下会被赋予不同的意义。与此同时，生活在当下的读者在文本阅读中由于其身份地位的不同，也会对重新建构的文本价值产生相同的或不同的看法。在这里，历史事实本身究竟"是什么"有时候并不重要，重要的是作者借由历史事实所传递的

* 国家社科基金项目："基于自媒体的女性参与赋能机制研究"（18BXW084）。

理念或方法给读者的思想和行为所带来的潜移默化的影响，包括正面的和负面的。本文以谭琳主编的《历史书写中的女性话语建构：中国妇女/性别史研究集萃》（以下简称《集萃》）一书为中心，探讨世妇会以后中国妇女/性别史研究的基本状况，分析文本知识生产与社会变革之间的关系，说明女性话语建构与社会历史建构之间的内在关联。

《集萃》一书选自《妇女研究论丛》1996—2016年间所发表的相关论文，共47篇，75.5万字。其中，古代史8篇，近代史（包括晚清）29篇，现代史10篇（主要集中在前十七年）。这20年，应该说是中国妇女/性别（史）研究发展最快的一个时期，研究议题和思想观点都具有一定的代表性，从中可以窥见中国妇女史研究的一种发展态势或趋势，同时折射出中国社会在时代巨变中对妇女史研究的一种内在需求。如果把世妇会后的20年置于全球化的背景下进行观照，人们还会看到西方女性主义理论对当代中国妇女史研究的影响，以及有关本土化的诸多探索。

一、当"妇女"成为对象

妇女史研究以妇女为对象似乎是不言而喻的，但从怎样的视角切入或坚持怎样的价值取向，以及传达给读者的是怎样的一种知识或观念，在研究中常常是大相径庭的。比如，在男性中心视角下和女性主义视角下的女性在研究者的笔下则会呈现出不同的样态。一般来讲，妇女作为一个"整体"，始终与男性相对应，一方面通过性别气质、性别身份、性别分工的不断建构，为维护一定的社会性别秩序奠定理论基础；另一方面将"性别"作为一个重要的社会变量，探讨男女之间的互动给社会发展与变革可能带来的影响，包括消极和积极。如果将作为"整体"的妇女还原到具体的历史事件/事实当中"回过头来看"，人们会发现，女性就从一个抽象的性别群体变成了一个个鲜活的生命个体和职业群体，身份的复杂性显现的不只是性别间的各种差异，同时在性别内由于环境/出身的不同也会表现出多样化的特征。不仅同一个人或同一群人在不同的历史时段表现出不同的行为追求，而且旁人或后人对同一件事的认识也会由于时过境迁而产生各不相同甚至截然相反的评价。因此，当妇女成为研究"对象"的时候，更多是借助妇女来"说事"，女性自身的各种特性常常会被宏大叙事所掩盖。即便是把妇女作为历史活动的"主体"来看待，对研究者而言，无论怎样妇女都难以摆脱"被言说"的他者地位。从这个意义上来讲，把历史上的妇女作为研究/观照的对象在学术研究领域始终存在着，所不同的是，不同的研究者根据现实的需要对历史上的妇女赋予了各不相同的价值或意义。一般来讲，与时代发展大势相适应的妇女史研究，将会为不合理的性别关系的改善提供历史依据，不论在文化层面还是制度层面；而与社会背道而驰的妇女史研究将会成为学者们竞相批判的对象，以便为未来性别秩序的重构扫清路障。

统观《集萃》,世妇会后 20 年间中国的妇女/性别史研究不同于改革开放初期对历史上女性个体精英的研究(如花木兰、黄道婆、秋瑾、宋氏三姐妹等),更多是从女性的职业身份出发的。如女作家、女护士、女医生、女科学家、女记者、女艺人、女军人、女英雄、女革命家、女知识分子、女劳模、铁姑娘、女家属工、女模特、劳动妇女、渔家女、新疆支边妇女、农村女性、职业女性、青年妇女、士绅家族的女性、战争中的女性、自杀女性、缠足妇女、离婚妇女等等。妇女研究的议题较之前几年有了极大的拓展,只要有妇女存在的地方,就有妇女历史的研究。尤其是近代妇女职业群体兴起以后,各类不同的妇女及其问题都浮出了历史地表。《集萃》里尽管也涉及对女性个体的研究,但其符号象征意义极为明显,如秋瑾更多代表女革命家,张竹君代表女性职业家,陈衡哲、袁昌英、林徽因等多代表知识女性。她们的言论和行动对社会历史发展和女性地位改变都产生了深远影响。

具体来讲,将"妇女"作为对象,一方面通过性别间的地位比较,说明男女不平等的权力等级关系是怎样被再生产出来的;另一方面通过性别内的阶层比较,探讨不同女性群体之间的利益诉求及改变路径。一般来说,主要有两种基本思路:一是"压迫—解放"模式,即承认妇女在历史上的受压迫地位,揭露妇女被父权制束缚的基本状况,描述性别不平等的存在事实,说明女性的从属性、依附性和不自主性,试图通过对历史遗留下来至今仍在现实生活中限制女性的文化和制度进行批判和反思,将妇女解放的希望寄托在社会环境的改变方面。从《集萃》中的文章不难看出,妇女不是一个孤立的存在,而是与其他各种关系错综复杂地交织在一起的,因此,怎样在制度层面改变不利于女性成长与发展的社会环境,就成了妇女/性别史研究的核心内容。再是"主体—建构"模式,强调妇女在历史活动中的主体能动作用,以说明女性不只是被男性或国家所塑造的客体,而是与男性一样都可以为社会发展做出贡献。学术研究中,许多研究者试图通过女性自身的革命来确立女性在社会生活中的主体地位,进而为现实的改变提供一切可能。两种模式在中国当下的妇女/性别史研究中是同时并存的(而不是像西方一样前后相继),这在一定程度上反映了中国妇女史研究的本土特征,即从中国妇女历史的具体情境/语境出发,探讨不同阶层妇女复杂多样的存在状况,而不是用女性"主义"的立场来剪裁历史。如《集萃》的 47 篇文章,有 30 篇文章加了副标题,从中可以看出,建立在具体历史事实之上的妇女史研究,不仅反映了中国历史上妇女多样化的生存状况,而且说明了研究方法和研究视野的极大拓展。

二、当"研究"成为学科

中国的"妇女学"兴起于以李小江为代表的 1980 年代,随着 1995 年世界妇女大会在北京的召开,妇女史作为中国妇女学的一个基础性学科进入了与西方女性主义理论相互碰撞的全新时期。从研究者的专业方向上进行考察,主要涉及以下主流学科,如历史学、社会学、政治学、法学、教育学、语言学、新闻学、传播学、人口学、科学、美术学等等;与妇女/性别(史)有关的研究方向包括:妇女史、性别史、社会性别史、妇女/性别史、妇女学理论、社会性别学、妇女史与晚清社会、社会性别与公共政策、妇女运动史、女权主义政治理论、性别与文化、女性文学、女性文化等等;相当一部分作者对研究方向的标注充分显现了妇女史研究的跨学科性,如政治思想史与社会性别史、方志史与社会性别、明清文学/文化与女性研究、中国近代妇女史与民初政治、中国社会性别史与视觉文化史、中国近现代社会性别史与中国木版年画史、民法近代化与女性法学、女性学与历史社会学、科学传播与社会性别、语言思想史与性别、中国近现代女性史与社会史、妇女史与城市史、中国近现代医疗社会文化史与性别史、性别研究与教育社会学、社会工作与社会性别、中国现当代乡村社会史与妇女史、当代中国史与妇女运动史、跨国女性主义理论与女性主义电影理论、社会性别与人口环境和可持续发展、性别与生殖健康等等。同时,还有一些作者的研究方向从字面上看,与性别或妇女并没有直接关系,如中国文化史、历史社会学、明清史、中国法制史、中国现当代文学、中国现当代美术、中国近现代史、中国近现代政治史、中国社会史、新闻史、海洋环境史与渔业史、中国社会史与文化史,以及医疗史、风俗史、身体史等等,一定程度上说明了妇女史研究的广泛性或包容性。由此可以看出,不仅历史学科的研究者将历史上的"妇女"纳入研究范围,而且其他不同学科的研究者也将自己的学科专业与妇女历史融会贯通,从各个不同的议题入手探讨不同时期、不同阶层的妇女在历史上的存在状况及生存方式。

当代中国妇女研究内容的丰富多样和研究成果的大量产出,充分证明妇女研究已经成了一个学科,并在知识生产领域产生了重要影响。把"妇女"与"历史"相联系,在研究范式上一般有两种研究途径:

一是历史学视域下的妇女。主要是在传统历史学的理论框架下"添加"妇女,在学科归属上是历史学的一个分支。在内容分析和材料取舍方面,更多采用的是传统的历史研究方法,通过对浩如烟海的史料进行爬梳,以及对事件发生、演变来龙去脉的详尽交代,试图还原历史的某种"真相",思想观点隐含在了具体的事实叙述之中,或在各级小标题中将散落的事实聚拢在一定的主题之下进行论证,或在开头和文末的结论/结语/余论/讨论之中点到为止,侧重的是"论从史出"或"用事实说话"。历史学视域下的女性或妇女,看似就事论事的"客观"描述,读者如果没有与作者相应的理论背景和知识结构,往往会不自觉地被"史料"带着跑,甚至会把史书上的记载当作历史之"真",使人产生"存在即合理"的错觉。所以,历史学视域下的妇女常常被一些研究者批评为"添加"的历史,不能从根本上改变知识生产中以男性为中心的知识架构,但也不可否认,通过具体历史事实的呈现或发现,妇女在历史中的"被看见"本身就是意义。

二是妇女学视域下的历史。更多是在女性主义的理论框架下对传统（男性中心）的知识生产体系进行批判,在学科归属上是妇女学的一个分支,性别间的"不平等"是潜隐在文本中的核心要义。在思维方式上更多把女性作为一个与男性"对立"的群体,探讨历史发展过程中性别间各种不平等的权力等级关系,以及存在根源,其目的是揭露和呈现问题,为当下或未来性别平等关系的建立探寻各种可能的路径。就其研究主旨而言,始终将历史上存在并一直延续至今的父权制作为批判对象,使人们在文本阅读中与自己的日常生活经验产生碰撞,进而产生改变的欲望。这里,改变、颠覆、批判、反思等理念,不管是明确表述,还是隐含其中,始终贯穿在文本叙事之中。

从当前中国妇女史研究的具体情况看,两种取经并不是泾渭分明的,而是相互交织在一起的,从女性出发的女性主义视角已经成了妇女史研究者的一种自觉,即在研究中不论把妇女作为群体还是个体,"与男性进行比较"（包括平等和不平等）已经成了一种基本的方法论原则,一方面通过对史料的细致梳理,再现存在于历史各个角落的性别不平等现象,另一方面通过女性主义立场的坚持,探寻妇女地位改变的各种可能路径。不可否认,研究本身是错综复杂的,"妇女"和"历史"的内容也是丰富多样的,理论和框架可以为研究的范围厘清边界,把问题引向深入,但理论和框架本身"画地为牢"的局限也是显而易见的。因此,妇女（史）研究中,不能"被学科学科化"就成了人们对学科局限的一种警示,在一定程度上也为学科之间的跨越开辟了路径。

值得关注的是,在妇女/性别史研究中,社会史和文化史是非常重要的一个入口。历史中个人生活的具体情境被高度关注,强调制度和文化对人的活动的激励和制约作用。比如,家庭共同体、家内秩序、性别秩序、性别机制、个体/个案研究、社会关系网络、共同体、婚姻市场、情感归属、心灵安顿、社会身份、社会角色、社会空间、社会关系、社会流动、再生产等概念术语在妇女史研究中的广泛使用,极大地拓展了妇女史研究的视野或范围,对史学发展走向产生了深远影响,并在相互交叉、吸取、互补过程中产生了新的研究领域和方向。与此同时,国家、战争、国民、革命、女学、女权、权利、地位、平等、差异、身体、资源、劳动、技术、策略、战略、启蒙、改良、塑造、越界、解放、发展、赋权、身份认同等关键词相互交叠,构成了性别话语的多重内涵。

三、当"性别"成为方法

性别是一种客观存在,每一个人从出生之日起,就与性别建立起千丝万缕的联系;性别是一种制度安排,社会的有序运行离不开性别这一基础性作用;性别是一种文化建构,不同历史时期对性别间的关系有着不同的想象或期盼;性别是一种认识自我、理解生命、想象世界的方式,以此为视角,可以窥探古往今来的性别制度和文化是怎样被建构起来的,同时又是怎样在人与人、人与社会之间交互作用的。在学术研究中,当"性别"成为方法的时候,人们不仅可以看到以往在其他研究方法之下被掩盖或被遮蔽的性别不平等状况,而且开辟了新的知识生产路径,即在学术研究和妇女学建立的过程中,女性历史的被看见和女性声音的被听见,以及女性经验的被重视,使得以往以男性为中心的文化和制度面临着严峻挑战,新的性别制度和文化在这种批判性的反思中得以重建。

如果在性别研究中将"妇女"还原到具体的历史语境之中,每一个妇女以及与妇女相关的历史事件,都是具体的,而不是抽象的。"真实"的历史存在不仅将人们(主要是读者)带入历史发生、发展、演变的具体场景之中,而且对历史事实的重新解释,为后人提供了各种思考和想象的空间,使妇女/性别研究在时代变迁中不断被赋予新的内涵。在这里,性别制度和性别文化的生成及其变迁是人们(主要是研究者)认识问题、分析问题、解决问题的一个重要思路。从笔者对《集萃》相关文章内容的梳理可以看出,制度层面的性别研究包括:国家与妇女、礼制与妇女、家族与妇女、民族与妇女、家庭与妇女、婚姻与女性、婚恋与妇女、性暴力与女性、法律(契约)与女性、司法与女性、战争与女性、赈灾与女性、自杀与妇女、参政与妇女、阶层与妇女、妇女运动与妇女、妇女组织与妇女、教育与妇女、土地与妇女、医疗救护与妇女、资源与妇女、政策与妇女、技术/科技与妇女、劳动与妇女、社会主义与妇女、大跃进与妇女、人民公社与妇女等等。文化层面的性别研究包括:服饰与妇女、空间与女性、身体与女性、道德与女性、教化与女性、文书与女性、媒介与女性、年画与女性、宣传画与女性、艺术与妇女、戏剧与妇女、女权与妇女、科学与妇女、节日与妇女、民歌与妇女、电影与妇女等等。妇女/性别史研究本身不是单纯地叙述事实,作者的思想观点和意义赋予就蕴含在文本的大小标题之中,诸如身体与空间、限制与保护、道德形塑、被动的主动、平等与差异、道义与法律、塑造与表彰、改良与解放、解放与沦陷、舆论高扬与结局落败、特殊场域与公共文化空间、资源技术与政策、从传统到现代、由客体到主体、媒体与新女性、越界、革命话语、国家话语、缠足话语、中间路径、性别实践、组织下乡、组织动员、劳动光荣、话语建构、家—国之间、社会主义女性电影、性"别"观念、英雄亦有雌、角色变迁、角色困境、突围策略、观念解放、情感解放、人体艺术、科学启蒙、新女性认同、性别藩篱、媒介形象、女性化现象、妇女解放、妇女发展、妇女运动等等。许多概念词汇为人们认识世界和改造世界提供了丰富的思想资源。

值得一提的是,性别作为一种研究方法,史料发掘和运用中文本制造者的性别身份也受到关注,许多研究者认为,历史上的"男性文人"对一些性别事件的看法或评价缺乏女性的感同身受,质疑男性身份的"作者"对女性苦难与才华的视而不见。同时,将家庭父权制和国家父权制相提并论,探讨制度结构下对男性和女性的共同压迫,说明中国的性别制度和社会结构之间的链接机制和弹性作用,以及历史之间的传承与变动,以便为女性受压迫地位的改变提供可能。比如,仪式、规范、习俗等也可以说是一种机制,人们通过符号源的启示去发现自己在生活中的位置,同时发挥象征符号的文化控制作用。

将"性别"作为方法,在笔者看来主要有以下四个方面的意义:其一,超越女性主义将男女二元对立的思维方式,不是就妇女谈妇女,更不是在相互间的比较中诉苦或叫累,而是将女性置于整个社会历史发展的循环系统之中,探讨性别与政治、经济、文化、制度、科技、军事等社会运行机制是怎样错综复杂地交织在一起的,寻找性别间和谐相处的基本路径。其二,性别研究天然地包含着"男性""女性"和其他少数性别群体,它不仅关注女性在历史与现实中的受压迫状况,探寻改变的出路,而且将性别研究与其他阶级的、民族的、地域的方法相结合,探讨社会生活中存在的各种不平等。"弱势"在这里是非常重要的一个分析范畴,强调的是女性、儿童、老人、残障人、性少数等群体在社会生活中的不公平待遇,希望能创造条件改变她们/他们的生存环境和社会地位。其三,女性之所以在性别研究中占据着主导地位,主要是因为自古至今的性别文化和制度对女性的不友好,研究者试图通过对历史与现实中各种不平等现象或状况的揭露、揭示、解释、阐释,让更多的人认识到性别间(包括性别内)不平等状况的严重程度,进而为改变奠定思想或认识基础。女性主义立场始终潜隐其中,目的是抵制或防止看似中立的性别研究对父权制的强化或复制。在这里,具有中国特色的妇女/性别研究这一斜杠式表述对"女性"的特别强调便有了特殊的意义。其四,在研究和行动策略上,将男女在"人"的意义上作为一个整体来看待,说明父权制不仅压迫妇女,同时也压迫男性(比如,将男性塑造成无所不能的神人所带给男人的精神压力),以便与男性一起推翻压制人性(而不仅仅是女性)的父权制度。

四、当"女性"成为主体

妇女/性别史研究无论怎样都是当代知识分子的一种作为,不论研究者的性别身份如何,研究本身就是一种再建构。即将"历史"作为言说的载体,将"女性"作为历史活动的主体,在一定的理论框架或学科门类下通过对与女性相关的各种历史事实的深入挖掘和重新解释,一方面反映女性与制度、文化和环境之间的关系存在状态和交互作用,以及由此对女性乃至社会建设所带来的不同影响;另一方面赋予女性改造社会和改造自身的含义,为社会变革提供动力支持。

研究者对女性主体身份和性别文化的再建构,在《集萃》的47篇文章主题里得到了淋漓尽致的表达,从一个侧面反映了当代中国妇女/性别史研究的目的或意义。如,通过对周代妇女服制和礼俗的讨论,展现自古以来的礼仪符号所反映的群体结构、组织原则和价值,以及这些规范与个体情感之间是怎样通过仪式来形成互动,并内化于心的;通过汉魏六朝上巳节中的女性和仪式化的活动,以及男性活动的变迁轨迹,探讨女性身体的被束缚和活动空间的被限定与父权制之间的内在关联,追问女性在社会生活中的生存境遇;透过明清时期江南才女群体与男士交游的"越界"行为,探讨女性自身是如何通过社会文化网络,在一定的生命周期内为家庭和男性士人赢得文化资本和社会资本的;通过对明清浙江方志中有关女性"割股疗亲"现象的考察,探讨儒家精英知识分子是如何以女性身体玉成自身孝义及自我主体建构的需要的,说明被男性审视、规训的(女性)"身体"所隐藏的社会性别含义;通过明末清初女性遭受性暴力的状况,揭示战争中的性暴力事件对人性的极端扭曲以及给社会造成深重灾难;通过清代司法对涉讼女性的特别应对,说明男权社会对女性的"限制性保护",其实质是为了维护围绕女性所形成的社会伦理道德规范;通过清代士绅家族对女性的道德形塑,说明贞女节妇及一般贤妻良母是如何在男性文人的笔下被期许的;通过清末广州高第街契约文书中女性参与盐商买卖过程的案例,探讨社会经济的变化和地权的变更所赋予女性的机会和空间;通过对19世纪末天津天足会的考察,呈现西方男性(包括政治家和传教士)、西方女性以及接受新式教育的中国男性知识分子,在近代反缠足话语下各种权力关系的磋商与碰撞;通过《大公报》白话文对戒缠足的宣传,探讨媒介的言说技巧对女性民众的引导作用;通过对近代性"别"观念建构中自然性别和社会性别双重特性的分析,探讨近代性别观念中的平等与差异是如何同步建构起来的;通过对女杰传记的系统考察,辨析晚清革命话语中的"贬男"想象所蕴含的文化心理;通过对张竹君女性启蒙思想和实践的分析,探讨女性是如何在"女学与女权""职业与政治"之间寻求平衡的;通过对晚清废缠足等女性服饰改革的论述,讨论女性身体与国家、细节与时尚之间的关系;通过中日学者笔下对秋瑾装束的记载,探讨近代女性是怎样摆脱传统女性角色的束缚而完成社会身份的蜕变的;通过对杨柳青年画这一视觉文本的呈现,探讨男权社会是怎样对女性生活进行规训的;通过对清末民初女性赈灾实践的呈现,探讨女性在赈灾活动中角色、规模、手段和观念的变化,以及对女性参政带来的影响;通过对大理院婚约判解案例的分析,讨论民初女性的婚姻权利由客体而主体的变化趋势;通过杨三姐状告案,讨论民初女性诉讼案中的道义、法律与舆情之间的复杂态势;通过女性在婚姻家庭与社会角色之间的矛盾冲突,探讨现代知识女性是如何实现传统贤妻良母观的现代转换的;通过民初湖南新女性"离家"的实践困境,探讨妇女解放过程中"情感解放"与"观念解放"之间的差异,以及"情感"对于个体解放所产生的影响;通过对刘廉彬自杀案的再审视,讨论同乡、媒体在女性形象塑造中的差异;通过民国"人体模特儿"事件,说明近代中国女性人体艺术的审美与道德之间的社会论争,是如何推动女性新的身体审美观建立的;通过对河南戏剧改良的梳理和考察,说明清季民国戏剧改良运动与妇女解放之间的互动关系;通过对1921年广东女子参政权案的论述,讨论舆论高扬与结局落败之间的反差是怎样形成的;通过对近代著名女性刊物《妇女杂志》中有关科学启蒙的系统梳理,说明科学主义思想是如何渗透到女性家庭生活领域,妇女运动的开展又是怎样利用科学话语的力量的;通过对"三八"国际妇女节来龙去脉的细致梳理,阐释中国妇女运动在这一特殊场域和公共文化空间中的意义;通过对江苏省高等法院 1927—1936 年民事案例的具体分析,探讨民国南京政府时期妇女在离婚问题上种种困扰;通过对中国共产党全国代表大会妇女运动决议的研究,讨论中国妇女运动中阶级、民族与性别多重关系之间的张力;通过对金陵女子大学英语教育理念和特色的论述,探讨英语教育在"新女性"诞生中所发挥的作用;通过对金陵女子大学科学教育实践的描述,展示女性科技英才是怎样摆脱传统性别规范束缚进入男性优势学科领域的;通过对苏区妇女运动中性别与阶级的交叉分析,强调以劳动妇女作为社会变革的基础,是中国共产党领导妇女运动的宝贵经验;通过对 20 世纪 30 年代职业女性形象的语境分析,说明"花瓶"这一叙事模式是对现代教育制度及时代氛围的一种忧虑和批评;通过对民国时期"无冕皇后"和"交际花"等女记者形象建构的分析,探讨女记者在性别认同和职业认同之间的困境;通过对抗日烽火中金陵女大知识女性在民族解放战争中责任担当的叙述,说明一代知识女性在民族危亡之际如何书写了自己的抗战史;通过对抗战宣传画中女性形象的研究,探讨性别特质的强化或淡化在战时政治需求指引下所产生的正反两方面的宣传效应;通过对战时国统区妇女参加医疗救护动员话语的分析,探讨性别角色与抗战之间的复杂关系;通过对华北黄县农村妇女组织建构过程及功能的追溯,探讨政权／政党体系中妇女组织的成长与现代国家建构之间的内在逻辑;通过对 20 世纪 50 年代胶东渔村女性进入渔业活动的事实叙述,揭示资源变动、技术发展以及政策演进如何推动了渔村妇女的角色转变;通过对新疆支边妇女生命历程中婚恋经历的访谈,理解在集体主义形塑下妇女的主体性是如何彰显的;通过对 20 世纪 50 年代"劳动光荣"话语的分析,探讨知识精英、普通男性农民、普通女性农民、学者等不同群体所建构的价值观对中国妇女解放所产生的影响作用;通过对江苏常熟白茆山歌的观察,探讨新民歌运动中国家、女性、民间文艺之间的互动关系;通过对 20 世纪五六十年代"五好"活动的历史考察,探讨家庭空间里规范女性的道德标准,以及对性别关系所产生的影响;通过对社会主义时期"大跃进妇女"廉价就业状况的考察,探讨"铁饭碗"制度之外随时可能被打碎的"泥饭碗"是怎样成为妇女解放的象征的,以及与传统性别规范的关联;通过对中国社会主义"十七年"间女性电影及导演的分析,重审主流女性文化实践的多维主体性在多重话语互动中的建构;通过对人民公社时期大田农作女性化现象的研究,探讨妇女的农业贡献与其在社会政治领域的劣势所形成的反差;通过对妇女解放、妇女发展和妇女运动等实质内涵的辨析,提出社会主义初级阶段妇女运动的任务是推动以男女平等为目标的妇女进一步解放,并在此基础上推动妇女与社会的和谐发展。

《集萃》有限的篇幅远未穷尽当代中国妇女/性别史研究的丰富内容,但透过编者从《妇女研究论丛》里精心筛选的文本,人们不仅可以在窥斑见豹中了解当今妇女/性别史研究的多个维度和发展走势,而且给后人建构未来的性别文化和制度留下了无限的想象空间。首先,当研究者将妇女作为主体的时候,妇女在历史上的一切存在形式和所作所为都会被发现或被看见。而不同历史时期、不同社会阶层、不同职业经历、不同生活境遇中女性的各种苦难或抗争,以及聪明才智的施展,在不同的学科或专业门类之下对女性主体身份的再建构,改变了知识生产的途径,也改变着人们的思想文化观念,同时为新的社会性别秩序的建立提供历史的参照。当代中国的妇女/性别史研究作为世界妇女运动链条上的重要一环,研究本身就是对妇女及其解放过程的一种集体记忆,女性的私人生活与社会的公共空间由此而建立的联系,使得"性别"因素在社会政治生活中的作用和意义充分彰显。其次,当国家和社会将妇女作为主体的时候,妇女的各种潜能将会进一步发现并激发。具体来说,就是将性别因素嵌入制度建设之内,进而通过制度和环境再造,改变不合时宜的文化传统,为包括女性在内的一切弱势群体的生存与发展创造条件。再次,当妇女成为自己命运主体的时候,将会摆脱对男人或国家的各种依赖,增强自主精神,顺应时代大势,在时代使命的担当中颠覆父权制度。从社会实践的意义上来说,一切外在于人的社会结构只是社会变革的环境和条件,而不是社会行动的真正动因,因此,在妇女解放与发展的历史进程之中,那些敢于吃螃蟹的人所付出的各种代价都会成为历史的宝贵财富,激励更多的人为公平正义而奋斗。值得一提的是,在妇女/性别史研究领域,女性仍占有较大的比例。在《集萃》的53位作者中(有6篇文章是两个作者),女性38人,占71.7%;男性15人,占28.3%。女性对历史上妇女命运的感同身受将会成为社会变革的内在动因。总之,只有当女性成为主体的时候,父权制的颠覆或改造才具有实质性的意义。

结　语

一切历史都是由有性别的男人和女人书写出来的。这里的"书写"包括相辅相成的两种含义:一是少数的知识分子用文字书写出来的文本历史;二是多数的劳动人民用行动书写出来的社会生活史。两者相互交叉,互为表里。社会生活史是文本历史书写的前提和基础,文本历史是社会生活史的记录和升华。没有社会生活史,文本历史将成为无源之水或无根之木;没有文本历史,社会生活史将是散沙一盘或乱麻一团。而性别与其他政治、经济、文化、军事、科技等因素一样,是社会秩序建构的一个非常重要的维度。如果人们将世间万物与有性别的男人和女人(包括其他少数性别群体)相联系,不论是人们对事物的基本看法,还是事物在发展过程中所呈现出来的样态样貌,都会与人的性别有着千丝万缕的联系。在这样的意义上,本文认为,一切历史都是社会性别史。

事物的发展是千姿百态的,人的思想观念也是千变万化的,不同的环境、语境、情境乃至心境都会对人的行为或行动产生影响。因此,只要男女两个群体以不同的性别身份存在着,有关性别的历史追问就不会消失。不论是对性别不平等的揭露和批判,还是对性别平等的向往和追求,抑或是对人的解放与发展的积极推进,平等、和谐的性别秩序的建立都是其中的应有之义。

作者简介:

畅引婷,女,山西师范大学学报编辑部编审,主要从事近现代妇女史和妇女理论研究,专业方向为社会文化史和历史哲学。

述评/Reviews

意料之中与意料之外

——读《身份与权利:唐代士族家庭妇女研究》

高世瑜

获赠焦杰教授《身份与权利:唐代士族家庭妇女研究》①一书,因为原本对唐代妇女有所了解,但对墓志所知不多,原只想简单翻阅,补一补墓志课。但翻阅下来,却被其内容所吸引,颇有感触与启发。

书中将士族家庭妇女分为"在室女""嫡室妻子""寡母"亦即女儿、妻子、母亲三个人生阶段或三种身份书写,此外另列了"姬妾侍"这一士族家庭中的特殊群体。相对来说,关于妻子、母亲两章所述,诸如妻子"出嫁从夫""内夫家,外父母"的家庭伦理,相夫教子、侍奉舅姑等妇职,以夫为天、温良贤淑、和睦亲族等妇德,主持家政、管理家财的权利;寡母作为一家之主,主持家政、掌握财产的至高权利,经管家业、维持生活、训育子女等责任,守节持贞、信仰宗教等习俗,以及母慈子孝、母以子贵等内容,以往论述较多,大体均在意料之中。而开端第一章所论"在室女",因为女性"在室"时间一般不过十几年,时间较短在人生中所占比重不大,因而文献记载不多,以往论述也相对较少,本书此段论述则令人印象鲜明,颇感在意料之外。

以往笔者对于女儿身份的女性也曾有过简单论说,认为"女儿的卑下地位常常有骨肉亲情作为补偿",但只是根据人之常情泛泛而论,并没有以事实为根据深入探讨,更没有顾及不同阶层家庭中女儿的不同境遇。本书第一章题为《掌上明珠——在室女》,开头便明言:"父权社会父死子承的传嗣制度使女儿成为边缘群体",但又指出:"虽然'重男轻女'是传统社会的主流……但不同的时期、不同的阶层和不同的家庭,女儿受压迫并非都是真实的存在。"令人尤感意外的是,在颇为重视儒教传承的唐代士族家庭中在室女便是一种例外的存在:"唐代士族家庭中,在室女的家庭地位并不比儿子低。在特殊情况下,她们享有的关爱可能超过她们的兄弟,而年长的

---

① 焦杰:《身份与权利:唐代士族家庭妇女研究》,人民出版社,2021 年。

在室女则拥有一定的地位与话语权。"以下所引用的丰富墓志资料则提供了大量的事实依据,我们从中几乎看不到士族家庭的重男轻女迹象,"字里行间充溢着父亲对女儿的怜爱关心,兄弟对姐妹的敬重爱护,显示了唐代士族之家对在室女的关爱之情",尤其是"父亲对女儿非常温情的一面"①。在室女真正成为父母、家人的"掌上明珠"。作者在《结语》中总结说:"传统主流性别话语中的'男尊女卑'并不能完全体现唐代士族家庭中在室女的真实情况。"②自然,墓志往往存在隐恶扬善或虚饰之处,但是如果真的是"轻女",其家长完全不必耗费心力、财力为小女建造像样的坟墓,并呕心沥血为之书写墓志铭,表达痛切哀悼之情。

关爱女儿自然首先是出于为人父母常有的骨肉亲情,例如史载唐太宗因为爱女晋阳公主病逝悲伤过度,三旬不正常进食,每日哀悼数十次,以致日渐瘦弱等等,都是出自人之常情。这当然首先与家庭经济情况相关,具体到唐代的士族家庭来说,虽有官卑禄薄、家境贫寒者,但大多不至于过于贫困窘迫,生养女儿不会带来无法承受的经济负担,是故厌弃女儿现象不会很严重,关爱女儿应该是更普遍的常情。《在室女》一章指出:"女孩受家人关照,一方面是骨肉亲情的使然,另一方面与女儿出嫁从夫的归宿有关。"③对于后者的重要性,以往似关注不够。应该说,古代婚姻的主要意义即在于"合二姓之好",以联姻改善家庭地位在历朝历代都是普遍现象,而由于特定的时代背景,在唐代却又有其特色,女儿的婚姻在士族家庭中显得尤为重要——这一点是笔者以往未曾认真思考过的。唐代处于魏晋门阀制度盛行与宋以后门阀制度消亡之间,此时门阀制度已衰微,士族阶层虽然门第声望高贵,但多半已经不能以此获取仕宦财富等实际利益;但与此同时,社会上门阀观念却仍然很流行,崔、卢、李、郑等名门士族受到人们包括达官显贵的普遍倾慕景仰。在这种社会状况下,唐代士族之女婚姻便有了一定时代特色:士族家庭既可以令女儿与门第兴旺的士族男子结合,以依附著姓大族、彰显尊贵,譬如太原士族之女王婉幼年时,其叔伯家长便将光耀门庭的希望寄托在她身上,"光吾族者必此女也",后来果然将其嫁与声望如日中天的关中著姓京兆韦氏④;与此同时,却又可以通过女儿结缘非士族的权贵人家,改善家庭生活和父兄等男子地位,给家庭带来实际利益。所谓"作嫔君子,以援吾宗"⑤,两者都是通过女儿婚姻提高家族地位或获取利益以援助家族,是故女儿在家庭中自然会受到特别的关爱与重视。后一种婚姻在门阀制度盛行、士庶之别严格时比较少见,士族婚姻极为重视门第,一般不会与门第低下的庶族通婚,但

---

① 焦杰:《身份与权利:唐代士族家庭妇女研究》,第9—11页。
② 焦杰:《身份与权利:唐代士族家庭妇女研究》,第293页。
③ 焦杰:《身份与权利:唐代士族家庭妇女研究》,第11页。
④ 焦杰:《身份与权利:唐代士族家庭妇女研究》,第40页。
⑤ 焦杰:《身份与权利:唐代士族家庭妇女研究》,第13页。

在唐代却形成了一个较为普遍的现象：由于门阀观念仍然流行，官贵富豪人家普遍希望联姻士族，以光耀门庭、提高社会声望，"新官之辈、丰财之家，慕其祖宗，竞结婚媾"①；而没落的士族则希望攀附高官显贵或富豪人家，以获取实际利益。所以自唐初便出现了极有特色的"赔门财"现象，即士族与庶族人家联姻，往往索要大量钱财，对方则"多纳货贿，有如贩鬻"②，以赔偿士族的门第损失。这种风气盛行一时，以至于朝廷不得不下诏限制聘财数量。这就使得士族之女的婚姻对于家庭具有了比其他时代和阶层更重要的价值，因而在室女受到家长的特别重视。这应该是士族家庭更为重女，并且非常重视女儿教育以便使其得配良缘的重要原因。此外，唐代的普遍习俗是已婚妇女与本家关系非常密切，不仅有赡养本家父母的，也有给予本家经济支持的，还有主持本家丧葬等事务的。对此已有学者进行了专门研究③。这自然也是士族家庭重视女儿的原因之一。

此外，长女在家庭中地位很高、受到尊敬，并有主持家政、教养弟妹者，这便与古代家庭伦理中长幼之序要优先于男女之别有关了。作者通过统计，发现长女墓志数量较多，这应该就与其家庭地位相关。

通过本书可以看到，同为女性，唐代有其特点，士族家庭有其特点，在室女身份又有其特点，可见，时代、阶层以及不同人生阶段的女性生活状态各有不同，并不能以"妇女"笼统论之。有学者早已断言：妇女之间的差异并不亚于男女之别。笔者也曾从"差异"角度观察过中国古代妇女，发现这一群体实际上具有截然不同甚至完全相反的行为与观念，并且试图从民族、时代、阶层等级以及礼教影响程度不同等角度分析形成这些差别的原因④。但是总体看来，妇女史领域对于不同妇女群体的深入具体考察尚有不足。本书《绪论》也注意到："不同妇女群体之间和不同妇女个体之间的差异没有得到足够的重视。"本书最大价值与启示不只是发掘了大量墓志，展现了以往人们了解不多的唐代士族妇女生活境遇，更重要的是揭示了妇女群体的差异性：女性不是浑然一个整体，社会也不能简单以"男尊女卑"一言以蔽之，妇女史研究必须注重对于不同时代、不同阶层或身份以及不同人生阶段女性的具体分析考察，发现她们不同的生存状态与命运。如同作者在《绪论》中依据社会性别理论所说："从横向来看，她们的社会地位或家庭地位会因种族、身份、阶级、宗教、教育的不同而产生差异；从纵向来看，妇女在不同阶段的家庭角色不同，家庭生活、地位、境遇和生命经验也不同。"这应该是本书对于妇女史研究的最重要提示。较之妇女史初兴

---

① ②　（宋）王溥：《唐会要》卷83《嫁娶》，中华书局，1955年。
③　陈弱水：《隐蔽的光景——唐代的妇女文化与家庭生活》卷上，广西师范大学出版社，2009年。
④　高世瑜：《差异——中国古代妇女研究的一个视角》，1998年北京大学妇女史研讨会论文。后改题目为《中国古代妇女社会地位的两重性》，刊于周积明等主编《中国社会史论》上卷第二编，湖北教育出版社，2000年。

时期对于"妇女"群体的笼统、泛泛而论,目前这一研究领域已经有了很大进展,出现了对于一些妇女群体的专门研究,但对于古今中外众多妇女群体,包括不同时段、不同阶层、不同民族、不同地域以及不同人生阶段的具体深入研究,仍然是妇女史有待开发的广阔领域。

此外,关于墓志资料的可靠性问题,一直是人们所关注的。墓志与其他史料一样,都需要研究者进行认真辨析,这是不言而喻的。笔者一贯主张以信为主,同时注意分析辨别真伪。如果认为所有史料都不可信、都是作者杜撰,历史研究便成为无本之木、无源之水,妇女史研究尤其如此。墓志具有隐恶扬善特质是必然和普遍的,但相对于同样未必完全可信的文献记载应该具有更大的可信性。因为"墓志资料未经后人删改或整理,保持的相貌却是原初的,就此而言则较传世文献为真。即使是撰者有意识地回护和选择,也能反映出撰者和墓志家族成员的某种心态,具有'通性之真实'"①。墓志所记墓主行为一般不会是完全颠倒黑白、无中生有,更重要的是,墓志可能并非每一宗记载都可信,但因为它有数量优势,因而人们会从中发现一些普遍性即"通性之真实"。此外,文献记载大多集中于上层或著名人物,而墓志则更多地反映了众多平民、小人物的生活状态,因而成为人们观察社会和民众生活的最好窗口。本书对于墓志内容所进行的关于士族妇女在人生各个阶段的生活境遇、品德行为以及丧葬状况等的表列和数量统计便是很好的一个途径,也是本书得出一些结论的有力证据。此外,同样有价值的是,墓志的书写对象虽然是墓主个人,但书写者的描述记载不仅反映了其时妇女的人生经历,而且真实反映了社会的普遍观念好尚。如毛汉光先生所论:"若墓志铭中常常出现这些'期望'……应即是当时社会普遍的期望"②,因而成为探讨其时女性价值观和道德观念,包括人们心目中理想女性品貌等的重要资料,已有学者对其进行了研究探讨③。重视墓志研究并将其作为研究妇女史的重要资料,这是本书给予笔者的另一个感受。

作者简介:

高世瑜,女,中国国家博物馆终身研究馆员,主要从事中国古代妇女史、唐史研究。

---

① 李鸿宾:《中古碑志研究的新视野——"北朝隋唐碑志与社会文化"学术研讨会纪要》,转引自焦杰:《身份与权利:唐代士族家庭妇女研究》,第282页。
② 毛汉光:《唐代妇女家庭角色的几个重要时段——以墓志铭为例》,转引自焦杰:《身份与权利:唐代士族家庭妇女研究》,第26页。
③ 李志生:《中国古代妇女史入门》第三讲《唐代的理想妇女观念》,北京大学出版社,2014年。

"全球视野下的女性与社会"
妇女/性别史学术研讨会综述

徐　玮

　　2021年11月20日,由上海师范大学人文学院世界史系、上海师范大学女性研究中心、《妇女与性别史研究》编辑部主办的"全球视野下的女性与社会"妇女/性别史学术研讨会在上海师范大学徐汇校区召开。本次学术研讨会,旨在从全球视野考察世界各地的妇女与性别历史,促进新时代中国妇女与性别史研究的学术发展,并推动国内外妇女与性别史研究者的交流与合作。在上海师范大学世界史系裔昭印教授主持的开幕式上,上海师范大学副校长陈恒教授,北京师范大学历史学院郭小凌教授,上海市妇联葛影敏副主席,复旦大学历史学系教授、上海世界史学会会长向荣和上海三联书店总编辑黄韬分别致辞,对会议的召开表示了祝贺,并提出了希望。

　　本次学术研讨会采取线上线下相结合的形式,来自全国各地和海外的专家学者与报刊、出版社等媒体工作者相聚。此次会议规模空前,线上与现场参会人员达到300余人,收到论文107篇,反映了我国妇女与性别史研究领域的发展与活力。与会代表围绕着百年中国共产党与女性,全球与跨国史视野下的女性与性别史,中外历史上的女性与社会、性别关系,以及妇女与性别史研究的理论与方法等议题展开了深入的探讨。

一、妇女/性别史研究的理论、方法与综述

　　理论、方法以及学术史的梳理是推动妇女与性别史研究发展的重要基础。在研究方法和研究理论方面,天津师范大学杜芳琴教授以《妇女运动语境下女权主义思潮多元变化和纵深拓展(1950—1999)(上)》为题,梳理和评价了妇女运动对20世纪后半叶女权主义思想变化和父权制话语实践的影响。她指出,在女权运动对父权制批判和行动改变理论策略的创建阶段,女权主义者尽管在诠释和策略方面存在不同,但对父权制在当下理论批判和改变行动遵循较为普遍的模式;在不同的社会环

境和学术背景下,女权主义者实现女权主义流派的知识生产和运动实践,为今天留下了丰富的女权主义理论经典文献和改变行动的经验。山西师范大学畅引婷教授以《历史书写中的女性话语建构》一书为例,探讨了妇女史研究与意义重构之间的内在联系。她认为,一切历史都是由有性别的男人和女人所书写。这里的"书写"亦包括两层含义:一是少数知识分子用文字书写出来的文本历史;二是多数劳动人民用行动书写出来的社会生活史。而性别与其他政治、经济文化等因素一样,是社会秩序建构的重要维度。她提出,不论是人们对事物的基本看法,还是事物在发展过程中所呈现出的样态样貌,都会与人的性别有着密切的联系。正是在这个意义上,一切历史都是社会性别史。面对中国妇女史研究仍然存在的凸出问题,苏州大学铁爱花教授提出,第一,在史料上,除正史、方志、墓志等资料外,还需广泛关注儒家经典、法典、石刻、笔记等多种资料,并注意其各自不同的特点;第二,在方法上,要突破研究方式方法单一、视野狭窄的瓶颈,在历史实证研究的基础上,借鉴其他学科的理论方法。注意到材料与方法的问题,妇女史研究才能实现真正的拓展与深入。东北师范大学硕士研究生徐欢评述了情感史理论在妇女史领域的运用,并分析了情感在妇女解放中的作用。

在研究综述方面,上海师范大学苏智良教授回顾了中国日军"慰安妇"研究的历程。他指出,对于"慰安妇"问题,国际社会已形成共识。这一共识即面对一个如此大规模的侵犯人权的战争暴行,日本应谢罪并道歉。但围绕"慰安妇"的性质、规模和书写,亚洲各国与日本之间仍存在激烈的较量。上海师范大学博士研究生赵文文、张如意评述了哈佛大学法学教授马克·拉塞姆耶(J.Mark Ramseyer)发表的《太平洋战争中的性交易》一文。她们根据文献史实和田野调查,指出拉姆塞耶忽视了"慰安妇"议题所包含的殖民统治、种族主义、性别暴力等复杂问题,并简单地截取史料生硬地套上经济学的理论,以达到他所认为的"韩日和解"。复旦大学博士研究生杨凡追溯了古典学者研究古希腊同性恋史的不同路径。他认为,上世纪九十年代之后,一些学者试图突破学术研究中模式化的解读,强调古希腊同性恋在社会关系、地区差异与阶层接受等方面的复杂性与多样性,由此挑战传统学术过于乐观的结论。泰山学院张凯副教授梳理了学术界对古典时代雅典公民女性地位的探讨。

二、研究方法与史料的运用

在研究方法上,学者们除了运用历史学的理论与方法外,还注重采用跨学科的研究方法。吉林大学古籍研究所博士研究生刘晓蒙从医学社会学的视角,讨论了宋代女性病人角色行为与宗教信仰的关系。上海师范大学陈晨博士运用跨文化比较的研究方法,从思想史层面对战后第二波女性主义思潮进入中国、日本的历史进程,以及围绕"妇女学/性别研究"各自所展开的本土化实践进行了考察。通过横向对比上世纪 80 年代中日女性学发展状况，作者指出，在中日女性主义本土化进程中，"差异"（与西方的差距）构成了女性主义东亚地区共有的契机与对话的平台。托马斯·哈伯德（Thomas K. Hubbard）教授运用比较的研究方法，论述了公元前 5 世纪雅典和斯巴达的性别关系模式。他认为，雅典男性压制女性的公民参与，是因为他们觉得女强人会威胁到自己的男性气质。在某种程度上来说，女性在与男性的关系中获得权力，男性则会失去这种权力。相比之下，斯巴达的性别关系模式是建立在男女双方相互尊重和爱国合作的基础上的，一方是传奇式的勇敢的阳刚战士，另一方则是要求严苛的妻子，她们的特征也同样是自信和阳刚的。

此外，部分学者还进行了个案研究，华中师范大学谭娟博士以近代工厂女工为例，考察伪满时期东北劳动力不足的问题以及对女性劳动力的利用，她指出，为了缓和东北地区劳动力不足的问题，伪满政府动员女性劳动力量被纳入劳动统制政策。不少中国女性离开家庭，在工厂中从事劳动，女工人数激增是这一时期的特征。华中农业大学硕士研究生汪书怡追溯考察了战时对妇女工作问题的讨论。上海师范大学硕士研究生肖琳琳关注我国妇女运动的先驱者杨之华，并梳理了其在不同时期对上海女工的指导。西南政法大学博士研究生李勇结合封芝琴抗婚个案，对 20 世纪 40 到 50 年代陕甘宁地区的女性意识觉醒和婚姻自由问题进行了深入研究。

在史料的运用方面，史料的来源进一步扩充。不仅包括档案、文学作品、法庭审判及民众诉讼、报纸、杂志等文献材料，还运用了墓志铭、图像等史料进行研究。

新疆社会科学院历史研究院副研究员王旭送利用吐鲁番出土的相关文书，对唐代西州的纳妾、奴婢、女性名字等问题进行了探讨，意在指出西州人纳妾并非"奔则为妾"那么简单，而是要经过家人同意、媒人中介、交纳聘财、订立契约的程序。陕西师范大学博士研究生张平、硕士研究生张赞根据清代学者王初桐编纂的著作《奁史》，从性别视角分别探讨了古代女性的歌舞活动和《奁史》中的女性形象。陕西师范大学硕士研究生梁佳佳聚焦胡文楷的《历代妇女著作考》，分析宋代女性著述的内容等相关问题。南开大学王以欣教授通过分析梳理史诗《奥德赛》中的瑙西卡的插曲，阐明史诗诗人如何运用传统的故事元素、修辞手法构建瑙西卡的插曲。他指出，瑙西卡故事的成功之处在于对人物性格的刻画，诗人塑造了他所生活时代的一个高贵、美丽、勇敢、善良和温柔多情的青春少女形象。东北师范大学顾斯文（Sven Günther）教授探讨了《坤舆万族全览》（*Expositio totius mundi et gentium*）中的妇女概念。复旦大学博士研究生吕晓彤聚焦古希腊女诗人萨福的诗歌，探究记忆对恋人爱欲表现的情感影响，阐释女诗人萨福在处理"记忆"时的性别特征与表达范式。西南大学博士研究生邵双根据古希腊两位悲剧作家埃斯库罗斯和索福克勒斯的作品，比较分析两者笔下的女性形象。湖南大学／加州伯克利大学博士研究生彭安琪关注不同时期的哥特小说《僧侣》《弗兰肯斯坦》《厄舍古厦的倒塌》，从父权制和伦理意识的角度,探究女性角色如何逐渐获得其话语权的问题。上海师范大学陆伟芳教授围绕《英国女性历史辞典》解读不同历史时期、不同行业中的女性。

西北师范大学硕士研究生祁少龙以《状纸里的爱恨情仇:民国时期甘肃民众情感表达与争诉》为题,从情感史的角度切入,充分利用民国时期法院审判及民众诉讼的文献资料,探讨女性的情感表达与婚姻问题。纽约大学博士研究生朱宇航关注大众报刊媒体中对"抗战夫人"现象的报道和讨论,分析战后人们如何借助探讨"抗战夫人"问题,来构想不同于以往的以男性和民族国家为中心的家庭生活模式和性别关系。西北政法大学伊卫风博士讨论了新中国成立前中国共产党在农村颁布婚姻家庭法的动员过程及影响。

山东大学王向贤教授聚焦清末民初时期《大公报》的中西医月经话语问题。她强调,在特定历史背景下,中西医月经话语在规训女性、月经和经期卫生方面形成联手。中医月经话语为现代中国的经期卫生提供了历史传统和本土措施,西医月经话语则为现代中国的经期卫生提供了西式科学依据和主体措施。中国人民大学硕士研究生陈兴以《"圣女""英雌"与"爱国者":贞德多重形象在近代中国的交织》为题,对中国近代中文世界里的贞德形象进行概括性介绍,并分析其中不同面向之间的互动。华东师范大学余富团博士基于《妇女杂志》这一文本,分析五四前后妇女解放的话语建构。通过考察 1915—1921 年间《妇女杂志》的原始文本,他发现,《妇女杂志》在建构妇女解放的话语体系过程中起到了独特的作用。陕西师范大学硕士研究生许茜怡透过民国报刊的视角讨论土耳其妇女的解放运动。复旦大学博士研究生王昭结合报刊、档案等史料,关注我国女性企业家汤蒂因与越剧演员袁雪芬之间的情谊与社会网络的生成,意在阐释其背后存在的传统社会裂变转向现代的历史动因及女性身份认同的变迁。复旦大学博士研究生安永娜也关注女性的情谊问题,对《闺蜜——女性情谊的历史》一书作了述评。

陕西师范大学硕士研究生李薇以墓志铭为核心,分析宋代女性割股疗亲的原因及对女性身体的伤害。上海师范大学程郁教授借助婴戏图,观察宋代以后厌女生育观的发展。她认为,婴戏图不画或很少画女孩,反映出当时社会的祈男生育观。陕西师范大学郭海文教授、硕士研究生王庆愉运用图像分析的研究方法,分析百年来中国大陆电影中的女性医务工作者,阐释她们的形象特点。山西师范大学博士研究生薛敬亚以陕西皮影中的女性形象为中心,分析女性影偶的造型演变,探究不同场域和媒介下皮影女性形象的构建。

三、研究视角和内容的丰富

在此次研讨会上,研究视角新颖,研究内容丰富多样。学者们从社会文化、婚姻与家庭、政治、教育、身体、情感、记忆、医疗社会史等领域探讨了中外历史上不同时期的女性地位和两性关系。

在社会文化领域的女性地位和两性关系中,裔昭印教授从性别视角探究了古希腊服饰的社会文化涵义与功能,指出古希腊服饰作为一种非语言的交流手段,是建构性别关系的重要符号。古希腊男女两性服饰存在较大差异,它体现了男性主导的公民社会对两性具有的不同性别角色的期望和要求。古希腊服饰以视觉艺术的形式反映了他们男强女弱,男主外、女主内的性别观念。她还提到,古希腊服饰在宗教仪式中扮演的角色,从而阐释服饰作为一种社会化的手段,在个人生活过程中起到协商身份认同的作用。上海师范大学杜立婕副教授从女性主义视角诠释了中国汉传佛教历史和文献中的性别观念。她表示,中国汉传佛教的性别观念随着时代环境、社会思想文化和地域变迁而有不同的显现,性别观念从男女有别的"性之分别",到"性别转换"中的"生理性别"转换及男女互换,再到"男女无相"的超越性别二元论,无论是自我解脱还是服务社会均出现了男女性别平等的思想。东北师范大学徐家玲教授从《古兰经》中关注女性的经文着手,探讨早期伊斯兰教时期穆罕默德对女性的认知。她强调,《古兰经》中有不少章节涉及女性,而与伊斯兰教产生之前其他民族、宗教对女性看法不同的是,其对女性的评价较高,赋予女性与男性平等的地位,并予以女性充分的尊重和保护,同时也给予女性相应合法的权利。陕西师范大学焦杰教授考察了唐代的女巫群体与巫风活动。根据唐代女巫的来源,作者辨别了女巫种类,指出唐代女巫分住行里巷和住持庙宇两类。前者除行医治病,卖卜预言吉凶是她们受人关注的技术,有名望的女巫收入可观,且与官场发生联系;后者是专职的宗教人员,大多师徒相承,主要收入是香客提供的香火钱,同时也通过参加官府和私人祷神活动的途径收取报酬。上海财经大学汪丽红副教授归纳整理了12世纪以前作为一种思想资源的西方圣妇传统。中山大学硕士研究生吴雨桐从历史记忆塑造的角度探讨明清时期的节烈书写,梳理了明嘉靖朝以来的节烈书写传统以及清初统治者对官方节烈书写的恢复与操纵。

在婚姻和家庭方面,部分学者考察了中外不同历史时期的婚姻制度和习俗。复旦大学博士研究生张志军考察了明清时期"惜嫁溺女"背后的女性财产继承权问题。华东师范大学博士研究生李瑞璞聚焦民国华南地区女性不婚习俗的历史书写。他认为,民国时期,社会进步论、民俗论以及女性解放论者出于不同的立场书写华南女性不婚之俗的过程。这实际上是一个知识精英重塑底层女性的过程,而那些作为被书写者的不婚女性则并未发出自己的声音。南京邮电大学硕士研究生田宁通过研究近代中国的征婚广告,分析女性的解放运动。江汉大学硕士研究生何林峰对民国时期女性离婚自由的社会现象予以了关注,并分析了民国女性离婚自由对妇女解放运动的积极作用。复旦大学博士研究生李顺平聚焦公元前5世纪古希腊半人马神话,考察了古希腊的婚姻制度。

此外,还有一些学者从不同的角度考察了家庭婚姻与国家权力、政治的关系。安徽师范大学陈悦副教授探究了利奥六世的"第四次婚姻案"与拜占庭皇位继承制的发展。她认为利奥六世的第四次婚姻案对拜占庭中期的政治造成双重影响:一方面,拜占庭皇权和教权之间的"双头政治"模型从理论走向了实践,皇权受到制约;另一方面,为了保证儿子君士坦丁的继承权,利奥有意识地将术语"生于紫色寝宫的"与继承权联系起来,使得这一术语也从此成为马其顿皇室成员统治合法性的来源。中山大学曹鸿副教授聚焦 19 世纪末美国的一起社会事件,即"比彻——蒂尔顿丑闻"(Beecher-Tilton Affair)事件。该事件的相关人员是当时的宗教团体、妇女选举权运动、废奴运动的重要参与者。因此,这一事件不仅涉及婚姻、家庭关系,还涉及美国的社会政治活动。作者试图通过这一事件探析美国人的婚姻和家庭观念在社会转型过程中的转变,以及美国的政治文化。东北师范大学吕洪艳副教授以 20 世纪美国家庭福利制度为中心,探讨了精英女性在公共福利领域中所扮演的主导角色。她认为,受过高等教育的精英女性通过强调母亲身份的政治意涵和经济价值等,成功推动了贫困家庭福利政策的创建和实施。华中师范大学岳伟副教授以 1971 至 1976 年发生在联邦德国的反对《刑法》第 218 条斗争为核心,论述了联邦德国的"新妇女运动"与家庭政策变革的联系。他指出,以反 218 条斗争为代表的新妇女运动,扩大了女性在家庭政策中的话语权。

值得注意的是,一些学者对中外已婚女性的地位和困境予以了关注。华东师范大学博士研究生阴崔雪分析了先秦时期女性在家庭和家族教育中所发挥的作用以及她们的教育职责。南京大学博士研究生谢雯以陈衡哲为例,分析近代知识女性在新旧思想文化碰撞的历史背景下,如何处理家庭和事业的矛盾。山西师范大学硕士研究生张媛、复旦大学硕士研究生张娴妮关注了 20 世纪五六十年代中国农村妇女的地位。西南大学博士研究生李冰冰以全面抗战时期璧山县乡村女性为中心,分析她们的继承权与基层治理问题。华中师范大学阮芬博士根据《旧约》,考察以色列妇女在家庭中的身份处境。福建师范大学硕士研究生高宁馨聚焦美国历史上第一位以法律途径推动已婚女性财产权的女性移民欧内斯廷·罗斯(Ernestine L. Rose),梳理其推动 1848 年纽约确立已婚女性财产法的过程。香港理工大学何宇轩博士以明清时期的女性著作为切入点,从性别视角思考明清才女的家庭角色,阐释明清才女通过描写家庭生活来塑造她们丈夫的男性气概。透过相关文本分析,他发现,在中国历史上"男性气概"的形成和发展过程中,女性也参与其中。

女性在家庭之外的公共生活也是本次会议上学者们热衷的话题。一方面,女性的教育问题受到部分学者关注。福建师范大学副研究员林小芳论述了清末民初女性的教育体制。她认为,在民间女学风潮的推动下,女学禁区的打开推动了两性价值观的重塑,这对中国妇女解放具有深远意义。江南大学硕士研究生张昕以晚清女性单士厘为考察中心,探析晚期知识转型为女性形象重构带来的可能。上海理工大学宋青红副教授考察了近代女性精英钱用和的教育思想和实践。上海师范大学硕士研究生崔彬瑶以景贤女中为例,分析建党前后女性的教育和革命实践联系。北京大学硕士研究生殷乐以日本女教员服部繁子为例考察晚清女学中的日本因素。上海市妇女干部学校闫云博士、延安大学马慧芳副教授考察了中国共产党培养妇女干部的路径,前者聚焦建党初期的妇女干部,后者注重抗战时期陕甘宁边区的基层妇女干部。中北大学吴菲博士论述了抗战时期山西妇女教育赋权的历程和经验启示。她指出,这一时期的妇女教育具有鲜明的战时性质和政治动员的特点,起到了解放妇女和动员妇女参战的双重作用。复旦大学硕士研究生顾荻飞、北京师范大学博士研究生姜玉杰分别探讨了中国和美国的女子高等教育问题。前者以国立中央大学和私立金陵大学的理工科女生为例,分析抗日战争时期知识女性在战时的处境。后者以美国女子高等教育上的三次争论为中心,考察"高等教育女性化"的历史渊源。

另一方面,一些学者探讨了女性如何积极参与政治活动的问题。内蒙古大学白坤博士讨论了汉代的后妃建制与政治秩序的联系。他认为,汉代后妃建制的改革促使更多女性走出家庭,并获得明确的政治身份。中国妇女儿童博物馆副研究员李红论述了武则天当政前后与当朝文臣的政治活动,以及对文臣的不同处理方式。上海师范大学硕士研究生白雨婷、曾美霖聚焦近代转型时期的南社女社员。前者从地理角度分析南社女性社员分布的特点及成因,后者从女性意识的角度分析她们的政治活动。暨南大学硕士研究生李文哲关注近代直隶第二女子师范学校的"驱燕学潮",分析了在国民革命的背景下,直隶女二师学生如何为争取自身教育权利而开展校务革新运动。牡丹江师范学院硕士研究生魏旭从《直隶第一女子师范学校校友会会报》的角度,探析近代女学生群体在社会革命中的作用。上海师范大学硕士研究生温亚旗分析了上海妇女在抗美援朝战争中做出的贡献。上海大学硕士研究生孟苑以民国时期合作运动为切入点,考察民国时期农村妇女参与农业农村建设的社会现象。西南大学硕士研究生师佳琪探讨了中共早期对女性工人群体的阶级动员状况。西安电子科技大学孙金菊副教授、硕士研究生赵乐探讨了建国初期中国妇女解放运动的内容、特征以及时代启示。兰州大学硕士研究生张文锦、湖南师范大学硕士研究生冷金成分析了"三八"妇女节纪念活动的政治意义,分析国家动员基层妇女力量的方式。此外,上海大学博士研究生王浩论述了父亲节的政治和文化意义,分析民间社会对抗战的纪念。中山大学博士研究生邓致远、陕西师范大学博士研究生寇梦卓还分别探究了拜占庭和土耳其女性的政治地位。其中,邓志远从公共仪式的角度论述了拜占庭帝国中期邹伊女皇的地位和形象,及其统治的合法性问题。

除了教育和政治领域之外,女性在其他公共生活中的参与也得到不少学者的关注。陕西师范大学孙朝阳副教授从明清时期的节日宗教活动着手,探讨女性在这些活动中所扮演的角色。他强调,女性在节日宗教活动中扮演的角色与其社会角色地位密切相关,社会角色的性质不同,女性参与节日宗教活动的动机和内容也就不同。香港浸会大学博士研究生赵橙探讨了清代公共山水园林中的闺秀艺文活动,揭示了女性与公共地景间的互动关系。中央财经大学刘刚副教授总结了中国共产党领导中国妇女发展的基本经验。吉林大学硕士研究生樊雅文探究了民国时期失业危机下女性群体的处境及应对措施。上海师范大学鲁迪秋博士论述了美国女性在废奴运动中的活动,以及对跨大西洋废奴网络的影响。她指出,美国女性废奴主义者在跨大西洋废奴网络中扮演了重要角色,她们在参与跨大西洋废奴运动的同时,也在重新塑造这一网络。福建师范大学硕士研究生李嘉琪探析了一战时期纽芬兰女性爱国协会的实践活动以及对社会的影响。西安外国语大学李婷副教授聚焦美国进步主义时期的全国妇女俱乐部总联盟,探讨女性在自然资源保护运动中的作用。她认为,女性以俱乐部为媒介,通过多种方式,改变了州立法和联邦立法的内容;同时,她们还沟通了政治家与民众之间的联系,从而使自然资源保护工作得到更有效的实施。东北师范大学博士研究生杨洁以芝加哥贫民区的女性移民组织为中心,梳理了女性移民组织应对环境不公问题的改革实践,并分析女性移民组织在城市卫生改革运动中的影响和局限。东北师范大学硕士研究生乔炎从性别和种族的视角,对美国第一次女权运动中性别与种族之间的关系进行了思考。中国人民大学博士研究生胡金凤关注了美国黑人女性范妮·卢·哈默(Fannie Lou Hamer)通过自由农场合作社帮助农村黑人追求经济权利的过程,并探讨了自由农场合作社的衰亡原因。通过讨论这一问题,作者旨在指出,仅仅追求经济权利不能解决黑人民权问题,黑人的政治、经济、教育权利三者相互影响、缺一不可。天津师范大学陈强博士从性别视角对20世纪早期女性足球运动的发展作了探讨。黑河学院副研究员孙丽红考察了苏联卫国战争时期军事、农业、工业领域中的女性,分析她们对社会做出的贡献。中国人民大学博士研究生王艺璇就二战时期美国妇女就业的原因问题进行了讨论。

在研究的视角与内容上,学者们除关注女性的地位和两性关系外,还关注了女性的生育、身体和情感体验。延安大学硕士研究生李丹聚焦民国时期《申报》对堕胎的报道,探讨了政府、司法、传媒、妇女等不同主体对堕胎现象的态度。西南大学硕士研究生姚宇琦从激进女性主义的角度,阐释西方避孕技术在近代中国的传播和接受过程。上海师范大学硕士研究生李梓昱梳理了近三十年来学术界对近代中国节制生育思想的研究。东北师范大学硕士研究生柴帅综合运用古埃及纸草、考古文物、浮雕壁画等史料,对古埃及的妇产科与女性观问题进行了探讨。南开大学硕士研究生李昕洋探讨了宋代及明清时期女性的割股现象,作者以割股文本为中心,注重研究明清时期女性割股时的身体、情感体验以及割股故事的叙事模式。上海师范大学硕士研究生罗晓彤、上海师范大学姚霏副教授考察了近代中国天乳运动中关于解放女性乳房的话语问题。通过对相关文本的研究,她们指出,天乳运动背后隐藏着男权社会对女性身体的审美投射,女性作为该运动的主体和实践者,虽然在一定程度上解放了身体,但只是该运动的接受者。山西大学硕士研究生史灿以20世纪初女子剪发潮为研究对象,从社会性别角度探讨了剪发潮背后的矛盾。上海科技大学陈茂华副教授关注了书信材料中的情感表达。

此次学术研讨会呈现出如下特点:第一,研究领域的扩大。与会学者探讨了古今中外不同历史时期女性与性别的历史。除了传统的政治史、社会史、婚姻家庭史主题外,今年的参会论文也呈现了社会文化史、医疗社会史、身体史、记忆研究等前沿方向的成果。第二,研究视角新颖,内容丰富。参会论文体现出国内妇女与性别史领域近年来的发展。与会学者不仅关注中外历史上各类女性群体、女性社会地位、身份建构,还关注两性关系、性别角色的变迁,以及男性气概的塑造。第三,注重对史料的深入发掘和文本的细致分析。总的来说,本次研讨会推进了我们对中外历史上不同时段、不同地域妇女与性别历史的认知,是一次跨文化、跨学科的学术盛会,体现了新时代我国妇女与性别史研究所取得的长足进步。在世界各地学术交流日益频繁、深入的今天,从全球视野来考察世界各地妇女与性别的历史,是妇女与性别史研究发展的必然选择。在中国共产党成立100周年之际,本次学术研讨会无疑会推进国内外妇女与性别史研究者进一步交流与合作。

作者简介:

徐玮,女,上海师范大学人文学院世界史系博士研究生,研究方向为古罗马社会史、西方社会文化史。

Contents and Abstracts

Models of Conflict and Collaboration Between Women and Men: Athens vs. Sparta

Thomas K. Hubbard, Translated by Yang Fan

Abstract: Although considered the model for Western democracy, ancient Athens restricted the rights of women, and Athenian literature reveals suspicion and strife between the sexes. In contrast, Sparta accorded women much higher status, including the right to own property and a certain measure of sexual freedom. It produced a model system where pride in masculine strength and military courage were reinforced, even policed by female expectations, rather than being resented or contested. The toughest and most masculine of Greek men had no need to oppress or dominate women, but were the most inclined to honor female strength, power, and independence, because they saw in their women creatures very similar to themselves.

Key words: Athens, Sparta, Masculinity, Women's rights

An Investigation of Approaches to the History of Homosexuality in Ancient Greece

Yang Fan

Abstract: Since the 19th century, the classicists either avoided talking about Greek homosexuality or described it as a social custom with military and educational functions. They interpret the ancient origins and social functions of homosexuality from contemporary moral values, regardless of its specific relationship to Greek ideas, moralities, laws, and social practices. Dover reversed the moral conservatism in academic research and made this topic a serious academic study in the field of classics. He argued that the ancient Greeks had no concept of "homosexuality" in the modern sense. What society questions is not the "deviant" sexual orientation in modern medicine, but the sexual roles which violated social protocols. Foucault and other scholars adopted Dover's basic ideas, instead of focusing on Greek homosexuality itself, they used this issue as a breakthrough to explain the power structure in ancient society, regarding Greek homosexuality as a hierarchical relationship based on age rank. After the 1990s, some scholars tried to break through the stereotypical interpretation in the researches, emphasizing the complexity and diversity of social relations, time period division and regional differences, thus challenging previous academic optimism on these issues.

Key words: Homosexuality; Ancient Greece; Foucault; Dover

Gender Perspectives on Women's Organizing for Urban Health Reform in Chicago during the Progressive Era
Yang Jie

Abstract: Chicago is a typical example of the "industrial civilization syndrome" that characterized the American progressive era. Rapid urban expansion, rapid population growth, worsening social poverty, and short-sighted policies of the city government combined to create a number of urban health problems. The city's women's organizations have expanded their responsibilities outside the home through urban health reform, using field research, advocacy, education, political lobbying, and collaborative monitoring to promote reform and fight for both their own and public health rights. These reforms helped improve the urban environment, re-establish order in the city, and practice women's citizenship, laying the foundation for the feminist movement of the 1960s in the United States.

Key words: Gender; Hull House; Women's City Club; Urban Health Reform

Marriage and Love: The Beecher-Tilton Affair from Gender Perspective

Cao Hong

Abstract: The Beecher-Tilton Affair was one of the most sensational and dramatic social focuses in the United States in the second half of the 19th century, and the related civil action was known as "the trial of the century". In 1872, America's most famous congregational preacher and social reformer at the time, Henry Ward Beecher, was revealed to be committing adultery allegedly with the wife of his close friend Theodore Tilton. Plymouth church launched an investigation and exonerated Beecher. However, Tilton still sued Beecher for criminal conversation with his wife in the city court of Brooklyn, demanding 10,000 damages. The trial lasted for half a year, and hundreds of witnesses were called, which attracted widespread attention in the American society. Nonetheless, the jury could not reach a unanimous verdict. After this scandal, Beecher still stayed at the church as pulpit, while the Tiltons were excommunicated from the church. Theodore Tilton moved to France to make a living, and Elizabeth died alone and blind. The Beecher-Tilton Scandal exemplified the throes of social transformation in the United States at that time. It also reflected the conflicting views of different groups on the gender relations and the institution of marriage.

Key words: Henry Ward Beecher; Theodore Tilton; Elizabeth Tilton; Free love; Tilton v. Beecher; Beecher-Tilton Scandal

The New Women's Movement in the Federal Republic of Germany in the 1970s and its Influence on the Structure of Family Governance

Yue Wei

Abstract: In the process of transition to a Post-industrial society in the 1970s, with the introduction of post-war neo-feminism from other western countries, a new wave of women's movements featuring "Private is Politics" and "Autonomy" emerged in FRG. In this movement, radical and socialist feminists of FRG, which were based on western "socialism" theory and patriarchal theory, respectively, focused on the fact that women were controlled and oppressed in private spheres such as family, body and sexuality, and attempted to realize women's personal self-determination through a series of struggles against abortion ban, against violence against women, as well as for sexual liberation, and then completely change the social system that is unfair to women. Driven by the New Women's Movement, the traditional male-power-centered family governance structure in FRG was changed by giving a new generation of feminists the opportunity to intervene in family issues.

Key Words: FRG; New Women's Movement; Family Governance Structure

To Observe the Development of Misogynistic Fertility View from the Paintings of Playing Babies since Song Dynasty

Cheng Yu

Abstract: The image of girls in the paintings of playing babies began to gradually decrease after Yuan Dynasty, and the images of few girls appeared to be more gentle and submissive. Increasingly, the "meaning" of adult society has been added to the paintings of playing babies, and the reading images of pure boys have become important images in this paintings. This is the shaping of the ideal gender image by the traditional social gender concept. In the entire ancient society, girls have always existed and have always had their own personalities. Just as a complete gender separation of adults cannot be completed, boys and girls will always play together, regardless of whether their images are portrayed or not.

Key words: Since Song Dynasty; The paintings of playing babies; Misogyny

"Saint", "Female Hero" and "Patriot": The Interweaving of Multiple Images of Joan of Arc in Modern China

Chen Xing

Abstract: Joan of arc is a great French female in the 15th century. She believes in religion and loves her motherland. In the middle and late 19th century, European missionaries and Japanese historians introduced Joan of arc into the Chinese world. At the beginning of the 20th century, in the wave of national salvation movement and feminist movement, Joan of arc was gradually familiar to the Chinese and regarded as a model of patriotic female. After 1920, with the canonization of Joan of Arc as a "saint," Catholics and some Protestants actively shaped her pious and faithful side; the mainstream trend of thought adhered to the secular orientation and resisted religious interpretation. During the War of Resistance Against Japan, feeling the deepening of the national crisis, all sectors of society, including the religious circles, actively promoted Joan's patriotic deeds and mobilized the people of the whole country, especially the female compatriots, to unite against the Japanese. In addition, the view that Joan of arc was a "class hero" representing civilians was once popular after the founding of the PRC. The interweaving and interaction of the above-mentioned different discourse systems together constitute a rich and diverse image of Joan of arc.

Key words: Joan of arc; Female characters; Historical writing; Patriotism; Christianity

Yun Daiying's View on Women Around the May 4th Movement
Yu Futuan

Abstract: Yun Daiying's outlook on women can be generally divided into two stages: before and after the May 4th Movement. Before the May 4th Movement, he held a plain and liberal view on women, mainly including: advocating absolute freedom in love, marriage and divorce; To break down the inferiority of men and women, women should live independently; The old feudal family should be broken, and couples should participate in family education together; Scientific protection of women's health; Oppose the oppression of feudal ethics on women. After the May 4th Movement, he held a Marxist view on women, mainly including: translating Marxist classics and elucidating Marxist views of women; From the perspective of economic equality, advocate public education of children; Call on the women's liberation movement; Encourage young men and women to join the women's liberation movement. Yun Daiying's outlook on women before the May 4th Movement was delicate, profound and radical; His view of women after the May 4th Movement is theoretical, full of ideals and rich in practice. Yun Daiying's view of women is the epitome of the sprout of modern Marxist view of women in China.

Key words: Yun Daiying; Marxist view on women; The plain liberal view on women; Vicissitude history

Feng Zhiqin's Awakening and Reflection
from the Marriage Protest Case
Li Yong

Abstract: Feng Zhiqin embarked on the road of anti-marriage due to her conscious awakening. On the basis of the CPC leading the reform of marriage, the introduction of laws and regulations emphasizing the freedom of marriage, and the women's movement, Feng Zhiqin gradually realized that feudal marriage etiquette was unfriendly to women, and then had the courage and basis to anti-marriage of it. With the development of literary narrative and the success of the Ma Xiwu trial mode, the case of Feng Zhiqin's anti-marriage has been widely circulated. Feng Zhiqin is not only a model for women to fight for marriage freedom at this time, the case through the transformation into the film "Liu Qiaoer" has also become an important force to propagate the *Marriage Law* issue by the new China. Due to the particularity of the social environment, the anti-marriage case reflects the conscious awakening of Feng zhiqin also has limitations. Feng Zhiqin's consciousness awakening is not only not completely because of the dominant of political ethics, as the initial attempt to resist feudal marriage etiquette, her consciousness awakening is inevitably conservative.

Key words: Feng Zhiqin anti-marriage case; Consciousness awakening; Marriage freedom; Political ethics

Female Students from STEM in Chinese Central University
and Nanking University in the Wartime(1938—1945)
Gu Difei

Abstract: After the Anti-Japanese War broke out, Chinese Central University and Nanking University moved to the rear area of Free China. Female students struggled to overcome the obstacles and challenges brought by diaspora, and even became the elites of scientific academy in the future. The macro-environment of war China corresponded not to the surrounding micro-environment of their daily routine. The threshold inclined by gender and class interrupted or hindered their study. However, by being encouraged from peers, personal willpower and other outer motives, they managed to afterwards become the backbone force of Chinese science field.

Key words: Female higher education; Female students from STEM; Nanking University; Chinese Central University; Anti-Japanese War

Multiple Changes and In-depth Expansion of Feminist Thoughts in the Context of the Women's Movement: From Equality to Justice: the Transformation of Three Theories and the Surge of New Ideas the Second part I(1980—1999)

Du Fangqin

Abstract: In the 1980s and 1990s, the feminist trend of thought from equality to justice, which was transformed from the three major theories of feminism in Europe and the United States, was criticized and constructed on multiple themes. In the 1980s, liberal feminists criticized the injustices of liberals. Susan Aukin analyzes the defects of the combination of justice, gender and family, and criticizes the conservative retrogression of the so-called "tradition", "following virtue", "natural nature", "returning to tradition" and "consensory", At the same time, it also challenges the "dichotomy" of the family/public domain and studies the new theoretical achievements. Carol Patterman discovered the new theory of justice on the "sexual contract" which is rooted in the social contract to analyze the patriarchal "suppression". Marxist/socialist feminism and Nancy Hassock's feminist standing theory are analyzed from the perspective of historical materialism and form the basis for exploring the true structure of women's oppression. Alice Yang's politics of justice and difference, from "domination" and "oppression" as the center, in the dominant distribution paradigm from rights and obligations, opportunities, power and distribution discourse to the decentralization of action. Yang's five faces of "oppression", "economic exploitation, social marginalization, powerlessness, cultural imperialism and violence", reflect Yang's combination of domination and oppression to change the possible new justice. The new view of radical feminism, Gail Rubin's "thinking about Sex", focuses on using five kinds of sexual ideological systems to construct the sexual dichotomy between "good, normal, natural, blessed sex and evil, abnormal, unnatural, and cursed"; it also divides sexual value into three levels-"good" sex, "disputed" sex and "bad" sex. These two points combine sexual desire-sexual politics-sex and fertility to form omni-directional sexual discrimination.

Key Words: Justice; Dominate; Oppression; Dichotomy; Standing theory; Sexual contract; Sexual politics

Reconstruction of the Social Significance of the Study of Women/ Gender History: A study of Academic History Centering on *the Construction of female discourse in Historical Writing*

Chang Yinting

Abstract: The rise of the study of women/gender history in contemporary China not only presents the complex existence of Chinese women in human history, but also implies people's imagination or reconstruction of women's image and living environment. *The Construction of female discourse in Historical Writing : a Collection of Chinese Women/Gender History Studies* selected from *Journal of Chinese Women's Studies*, it reflects the new changes in research topics, research perspectives, research methods and the use of historical materials in Chinese women's/gender history in the 20 years after the fourth World Conference on Women, it reflects the trend of multi-disciplinary and interdisciplinary research, as well as the exploration of the localization of women's liberation and women's movement with Chinese characteristics. Taking this as the center for the investigation of academic history, we can see the following remarkable characteristics: first, taking "women" as the object, so that women's activities in history can be comprehensively discovered or seen, at the same time, more people pay more attention to women and their problems; the second is to take "research" as a discipline and change the structure of male-centered knowledge production from the dual perspective of history and women's studies.

The third is to take "gender" as a method to transcend the thinking mode of dual opposition between men and women, to expand the space for the reform of the system and culture, and the fourth is to take "women" as the subject through the construction of female discourse in historical writing, open up a diversified path for women's liberation.

Key words: The study of women's history; History writing; Discourse construction; Produce meaning

Expected and Unexpected: Reading *Identities and Right*: *Women of the Elite Families in the Tang Dynasty*

Gao Shiyu

Abstract: Professor Jiao Jie's book *Identities and Right*: *Women of the Elite Families in the Tang Dynasty* divides Elite Families women into "roomgirls", "first wives" and "widowed mothers", that is, the writing of three life stages or three identities of daughter, wife and mother, in addition, there is a special group of "concubines and waiters" in the Elite Families. Relatively speaking, the two chapters on wife and mother are generally expected. Such as the family ethics of the wife "married from her husband" and "her husband's family, other parents", to teach a husband and son, to serve an aunt. Regard her husband as heaven, virtuous, harmonious kinship and other women's virtues. The right to preside over housekeeping and manage household wealth. As the head of the family, the widowed mother, as the head of the family, presided over the housekeeping, the supreme right to control property, the responsibility of housekeeping, maintenance of life, and parenting of children, as well as customs such as keeping chastity and religious belief, as well as filial piety between mother and son, mother with children, and so on, it was generally expected. At the beginning of the first chapter, "women in the room", because the time of women "in the room" is generally no more than ten years, they are younger and account for a small proportion in life, so there are not many literature records and relatively few expositions in the past. This paragraph of this book is impressive and unexpected.

Review of the Women/Gender's History Symposium "Women and Society in a Global Perspective"

Xu Wei

Abstract: On November 20, 2021, the Women/Gender's History "Women and Society in a Global Perspective" was held at Shanghai Normal University, hosted by the Department of World History, the Centre for Women's Studies of the College of

Humanities of Shanghai Normal University, and the editorial board of Women and Gender History Studies. The conference was held online and offline, and was attended by more than 300 experts, scholars, and media workers from all over China and overseas. The reports made by the participants on women and gender history research were characterised by the diverse research methods, rich research content and diversified research perspectives, reflecting the development and vitality of the field of women and gender history research in China.

Key words: Women/Gender's History Studies; Female Status; Female figures

征稿启事

妇女史是当代史学研究的一个前沿性的领域。本着在新的历史时期联合国内外学术界推动妇女与性别史研究的愿望，我们创办了《妇女与性别史研究》专辑，由上海三联书店出版发行，每年一至两期，辟有专题、理论探讨、论坛、述评和学术前沿动态等栏目。

《妇女与性别史研究》专辑基本的宗旨是：倡导以扎实的史料为基础，以社会性别和全球的视角，运用历史学、社会学、文化学、人类学、心理学和神话学等学科的理论和方法，结合历史上男性的状况，探讨人类文明进程中女性的角色、状况以及性别关系；我们不但要研究中外历史上的上层女性，也要关注下层普通女性；不但要看到不同民族、不同地区和不同阶层女性的共性，还要探讨她们之间的差异；我们希望进一步拓宽妇女和性别史研究的范围，丰富其研究内容，并开辟一些新的研究领域，如与女性和性别史相关的性史、身体史等。与此同时，我们还期待通过对人类历史上女性状况和性别关系的考察，为当今女性的发展与和谐的性别关系的建设提供历史的经验和教益。

在此，我们竭诚欢迎学界同仁赐稿，文章题材选择不限，论证风格不拘，唯以学术价值和专业规范为准绳，既欢迎旁征博引论证厚重的长文，也欢迎短小精粹不乏创见的短文。在惠赐大作之前，《妇女与性别史研究》提请您垂注以下几点：

1. 本刊电子投稿信箱为 yizhaoyin@163.com；fnyxbsyj@163.com；ljp@shnu.edu.cn.

2. 大作请附上 200—400 字的中英文内容提要和 3—5 个关键词。

3. 请在文末附上作者信息和联系方式。

4. 所有来稿一律实行匿名评审，不论刊用与否，均在 2 个月内予以答复。

5. 引文和注释格式：注释规范参考《历史研究》，注释均采用脚注方式，如①、②……的形式，word 默认每页重新编号。引用的外文论著皆不必翻译为中文。

编辑部联系方式：

电子邮件：yizhaoyin@163.com；fnyxbsyj@163.com；ljp@shnu.edu.cn

通信地址：上海市徐汇区桂林路 100 号上海师范大学人文学院世界史系

《妇女与性别史研究》编辑部（200234）

Call for Contributions

Women's history is a cutting-edge research field in contemporary history studies. In the hope of promoting women and gender studies by combining the efforts of the academia both in China and abroad, we have founded the "*Historical Studies of Women and Gender*" series, which will be published once or twice a year by Shanghai Sanlian Press. The journal consists of the following sections: thematic studies, theories and methodologies, forums, reviews and academic frontiers.

The basic purpose of the magazine is to explore women's role in the process of human civilization, their status, and gender relations based on solid historical research from the socio-gender and global perspectives and informed by theories and methods from a wide range of disciplines including history, sociology, cultural studies, anthropology, psychology, mythology and so on. We encourage consideration of women's roles and experiences in association with those of the male gender. We encourage explorations of both the elite women and women of lower classes, as well as the differences and commonalities of women of different nationalities, regions and classes. We hope to further expand the scope of women and gender studies, enrich its contents, and promote new areas of research, such as the history of sexuality in connection with women's status and gender relations, the history of the body, and so on. Through the investigation of women's status and gender relations in world history, we also hope to provide historical experience and lessons for the development of women and the construction of harmonious gender relations today.

We, therefore, invite submissions on diverse themes and topics and varied lengths. Short, insightful articles are as welcome as long, articles. Author guidelines are as follows:

● All contributions should be sent via email to: yizhaoyin@163.com, fnyxbsyj@163.com, yizhaoyin@hotmail.com and ljp@shnu.edu.cn.

● All contributions should be accompanied by an abstract of 200—400 words in both Chinese and English and three to five key words.

● Please include information about the author(s) such as affiliation, rank, and contact methods at the end of the paper.

● All contributions will be reviewed anonymously. Regardless of whether the submission is accepted or not, the author(s) will be notified of the result within two months after the receipt of submissions.

● As regard the citations and formatting, please refer to *Historical Research*, or follow the Chicago-style citation, all the notes should take the form of footnote, each page shall be renumbered by default. Chinese translations for the titles of foreign books and papers are not required.

Contact Information:

Email: yizhaoyin@163.com; fnyxbsyj@163.com; ljp@shnu.edu.cn.

Mailing Address: *Historical studies of Women and Gender Editorial Department*, Department of World History, College of Humanities and Communications, Shanghai Normal University,

100 Guilin Road, Xuhui District, Shanghai(200234)

图书在版编目(CIP)数据

妇女与性别史研究.第七辑/裔昭印,洪庆明主编.—上海：
上海三联书店,2023.8
ISBN 978 - 7 - 5426 - 7925 - 3

Ⅰ.①妇…　Ⅱ.①裔…②洪…　Ⅲ.①妇女史学-研究
Ⅳ.①D441.9

中国版本图书馆 CIP 数据核字(2022)第 214664 号

妇女与性别史研究(第七辑)

主　　编 / 裔昭印
副 主 编 / 洪庆明

责任编辑 / 殷亚平
装帧设计 / 一本好书
监　　制 / 姚　军
责任校对 / 王凌霄

出版发行 / 上海三联书店

　　　　　(200030)中国上海市漕溪北路 331 号 A 座 6 楼
邮　　箱 / sdxsanlian@sina.com
邮购电话 / 021 - 22895540
印　　刷 / 上海惠敦印务科技有限公司

版　　次 / 2023 年 8 月第 1 版
印　　次 / 2023 年 8 月第 1 次印刷
开　　本 / 710mm×1000mm　1/16
字　　数 / 280 千字
印　　张 / 14.75
书　　号 / ISBN 978 - 7 - 5426 - 7925 - 3/D・557
定　　价 / 78.00 元

敬启读者,如发现本书有印装质量问题,请与印刷厂联系 021 - 63779028